Gender and Power in Criminal Justice System

Domestic Violence Laws and Due Process

ドメスティック・バイオレンスとジェンダー

適正手続と被害者保護

吉川真美子

Yoshikawa Mamiko

世織書房

はじめに

「もう お前はどこにも逃げられない、お前の命も今日限りだ」と言って、酒に酔った夫は妻の脇腹を蹴り、にぎりこぶしで顔面を殴った。夫はさらに殴る蹴るし、妻の首を長袖シャツで巻いて締めつけたため、妻は気を失った。意識を取り戻した後も、妻が刃向かうことができずに背中を丸めてうずくまっていると、夫はゴルフクラブで妻の背中や後頭部を殴った。このままでは殺されるかもしれないと考えた妻は、夫がさきに持ち出していたナイフを手にし、夫の首の頚動脈を突き刺した。夫は出血多量によって死亡した。――これは一九九四年一二月に起きた実際の事件である。弁護側は正当防衛を主張したが、裁判所は過剰防衛で有罪としたうえで、刑の免除を言い渡した(1)。妻が夫を刺殺したことによって、長年にわたる夫の執拗な暴力が明らかになったのだ。そして、ドメスティック・バイオレンス(DV)が社会問題としてマスコミに取り上げられるようになった。

二〇〇〇年に公表された総理府の家庭内暴力調査では、二〇人に一人の女性が命の危険を感じるほどの暴力を夫や恋人から受けたことがあると回答している。現に、警察庁の資料では、毎年一〇〇人から一二〇人もの妻が夫の暴力によって殺されてきた。

一九九〇年代後半には、DV被害者保護のための法律づくりに向けて運動が始まった。当初、支援活動の中心はシェルター関係者であったが、DVの実態調査や被害者自身の語りによる被害の顕在化によって、国会議員や弁護士や研究者の女性たちも乗り出した。わが国における法律の制定は、多くの場合、所轄各省庁で作成された法律案が、様々な調整を経て内閣によって国会へ提出され、衆参両議院での可決によって法律として成立するという過程をたどる。これに対して、DV防止法の法案は、女性が中心となって活動する複数の民間団体が原案を提言し、これをもとに参議院の共生社会調査会「女性に対する暴力に関するプロジェクト・チーム」の女性国会議員が関係者からの聞き取りや法務省との調整を行い、議員立法として国会に提出して、二〇〇一年四月に「配偶者からの暴力の防止及び被害者の保護に関する法律」（以下「配偶者暴力防止法」と略記する）が成立した。法案を作成したプロジェクト・チームはこの法律を女性に対する暴力撤廃に向けての法制度の一環として位置づけようと考えていたが、刑罰が含まれていることから、被害者を女性に限定しない性中立的条文の採用を余儀なくされた。そこで、女性に対する暴力の撤廃という立法の目的を明らかにするために、前文に、配偶者からの暴力は犯罪となる行為をも含む重大な人権侵害であり、被害者は多くの場合女性であるとして、DVが女性の人権問題であることが明記された。こうして、女性の人権を守るための法律が、女性たちの運動と法理論の裏づけと政治によって実現した。

日本の法体系では、犯罪と刑罰を扱う刑事法と、私人間の法的紛争の処理を扱う民事法は、明確に区別されてきた。私人間の紛争は当事者の合意によって解決することができるが、犯罪には国家が立ち向かわなければならないからである。刑事法によって国家は犯罪者の捜査や刑罰を科す権限が与えられている。ところが、人の自由や権利を制限しうる強力な権限が濫用されると、一般国民の生活の平穏や安全をも脅かすことになる。このため、刑事法の領域では「国家」対「私人」の関係が常に問題となり、捜査や裁判における国家の権力行使に対して、より厳しいコントロールが求められるのである。日本国憲法三一条には「何人も、法律の定める手続によらなければ、その生命若しくは自由を奪はれ、又はその他の刑罰を科せられない。」と定められており、捜査や裁判において犯人と疑われた者の基本的人権が不合理に侵害・制約されることのないよう、「法律の定める手続」を踏むことが要求される。これを適正手続（デュー・プロセス）の保障という。これによって、被疑者・被告人の人権が手厚く保護されるようになったが、被害者の権利や利益には充分な配慮がなされてこなかったので、被疑者・被告人の権利偏重との批判を受けることもある。

配偶者暴力防止法の保護命令は民事上の制度であるが、保護命令の違反には刑罰が科される。これは、加害者への警告と強制力を強めるためであるが、民事と刑事を明確に区別してきたわが国の法制度においては画期的なことである。そのため、法案作成の段階では、既存の法制度との整合性やデュー・プロセスとの調和を求めて、様々な修正が法務省や最高裁判所から要求された。とりわけ、被害者の申立があれば相手方の聴聞を経ずに緊急に保護命令を発することや、被害者の安全確保のために警察が早期介入することについては、被害者支援運動の側からの強い要望があったが、デュー・プロセスの観点から強い批判があり、実現しなかった。わが国では一九九〇年代以降、女性運動や犯罪被害者支援運動の高まりにともない、犯罪被害者の法的地位や権利の確立を目的とする法制度改革が進められ、処罰規定をともなう被害者保護法が相次いで制定されている。それでも、刑事法はその刑罰権の重大さから高度の中立性と安定性が要請され、社会運動とは一線を画するべきとの考えが強くある。

では、デュー・プロセスとDV被害者の保護は、本当に、「一方立てれば、他方は立たず」の相克関係にあるのだろうか。この疑問を出発点として、米国では、デュー・プロセスとDV被害者保護の法制度は、なぜ生まれたのか、どのように発展してきたのかを探ることにした。そこに垣間見えてきたのは人種や性別の社会構造的な力の不均衡である。

本書では、ミクロ・マクロの様々な権力関係を分析するうえで有効なキー・タームとして、「ジェンダー」を採用している。日本では、法研究において「ジェンダー」の視角がどのように役立ち、どのように定義づけられるかは、いまだ議論の最中にある。本書では、米国におけるデュー・プロセスとDV防止法の関係と接点をたどり、米国の刑事司法に受容されている「ジェンダー」の意味を次第に明らかにしたい。

一九七〇年代以降、米国の警察と検察は従来のDVへの不介入主義から脱して、加害者を積極的に逮捕する政策へと転じた。DV犯罪に対する法や政策の変化を促した歴史的背景、女性運動を含めた社会的背景を明らかにするとともに、デュー・プロセスと被害者保護の相克という理論的問題が、米国では、どのように表れ、どのように乗り越えられたのかを探る。そうすることによって、日本の配偶者暴力防止法や警察政策への示唆が得られることを期待している。

ドメスティック・バイオレンスとジェンダー　目次

凡　例

1　判例引用については、例えば Miranda v. Arizona, 384 U. S. 436 (1966) は、Unite States Reports の三八四巻、四三六頁に掲載されており、一九六六年に判決が出されたことを示す。United States Reports は、合衆国政府が刊行する合衆国連邦最高裁判所の公式判例集である。

2　引用・参考文献で、リプリント版の場合は出版年に続いて［　］内に原書出版年を表示した。また、著者名が公表されていない論文（unsigned article）は、著者名に代えて、書名又は論文名を表示した。例えば、"Developments in the Law : Legal Responses to Domestic Violence," 1993, *Harvard Law Review,* 106 : 1498-1620.

3　本文中に★印を付したキー・ワードについては巻末の「用語解説」を参照されたい。

ドメスティック・バイオレンスとジェンダー

序　章

ジェンダーの視点からみる日本のDV防止法

1　「配偶者からの暴力の防止及び被害者の保護に関する法律」の成立

1　配偶者暴力防止法の問題点

夫や恋人によってふるわれる女性に対する暴力★は長い間、他の暴力とは区別されて処罰されず、女性被害者は法による保護や救済から取り残されてきた。男女のパートナーシップにおける男性の主導と女性の従順を自然だと見なす固定的観念が、法の理論や実務にも反映されて、男性の暴力については寛大さが、女性の告発には非難や疑いが示されることが多かった。この傾向は今日でもなくなったわけではない。

米国を中心として、一九七〇年代にはレイプやドメスティック・バイオレンスといった女性に対する暴力についてフェミニスト的視点からの法研究が始まり、理論的研究が進んだ。また、世界的な女性の人権重視の潮流の中で、一九九〇年代には女性に対する暴力は人権問題として国連やその他の国際的議論の場での重要議題に加えられるようになった。今日では、女性に対する暴力は社会的につくられた男女間の不平等な力関係の産物であると同時に、その力関係を維持するメカニズムであると理解されており(1)、女性に対する暴力をなくすための法律の再検討や改正が各国に要請されている(2)。

日本のドメスティック・バイオレンス防止法である配偶者暴力防止法は、二〇〇一年四月六日に成立し、一〇月一三日から施行された。この法律の法案は、参議院の「共生社会に関する調査会」に設置された超党派の「女性に対する暴力に関するプロジェクト・チーム」によって作成され、議員立法として参議院に提出された(3)。法案が二〇〇一年第一五一国会において四月二日に参議院に提出されてから、衆議院法務委員会でのわずか数時間の審議を経て六日には衆議院本会議で可決成立し、一三日に公布されるまで、表面的にはスムースでスピーディな展開を見せたが、法案作成の段階では法務省、最高裁判所、刑事法学者等から様々な反対意見が噴出していた。

この法案が提出された背景には、一九九〇年代以降顕著になった議会や法曹への女性の進出、NGO女性グループの行政への積極的な働きかけ等、社会における女性の影響力の増加があった。一九九五年第四回世界女性会議での「北京宣言及び行動綱領」や、国連特別総会「女性二〇〇〇年会議」での成果文書の採択を契機に、女性の人権重視の国際的潮流が日本政府に対する外圧となったこと、またこれらの会議に出席した女性たちによる政策提言活動が活発になったことが、「女性に対する暴力に関するプロジェクト・チーム」の立法活動を強力に後押ししていた。

法案作成作業は、米国の「全米家庭裁判所裁判官諮問委員会」(National Council of Juvenile and Family

Court Judges）が州によるドメスティック・バイオレンス防止立法のモデルとして作成したModel State Code（第1章2節で詳述）と、ワシントンDCやマサチューセッツ州等のドメスティック・バイオレンス防止法の分析から始まった。米国におけるドメスティック・バイオレンス防止法の出発点は保護命令★であり、各州のドメスティック・バイオレンス防止法の中核をなしているのも保護命令である（ローン 二〇〇〇：四〇）。日本においても、被害者支援に携わるシェルター関係者、弁護士、研究者が、保護命令制度の導入を切望してきたが、議員による法案提出に際して法務省や最高裁判所からは、日米の法体系の違いや既存の法制度との整合性を理由に、保護命令制度について様々な制限や修正が要求された。また、被害者の安全確保という意味での保護命令の実効性を確保するためには、警察の積極的介入が必要であるとされたが（戒能 二〇〇〇：五六）、他方で、警察の早期介入や逮捕権限の拡大は、デュー・プロセスという憲法的近代刑事原則を後退させ、侵害に直面させるおそれが大きいという懸念が、刑事法や憲法の学者から示されたため（小田中 二〇〇一：四七）、法律には具体化されなかった(4)。

法案の成立を優先した「女性に対する暴力に関するプロジェクト・チーム」は、保護命令制度の導入と引き換えに、保護対象者の範囲の限定や、緊急保護命令の見送り等、内容の大幅な妥協を受け入れたため、保護命令制度導入推進の側からは「名をとり、実を捨てた」（長谷川 二〇〇一：三〇七）という批判がなされた。とりわけ緊急保護命令と警察の積極的介入が見送られたことは、大きな不満として残った。配偶者暴力防止法の制定過程とその問題点・限界等に関しては、すでに論考が多い(5)。したがって、以下では簡単に、保護命令制度の導入と限界、ドメスティック・バイオレンスへの警察の消極的対応の、二点に絞ってまとめておきたい。

2　保護命令制度の導入と限界

配偶者暴力防止法の革新的部分は保護命令制度である。保護命令制度の目的は、配偶者から暴力を受けた被害者がさらなる暴力を受けることにより、その生命または身体に重大な危害を受けるおそれが大きい場合に、裁判所が保護命令を発令することによって被害者の生命または身体の安全を確保することである（配偶者暴力防止法一〇条）。従来は同様の目的のために、民事保全法上の仮処分の一類型である接近禁止の仮処分（民事保全法五二条、民事執行法一七二条）が利用されたが、裁判所の決定が出されるまでに時間を要するうえに、決定に従わない者に対する制裁の効果が弱く、ドメスティック・バイオレンスの被害者を緊急に保護するという目的には有効でないと考えられた。配偶者暴力防止法に導入された保護命令も民事上の制度であるが、命令の実効性を確保するために命令違反者に対して刑罰が科されるという点で、画期的なものとなった。

配偶者暴力防止法の法案作成過程で、「女性に対する暴力に関するプロジェクト・チーム」が議論に最も多くの時間を費やしたのは保護命令制度についてである（南野他 二〇〇一：三二）。主に米国のドメスティック・バイオレンス防止法を参考にしてわが国に保護命令制度を導入しようとしたプロジェクト・チームの法案に対して、法務省や最高裁判所から次の三つの問題点が指摘された。

第一の問題として、法体系や既存の法制度との整合性に関して、保護命令制度は裁判所侮辱罪があるアメリカ法とは異なり、民事法制と刑事法制の峻別を特徴とする日本の法体系の例外となることが指摘された。米国では、民事保護命令も含め、裁判所命令に対する違反は裁判所侮辱の罪として罰せられ、制裁手段として拘禁あるいは制裁金が科される。ところが、日本では、民事上の請求権の履行確保の手段は直接強制、代替執行及び間接強制に限られており、刑罰をもって履行を確実ならしめる制度は採用されていないので、ドメスティック・バイオレンス加害者への制裁手段として刑罰を含んだ保護命令制度を創設することは、命令の名宛人（加害者であるとされる、保護命令を受け取る人）の人格に対する過度な干渉となるおそれがあるとして問題となった。

第二の問題として、日本国憲法三一条によって保障される適正手続との関連で、保護命令の違反に対して刑罰を設けるとなると、その命令が命令の名宛人の権利を不当に侵害するようなものであってはならず、したがって、命令発出の要件や手続は適正で妥当なものでなければならないということが強調された。そのためには、命令の内容については明確な要件を定めるとともに、命令の名宛人に防禦の機会が充分に保障されなければならないとされた。保護命令は被害者の安全確保という緊急性があり、その趣旨から迅速に出されなければならないものであるが、刑罰が科されるような強力な命令を、裁判所が当事者の一方である被害者の申立のみを聴いて発することについては、慎重な手続が要求される(6)。特に、退去命令については、一時的な退去の命令であっても、命令を受けた人にとってはその間、住居に居住することを妨げられるものであり、憲法二九条一項に保障される財産権や、憲法二二条一項に保障される居住の自由の制限に当たるとして、その発出の要件が問題となった。

第三の問題は、保護命令を出す機関をいずれに置くかであった。日本の裁判所は、基本的に法律上の紛争について、双方の言い分を聴き、証拠を調べたうえで、実体上の権利義務を終局的に確定することを業務としている。しかし、保護命令は権利義務を確定するものではないところから、行政機関である警察の役割ではないかという疑問が呈された。この問題は、司法権の範囲を問い直すことになった。司法権の範囲については、裁判所法三条一項が、「裁判所は、日本国憲法に特別の定めのある場合を除いて一切の法律上の争訟を裁判し、その他法律において特に定める権限を有する」と規定する。判例（最判昭和五六年四月七日、民集三五巻三号、四四三頁等）では、法律上の争訟とは、「当事者間の具体的権利義務または法律関係の存否（刑罰権の存否を含む）に関する紛争」であって、「法律の適用により終局的に解決しうべきもの」と捉えられている。この解釈に基づくと、保護命令は民事上の権利義務を確定するものではないので、本来は行政作用に属し司法権の範囲ではないという意見もある（菅野 二〇〇一：四）。しかし、被害者と加害者の間に発生する主張の対立や、加害者の権利の制限について、公正・迅速な判断を行えるのは裁判所しかないとして、公平性・中立性・手続保障の面で優れる裁判所に保護命令を出す権限が委ねられた。

以上のような問題点が指摘されていたが、充分な議論がつくされないままに配偶者暴力防止法が成立し、日本の保護命令制度は、適正手続（デュー・プロセス）との平仄を合わせるために、幾つもの限界をもって生まれた(7)。現行の保護命令制度の重大な限界は、緊急の仮命令と審理後の本命令という二段階の保護命令制度の採用が見送られ、緊急保護命令が実現しなかったことである。そもそも、保護命令の目的は、加害者の暴力から被害者の生命・身体の安全を緊急に守ることである。しかし、現行の配偶者暴力防止法では、命令の名宛人に対する告知と聴聞の権利の保障のために、保護命令は原則として、口頭弁論または相手方が立ち会うことができる審尋の期日を経た後に発令されることになった（一四条一項）。一四条一項の但し書きには「その期日を経ることにより保護命令の申立ての目的を達することができない事情があるときは、この限りでない」とあり、この部分が緊急保護命令に相当すると見ることもできるが、例外的に緊急の命令を出してもらうためには、さらに重大な危険が差し迫っている等、特別の事情を証明する負担が被害者側に課されることになり、それでは緊急に被害者の安全を確保するという保護命令制度の趣旨が活かされない。

保護命令の違反に対しては、罰金や懲役が科されることとなったが（二九条）、保護命令には民事上の執行力がないと規定されている（一五条四項）。民事上の執行力とは、保護命令という裁判所の判断が民事執行法によって強制執行という方法で実現されうる効力である。したがって、民事上の執行力がないということは、例えば、退去しない配偶者を裁判所の執行官が退去させることはできないということである。また、警察は接近禁止命令や退去命令の違反に対して迅速に対処することを要請されているが（八条）、米国のドメスティック・バイオレンス防止法のように違反者を逮捕すべきことまでは規定されていないので、違反者の身柄を拘束するとは限らない。保護命令が民事上の執行力を有しないとされたのは、「刑罰の制裁に加え民事上の執行力まで付与することは、屋上屋を架す制度となるから」（堂薗二〇〇一：一三七）ともいわれているが、警察官の具体的な責務や権限が明確に定められていない現状では、被害者の安全は何によって保証されるのであろうか。

3　DVへの警察の消極的対応

日本の刑法（明治四一年一〇月一日施行）では、一九九五年に削除された刑法二〇〇条の尊属殺人の罪を除いて、家族による暴行が法律上一般の暴行事件と区別されているということはなく、配偶者暴力防止法の制定の前から、夫の妻に対する暴力は、これに暴行罪（刑法二〇八条）や傷害罪（刑法二〇四条）等を適用することが可能であり、犯罪である。しかし、法律上はそうであっても、殺人や重大な傷害の結果を引き起こした場合を除いて、夫の妻に対する暴力は、家庭内の私的な問題として、刑事手続において特別な扱いを受けてきたことは否定できない。被害者支援に携わる人びとが保護命令制度の導入によって実現を望んだのは、司法の積極的介入によって加害者の暴力から被害者を緊急に保護することであった。保護命令違反に刑罰が科されることで、加害者への警告・抑制となることも期待されてはいるが、より重要なのは、警察の積極的介入を促して、被害者の生命・身体を守ることである。その意味では、直接の目的は、被害者と加害者の夫婦関係を理由に介入を手控えるというような、警察の消極的姿勢と法の運用の偏向を是正することであったといえる。

ドメスティック・バイオレンスへの警察の消極的姿勢を変えるべく、配偶者暴力防止法の八条には、「暴力の制止、被害者の保護その他の配偶者からの暴力による被害の発生を防止するために必要な措置を講ずるよう努めなくてはならない」として、被害者保護に努めるべき警察官の義務が規定され、その結果、警察に従来の民事不介入の抗弁は許されなくなった。ところが、配偶者暴力防止法が成立した三ヵ月後に、警察政策として二〇〇一年七月九日付けで警察庁から各都道府県警察に出された通達「配偶者からの暴力の防止及び被害者の保護に関する法律の施行を踏まえた配偶者からの暴力事案への対応について」では、配偶者暴力防止法制定以前の一九九九年に示された「女性・子どもを守る施策実施要綱」(8)を踏まえた適切な措置を引き続き講ずるとされていて、「刑罰法令に抵触する事案については、被害者の意思を踏まえ、検挙その他の適切な措置を講ずる」という方針に変更は加えられなかった。ここでいう検挙とは、逮捕とは異なり、警察が認知した犯罪について捜査を遂げるという意味で、被疑者在宅のままの書類送検や、訓戒や監督者の請書《うけしょ》をとる等で済ませる微罪処分も含む（犯罪捜査規範一九五―七条）。したがって、現在の警察の対応では、警察の介入によって、加害者が身柄拘束されて被害者から引き離され、被害者の安全が確保されるということは必ずしも望めない。

警察庁の通達にも見られるように、ドメスティック・バイオレンスへの警察の基本的な対応方針は、配偶者暴力防止法の成立によって変わってはいない。しかも、配偶者暴力防止法では被害者保護に関して警察官の努力義務が規定されているだけであり、ドメスティック・バイオレンス事件を扱う警察官の責務と権限は明確に示されてはいない。これでは、現場における個々の警察官の事件への対応が恣意的になるおそれがある。現行の配偶者暴力防止法に警察官の責務と権限が具体化されなかったのは、先にも述べたように、警察の早期介入や警察官の逮捕権限の拡大は、デュー・プロセスという憲法的近代刑事原則を後退させ、侵害に直面させるおそれが大きいという懸念が、刑事法や憲法の学者から示されたからである。とはいえ、デュー・プロセスの要請に適いつつ、暴力の防止と被害者の保護という配偶者暴力防止法の二つの目的が達成されるためには、警察官の責務と権限の具体化が必要である。そのためには、指摘されるところの被害者保護とデュー・プロセスの相克という問題についてもさらなる議論が必要となるのであるが、配偶者暴力防止法制定後、懸念の表明の域を越えて、具体的に何が問題になるのかの議論の展開は見られない。もし被疑者・被告人に保障されるデュー・プロセスについて、ＤＶ被害者の保護に関わる場合に、何らかの調整が必要となるのであれば、それはどのような場面か、具体的にはどのようなデュー・プロセスの保障が問題となるのかについて、幅広い観点からの検討が今後必要である。

配偶者暴力防止法に警察の早期介入や逮捕権限の拡大を規定することに対して、憲法や刑事法の学者がデュー・プロセスの観点から批判的見解を示した根本的原因は、憲法や刑事法の基盤にある近代法の公私二元論の考え方にある。刑法は国家と市民の関係を規律する公法、すなわち、刑罰権の主体としての国家とその客体である犯人との関係を規律するものであり、刑罰は犯罪者の基本的自由を制限するので、国家権力の濫用を防ぐためにも、刑法の適用は慎重かつ謙虚に行われることが必要であると考えられてきた。このように、社会を「国家（権力）」対「市民（の自由）」の二項対立構図として捉える伝統的なアプローチでは、加害者に対する厳格で適正な刑事的対応が刑事司法の役割であり、それが結果として被害者の救済に繋がるとされ、加害者に対する刑事司法手続に被害者の意思や利益を反映させることは、司法の中立性と公正さを損なうことになると考えられてきたのである(9)。

では、なぜ、ドメスティック・バイオレンス犯罪への法的対応において、被害者に対する配慮の必要性があるのか。それは、ドメスティック・バイオレンス犯罪の被害者の大部分が女性であり、これまで法律の立法・解釈・運用のほとんどが男性によって行われてきたということに起因している。ドメスティック・バイオレンスの女性被害者は、固定的な性役割概念によって男性の暴力への忍従を強いられてきた「女性」として、そして男性的価値観によって構築されてきた法律の保護から取り残された「被害者」として、二重の不利益を負わされてきた。これらは、既存の社会のあり方、男性優位の社会のあり方を批判的に分析することによってこそ、初めて見えてくる。このように、社会に築き上げられた「男性」対「女性」の二項対立構図に対しても目を向けることが、ドメスティック・バイオレンスへの刑事司法の対応に関するジェンダーの視点からのアプローチである。

2　ジェンダーによる法の展開――その歴史と可能性

本書は、ドメスティック・バイオレンス犯罪の加害者の逮捕を、ジェンダー★の視点によって見直すことを試みている。ジェンダーの視点とは、従来の法の理論と実務が男性を基準として形成され運用されてきたこと、そして、男性という基準を満たさない者、つまり女性、が不利益を受けてきたことを、顕在化させる視点である。このような視点の法的アプローチを最初に試みたのは、フェミニスト法理論である。米国のフェミニスト法理論は、公私二元論の近代市民法を基盤として発展してきた現代法に潜むジェンダー・バイアスを問題化した。このため、ドメスティック・バイオレンスへの刑事司法の対応の問題を明らかにするには不可欠な法研究の分野である。

1　フェミニスト法理論

ジェンダーは、一般的には、生物学的性別としてのセックスに対して、社会的文化的性別と定義される。今日のジェンダー概念の用法、ならびにジェンダーを分析軸とするジェンダー理論の源は、一九六〇年代から一九七〇年代において社会構造的性差別を解明しようとした第二波フェミニズムの理論的挑戦にある。文化人類学や歴史学等の様々な学問分野におけるフェミニズム研究と、その中から導き出された「社会構築された性別としてのジェンダー概念」（舘　一九九八：八七）の確立に触発されて、一九八〇年代にはジェンダーと法の関係を分析することによって、法の性差別構造を解明しようとするフェミニスト法理論が成立した。

フェミニスト法理論(feminist legal theory)(10)とは、フェミニズムの視点(feminist perspective)によって展開されてきた法理論である。一般的にフェミニズムとは、「男女間に力の不平等があるという認識から出発して、その原因、プロセス、維持のメカニズムを分析し、社会的、経済的、政治的、文化的、心理的変革をめざす、理論と運動」(川嶋 一九九七:一〇)である。フェミニズムは単一の体系的な理論や運動ではなく、三〇〇年の最も長い歴史をもつリベラル・フェミニズムから近年のポストモダン・フェミニズムまで、それぞれの時代や文化的背景との関わりにおいて、異なる分析方法や社会改革戦略を主張する幾つかの種類のフェミニズムが存在してきた(Rhode 1989 : 5)。その中で、フェミニスト法理論の確立に最も大きな影響を及ぼしたのはラディカル・フェミニズムであるといわれている。

フェミニスト法学(feminist jurisprudence)という言葉は、フェミニスト法理論の同義語として使用されている場合が多い。近年では米国の大学の法学教育にフェミニスト文献が採用されるとともに、主要なロー・スクールではフェミニスト法理論のコースが設置されている(Olsen 1995 : xiii)。このような法学教育の現場の変化や、feminist jurisprudence という言葉の使用は、フェミニスト法理論の蓄積が法学の一領域として認知されたことの証しでもある。米国におけるフェミニスト法学発展の源は、一つは雇用性差別や性暴力に関する訴訟(11)であり、もう一つは一九七〇年代に始まる批判的法学研究(critical legal studies)(12)である。一九八〇年代の批判的法学研究は、マルクス主義の影響のもと、法の政治性を重視し、法のイデオロギー性を批判するものであった。フランシス・オルセン(Frances E. Olsen)は批判的法学研究の方法論をフェミニズム法学に適用し（寺尾 二〇〇三：一五）、一九八三年の批判的法学研究の学会でフェミニズムの分科会を発足させた。同年の *Harvard Law Review* にオルセンの論文が採用され、米国で最も権威ある法学雑誌にフェミニストの論文が掲載されたということは画期的な出来事であった（オルセン 一九九七b：一一八）。批判的法学研究とフェミニスト法学に共通する主張とは、「法は社会における基盤的権力関係から中立的、非歴史的、または独立的に作用するものではない」という批判的見解であり、従来の法学における「中立性」や「客観性」という概念の正当性に対する疑念であった（Polan 1993 [1982] : 419）。

一九八〇年代には、豊富なフェミニストの論文が発表された。それらの中でも、従来の法学を批判的に分析する研究としてキャサリン・マッキノン（Catharine A. MacKinnon）による階級差別と性差別の対比、エリザベス・シュナイダー（Elizabeth M. Schneider）による公的領域・私的領域の二分法に対する分析、ダイアン・ポラン（Diane Polan）による家父長制社会における法の構造的抑圧機能の分析は、今日のフェミニスト法理論に基礎を提供した(13)。この時代に示されたフェミニスト法理論の二つの課題、すなわち、「人＝男性」の観点から立法・解釈・運用されてきた法の中立性や客観性を批判的に検証することと、性に基づく不利益を生まない法や法システムを再構築することは、今日においてもフェミニスト法理論におけるアプローチのモデルとなっている。フェミニスト法理論が学派の違いを超えて共有する基本的理解は、社会は家父長制（patriarchy）に基づいているということである。ポランは家父長制を「集団としての男性が集団としての女性に対して権力を有する社会関係のシステム」と定義し、そのシステムの中では、男であることと女であることが、支配と従属、優越と劣等、権力と無力という関係として特徴付けられると述べている（Polan 1993 [1982] : 425）。

フェミニスト法理論の論文は、基礎理論や歴史的背景等の総論に関するものが圧倒的に多く、ドメスティック・バイオレンス等の各論についての論文の数は少ない。ポランやシュナイダーやマッキノンは、女性に対する暴力とその背景にある近代市民法の公私二元論の法秩序について、それぞれの論文で次のように述べている。

ポランは、二〇世紀以前の英米の法システムは、結婚による夫婦の「融合」（merger）というフィクションを成立させることによって妻を法的に無能力化し、既婚女性の財産管理や契約に関する権利を制限し、女性が特定の職業に就くことを禁止し、強姦罪に関しては夫には配偶者免責の特権を与える等して、男性優位の社会のあり方を直接的に支えてきたと主張する（Polan 1993 [1982] : 421, 426）。

シュナイダーは、私的世界と公的世界の不可分性という見地から、既存の法システムの公的領域・私的領域の二分法に対する批判的分析を展開した。それは、第二波フェミニズム運動のスローガンである「個人的なことは政治的なこと」という言葉で表されているように、個人の経験、これまで軽視されてきた私的なことが、特に女性にとっては、公的な問題の適切で重要なテーマであり、私的世界と公的世界は簡単には分離できないように結びついている、という見方である（Schneider 1993 [1986] : 510-511）。シュナイダーによれば、英米の法システムは、法の規制に適した公的領域と法の規制の及ばない私的領域という区別を創設することによって、女性を従属的立場に留めおく二つの役割を果たしてきた。すなわち、一つは、女性を公的領域から排除することによって、そしてもう一つは、女性が閉じ込められている私的領域に法の救済を及ぼすことを拒否することによって、法は男性支配を助長してきたという。

例えば、多くの州では、コモン・ロー及び制定法の強姦の定義において、夫による妻の強制的性交は特別に除外されてきた。そして、夫には妻を仕置きする権利があるという理由で、妻を殴打することは暴力犯罪の定義から外されていた（Schneider 1993 [1982]: 10-13）。

シュナイダーによれば、今日でも、法は家族間の感情的な関係に介入すべきでないという理由で、私的領域を州政府が規制しないことがしばしば正当化されるが、家族のプライバシーの尊重という不介入についての理由づけは、かつては正当な法的根拠とされていた「女性は結婚と同時に夫と一体化することによって、その人格権を失う」（woman's civil death on marriage）というコモン・ローの法原則と同じく、法的フィクションに過ぎないとする（Schneider 1993 [1982]: 12）。シュナイダーによる公的領域・私的領域の二分法に対する批判的分析は、英米法の伝統の下での米国刑事司法のドメスティック・バイオレンスに対する不介入主義の原因を明らかにする。

マッキノン（1993a [1982]: 437-453）は、フェミニズムとマルクシズムはともに、権力とその配分・不平等に関する理論であり、社会の中で制度化された不均衡が、実際には不正義であるにもかかわらず、どのように合理化されているのかを明らかにする理論であるとする。フェミニズムとマルクシズムの対比の中で、マッキノンはマルクシズムにおいては労働の搾取によって、フェミニズムにおいてはセクシュアリティの搾取によって、労働者の、そして女性の、権力からの疎外が定義づけられていると述べ、ジェンダーは階層制（hierarchy）であって、差異（difference）ではないと主張した（MacKinnon 1993a [1982]: 437）。

フェミニスト法理論の基本的理解は、われわれの社会は家父長制に基づいているということであり、フェミニスト法学の中心課題は、家父長制社会における女性の従属的地位の性質を分析・批判し、その体制を維持存続させる法の役割を明らかにして、その家父長制の弊害をなくする方策を探ることであるとされてきた。すなわち、フェミニスト法学の構成要素は、第一に、法とジェンダーについての理論的分析・批判であり、第二に、家族、雇用、刑事法、生殖の自由、ポルノ、セクシュアルハラスメント等の具体的な法律問題にフェミニスト視角を適用して、差別のない新たな法を提言することである。この意味でフェミニスト法理論は、近代市民法枠組みへの挑戦であり、実践的な改革運動であった（紙谷一九九七：四九）。

2　ジェンダー理論の展開

一九九〇年代に入ると、ポストモダニズムの影響を受けて、普遍的で非歴史的と捉えられてきた家父長制の概念に代わって、ジェンダー概念がフェミニスト理論の分析の基軸となった。言語の恣意性、政治性、構築性を指摘するポストモダン思想の影響によって、これまで性中立的なものとして用いられてきた概念にもジェンダー関係が内包されていることを指摘する研究が増加するとともに、ジェンダーの社会関係の可変性を示すアプローチとして、フェミニズムの静態的な性役割理論から、権力関係を軸とする動態的なジェンダー理論へのパラダイム（認識枠組み）の転換が見られた(14)。

性役割の枠組みから権力関係の枠組みへの移行、ならびに、それぞれのパラダイムの可能性と限界について、社会学者のロバート・コンネル（Robert Connell）は *Gender and Power : Society, the Person, and Sexual Politics*（1987）で、分かり易く著している。コンネルによれば、性役割理論（Sex Role Theory）とは、社会構造分析に際して、その基本的制約をステレオタイプ化された相互期待におくアプローチである（コンネル　一九九三：九四）。ステレオタイプ化された相互期待による性役割とは、例えば「家事、育児は妻の役割」や「男は強くあらねばならない」等の言説に表されるように、性別を理由にして主に結婚した男女に振り分けられた仕事の役割や態度・行動の「らしさ」である。そのような役割や「らしさ」の振り分けは、生物学的運命ではなく、学習や社会化による社会的期待に基づくとされる。性役割理論では、女性の従属的境遇はそのような役割期待に起因するとして、改革の目標は期待の変革におかれ、社会の啓蒙や教育、差別をなくすための法律や政策が提唱される。性役割理論を採用すると、「家事、育児は男女が助け合いましょう」とか「男も人前で泣いてよいのだ」とかのように、期待の変革という改革の目標を設定し易く、加えて、男性も女性と同様に性役割の重荷を負わされた被害者であるとして、男性を改革の運動に巻き込むことが容易である。

しかし、コンネルは、性役割理論の決定的難点は規範的であることだと指摘する。コンネルによれば、性役割理論の大半は規範のかたちで設定された標準事例の分析として構築される。そのため、性役割理論では、規範のかたちで設定された標準事例から外れた事例は、個人的異常や社会化の失敗にされてしまい、権力や社会的圧力とそれらに対する抵抗は排除されてしまう。コンネルはその例の一つとして、夫婦間暴力（marital violence）を挙げている（コンネル　一九九三：一〇一）。かつては、夫が妻に暴力をふるう原因や、妻がそのような夫のもとから逃げようとしない原因は、加害者夫のアルコール中毒や人格異常、被害者妻のマゾヒズムとして説明されることもあった。愛と信頼によって構成される家族、その最小単位である夫婦の間では暴力犯罪は発生しないというモデルが想定されていて、そのモデルから逸脱する事例には個人的要因があり、それゆえに個人的な責任の問題であるとされていた。一九七〇年代に始まった被害者支援運動は、そのような考え方に異論を唱え、社会全体の構造的な両性間の権力の不均衡と女性抑圧のダイナミクスを指摘し、ドメスティック・バイオレンス★という概念を創出した。

コンネルによれば、性役割理論は生物学的区分に依拠しており、運動論及び葛藤論に欠ける。それでは抵抗や闘争を視野から排除することになり、性役割の変動をジェンダー関係そのものの中から生み出される歴史として捉えることができない。社会構造的な「利害葛藤」(the conflict of interests)が見逃され、ジェンダーの歴史性を理論化する方法を欠いていること、それが性役割理論の限界であると指摘する(コンネル 一九九三：一〇二)。要するに、ジェンダーは、男女の役割や態度・行動の「らしさ」についての考え方を変えましょう、捨て去りましょう、の掛け声で解決できるような単純な固定的観念の構造ではないということである。

静態的な性役割の枠組みから踏み出し、ダイナミックな両性間の権力と利害葛藤の関係に目を向けたジェンダーの理論が、カテゴリー理論(Categorical Theory)である。カテゴリー理論を使うことによって、例えば、男女の関係は不平等であるという前提と、ドメスティック・バイオレンスの被害者の大部分は女性であるという実証的証拠によって、立法や政策における女性被害者保護の推進を正当化することが容易になる。コンネルによれば、カテゴリー理論は、両性間の政治関係において対立する利害葛藤を、他の社会的カテゴリーにおける利害葛藤と同一視することで、ジェンダー関係を権力と利害葛藤の関係として理論化することを可能にする。すなわち、カテゴリー理論は、男女間にいかに不平等が存在するかの議論で「当たりをつける」という意味では適切であり、これによって、ジェンダーの問題を政治の問題にして議論することができるようになった。しかし、カテゴリー理論では、例えば「女性たち」という表現が使用されるときのように、一枚岩的なカテゴリーそのものは自明視されており、カテゴリーがつくられる過程やカテゴリーを構成する要素はあまり論じられない。大まかで平坦なカテゴリーは状況を把握することを目的に、当たりをつけるための枠組みとしては適切であるが、当たりをつけるための枠組みが分析の目的になってしまうと、この枠組みでは説明できない問題を排除してしまう。すなわち、図式化されたカテゴリー理論は、権力を認識することはできるけれども、本質主義的になり、カテゴリー内の差異が無視・軽視されて、複雑な現実を平坦化してしまう（コンネル 一九九三：一〇七）。

人びとの日常行動は、日々の選択、疑念、戦略、計画、失敗、変容等の様々な要素から構成されており、往々にして、カテゴリーから論理必然に帰結しない。そこでコンネルは、固定的で、一枚岩的な性別カテゴリーを前提とするのではなく、性別カテゴリーは日常生活によって生みだされると考える理論の創出を提唱した（コンネル 一九九三：一一二）。コンネルの「日常行動に基づく理論」（Practice-based Theory）では、いかにしてジェンダー関係が現在のようなかたちで組織されるようになってきたかが問われ、現在とは異なる社会的利害が支配的になれば現在とは異なるジェンダー構造が可能となるという認識によって、改革への期待が示された。

3　分析視角としてのジェンダー

コンネルの「日常行動に基づく理論」と同じ方向で、ジェンダー関係を、生物学的性別の二分法の呪縛から解くために、動態的な権力現象の一つとして位置づけ、それによってジェンダー関係の可変性を論じようとしたのが、歴史学者のジョーン・スコット（Joan Scott）である。スコットは、*Gender and the Politics of History* (1988) で、ジェンダーの概念を、二つの命題(15)によって定義づけた。第一に「ジェンダーとは、認知された両性の違いに基づいて構築された、社会関係の一つの構成要素である」ということ、第二に「ジェンダーとは、権力の関係を意味づける根本的な方法である」ということであった。スコットは、これら二つの命題は、相互関連的であるが分析のためには別個のものであり、定義の核心は二つの命題の分かち難い関係性にあるとする（Scott 1988 : 42）。

スコットは、第一命題の前半にてジェンダーの社会構築性を再確認したうえで、第一命題の後半で両性間の権力関係は社会における様々な権力関係の一つであると位置づけており、この後半部分が文法的には第一命題の主文である（英語原文では前半になる）。また、第二命題を、「ジェンダーは、権力関係が具体化するあるいは具体化される根本的な場である」と言い換えている（Scott 1988 : 45）。スコットの定義からは、第一命題で社会構築性というジェンダーの性質が、そして第二命題で政治性というジェンダーの機能が、語られているのであって、全体として、ジェンダーとは、両性間の差異に関する人びとの認識に基づいて構築された権力関係であり、それは社会関係全体の中で交差し重なり合う様々な権力関係の一つである、そして、さらに重要なことには、ジェンダーが社会関係全体における様々な権力関係のありようを説明する基本的関係として機能すると、その意味を理解することができる。

このようなジェンダーの社会構築性と政治性を総括的に表す意味で、スコットは *Gender and the Politics of History* の序論において、ジェンダーを「性差に関する知」（knowledge about sexual difference）(16)と述べている。そして、スコットは「こうした知は絶対的でも真実でもなく、つねに相対的なもの」であり、「それ自体が（少なくともある意味で）自律的な歴史をもつ大きな認識の枠組みの中で、複雑な方法によって生み出され」、「その用法や意味するところは政治的抗争の対象となり、権力関係——支配と従属——を構築するための手段ともなる」と述べ、知が創造される過程の政治性を明らかにした（スコット 一九九二：一六）。スコットは、ジェンダーをこのように理解することによって、既成の学問における知を組み換えるという、学問の「ジェンダー化」（engendering）を提唱した。スコットの歴史学における学問のジェンダー化とは、歴史学そのものを〝も〟分析的対象とすることによって、歴史学という学問に内在する性の政治を露にすることであった（スコット 一九九二：一七）。スコットが注目した、知が創造される過程の政治性は、まさしく、一九八〇年代に批判的法学研究やフェミニスト法学が注目した「法の政治性」の根幹であったといえる。ここに、われわれがスコットに注目する所以がある。

ジェンダーの理論は様々な枠組みで分析され、進化を続けてきた。そして、現在、ジェンダーは、性別の権力関係、ならびにそれを基本とするマクロ・ミクロの権力関係を、顕在化し、分析する概念、となったのである（舘 一九九八：八七）。

4 ジェンダー法学の可能性

法研究でジェンダーという言葉はよく聞かれるようになったが、興味深いことに、フェミニスト法学の先駆者であるオルセンによれば、米国においてはフェミニスト法学と区別されうるジェンダー法学という分野は形成されてはいない。あえてジェンダー法学という領域を特定しようとすれば、それはゲイやレズビアンに関わる法の領域（gay and lesbian legal studies）であるという。しかし、米国の法研究の中に、フェミニスト視点とジェンダー視点という二つの流れを区別することは可能である。マーサ・キャマラス（Martha Chamallas）は、フェミニスト法学者と、「フェミニストではないがジェンダーに注目している法学者」（nonfeminist gender oriented scholarship of law）の立論の違いは、法の中の「構造的な性の不公平」（systematic gender inequity）の存在を、議論の出発点とするか否かという点にある、と指摘している（Chamallas 1999 : 9）。ここで「フェミニストではないがジェンダーに注目している法学者」という場合、「ジェンダーに注目」の意味は、従来の議論の多くがそうであったように、「女性の問題への注目」という意味に過ぎないのかも知れない。そう考えれば、コンネルやスコットが提唱するようなダイナミックな「権力関係」の分析軸としてのジェンダー概念を採用した法研究の事例を見出すことは未だ困難で、米国にはジェンダー法学という分野は形成されていないという先のオルセンの指摘に頷くことができる。

米国ではフェミニスト法学と区別されうるジェンダー法学という分野は形成されていないといわれるが、日本では二〇〇三年末にジェンダー法学会が設立された(17)。日本の「法とジェンダー」の研究で採用されているアプローチは、多くの場合、フェミニスト法理論による既存の法の性支配構造批判、すなわち「人＝男性」の観点から立法・解釈・運用されてきた法の中立性や客観性を批判的に検証するという方法である。フェミニスト法理論では、研究者たちは家父長制理論を用いることによって、あるいはマッキノンやポランのようにマルクス主義と家父長制理論を統合することによって、法と女性の従属との相関関係を説明しようとしてきた。しかし、ポランが家父長制を「集団としての男性が集団としての女性に対して権力を有する社会関係のシステム」と定義したように、家父長制理論では両性間の支配抑圧関係が議論の前提となっていて、不可避的に男性と女性は対置させられることになる。それはカテゴリー理論の限界に直面する。

生物学的性別の二分法の呪縛から脱するために、また、前述のキャマラスの指摘で浮かび上がった法研究におけるフェミニストの分断という問題を解消するためにも、女性の被抑圧的状況に焦点を合わせるフェミニストとノン・フェミニスト的視点から、権力関係のダイナミクスに焦点を合わせるジェンダー視点への移行は、一つの解決策ではないだろうか。本書は、男女の実質的な平等の実現を希求するという最も広い意味でのフェミニズムの視点に立つ。そして、法に潜在する「『社会構築された性別の権力関係』の様態を明らかにし、問題化するため」(舘 一九九八：八五)の概念として、ジェンダーを用いる。コンネルやスコットが提唱するダイナミックな権力関係の分析軸としてのジェンダー概念を、法の分野へ導入するつもりである。序章のこの段階では、ジェンダーの視点とは、社会構造的な男女間の不均衡な権力関係を批判的に分析するアプローチであり、それは、性に基づく区別や異なる扱いに関して常に敏感になり、それらの正当性を懐疑的に検証する思考方式を採用することであると限定して、議論を進めていく。本書では、米国のドメスティック・バイオレンス防止法の歴史を通して、性別や民族、人種、階級等に基づいて構築された社会の重層的な権力構造の中で、性別の権力関係が法の形成と展開にどのような影響を及ぼしたか、それを米国におけるドメスティック・バイオレンスの加害者逮捕政策の変遷と絡めて論じていく。

3　DV防止法の発達と米国

1　米国におけるDV防止法の発達

総理府は、わが国の配偶者暴力防止法の制定に先だって、欧州・北米ならびにアジア・オセアニア地域における数か国を調査した。著者が、それらの国々の中から研究の対象として米国を選んだ理由は、主に以下の三つである。まず、米国のドメスティック・バイオレンス防止法の発展は、一九七六年のペンシルヴェニア州における全米初の民事保護命令制度の創設から今日まで、四半世紀を越える長い歴史がある。第二に、被害者支援組織の立法活動や被害者救済のための訴訟活動が記録され公表されてきたことによって、女性運動の影響を明確に把握することができる。第三に、アメリカ法の最も大きな特徴は連邦制の下で州ごとに異なる法律の存在であり、各州における取り組みの実績はきわめて多様である。そしてその結果生まれる柔軟な対応は、わが国の今後の法整備に貴重な資料を提供するものである。

とはいえ、日本と米国の間には大陸法体系と英米法体系の違いがあり、米国の法制度の研究を直ちに日本に当てはめることはできないであろう。配偶者暴力防止法の法案作成のときにも、英米法の制度である保護命令の日本への導入について、民事法制と刑事法制の峻別を特徴とする日本の法体系において保護命令は例外となること、民事上の請求権の履行確保のために刑罰で制裁を科すという制度は日本に存在しないということが、指摘された。このように両国には法体系の違い、さらには警察実務の違いがあるが、他方で、日本の憲法や刑事訴訟法が第二次世界大戦後にアメリカ法の影響を受けて制定され、刑事司法制度の枠組み等、数多くの共通点が存在していることも事実である。それゆえ、ドメスティック・バイオレンス犯罪の特徴や刑事司法の対応の課題、基本的問題を理解するためには、米国の歴史と経験が参考になると考え、かつ、両国の比較によって、日本と米国がそれぞれ独自に抱える問題点を浮かび上がらせることも意図した。

法の執行に携わる警察官が男性の女性に対する暴力を容認し、ドメスティック・バイオレンスを他の暴力犯罪と区別して扱い、加害者の逮捕を回避するようなことがあっては、被害者は警察を頼ることができない。このような観点から、本書では、警察官による逮捕の実務に焦点を合わせ、米国のドメスティック・バイオレンス防止法の発展を、警察官のジェンダー・バイアスとの関連における「加害者の逮捕の積極化」★という切り口から見てゆく。米国でも、各州のドメスティック・バイオレンス防止法が制定される以前は、警察は加害者逮捕に消極的であった。加害者逮捕の阻害要因は、警察官の逮捕権限に関するコモン・ローの制約と、夫の妻に対する暴力を容認する警察官のジェンダー・バイアスであった。これら二点の問題の解決に向けて被害者支援組織が始めた運動は、一九七七年にオレゴン州のドメスティック・バイオレンス防止法による義務的逮捕（mandatory arrest）★へと結びついた。そして、今日では米国の半数以上の州でドメスティック・バイオレンス防止法に義務的逮捕が規定されている。

本書では、米国の多くの州のドメスティック・バイオレンス防止法に義務的逮捕が導入されるようになった歴史的経緯、義務的逮捕の導入に際しての法的問題、義務的逮捕が導入された効果を確認し、義務的逮捕が今日どのように評価されているのかを明らかにする。

2　米国のDV防止法と義務的逮捕

義務的逮捕とは、ドメスティック・バイオレンス防止法に規定される逮捕★の仕組みであり、犯罪の嫌疑があり、逮捕の法的要件が揃っている場合には、警察官はその被疑者を逮捕しなければならず、警察官の裁量で逮捕をしないでおくことは許されないということを意味する。義務的逮捕の仕組みが導入された理由は、夫の妻に対する暴力の容認や女性被害者の供述の軽視等、警察官のジェンダー・バイアスによる恣意的な判断によって、加害者の逮捕が手控えられ、その結果、警察へ通報した後で被害者がさらに酷い暴力を振るわれる事態が多く発生したからである。米国の義務的逮捕に対しては、日本の刑事司法に支配的な感覚からすれば、無用の逮捕を生むおそれがあるとして被疑者の人権保障の観点からの批判が予想されるが、米国の半数以上の州でドメスティック・バイオレンス犯罪や民事保護命令違反に対する義務的逮捕が定められている。

Mandatory arrest(18)を義務的逮捕と訳出することにまったく問題がないわけではないが、一つには、mandatory arrest が米国のドメスティック・バイオレンス防止法に導入された目的が警察官の裁量の制限であったということ、もう一つには、条文に「警察官は逮捕しなければならない」(an officer shall arrest) と規定されているように、法の命令が警察官に向けられていることから、本研究では義務的逮捕という訳語を使用する。また、「加害者の逮捕の積極化」という表現にも、逮捕権限の不当な行使を想起させる不穏な響きがないわけではない。しかし、本書では、警察が「逮捕に関して従来の消極的対応を改善する＝逮捕に関して積極的対応に転換する」との意味で、「逮捕の積極化」との表現を使用している。日本語の「積極化」は法律用語ではないが、社会をある方向へ向けて動かそうとする政策の遂行を説明する場合によく使われる表現である。

米国の場合、逮捕とは、刑事訴追または取調べの目的で、警察が被疑者をその意思に反して身柄拘束することを意味する。意思に反して刑事訴追または取調べの目的のために身柄を拘束されることは、合衆国憲法第四修正に規定される「身柄の拘束」（seizure of the person）となり、「相当の理由」（probable cause）★の制約に服する。合衆国憲法第四修正の規定によって、逮捕が合憲とされるためには、⑴犯罪が行われたことと、⑵被疑者がその犯罪を行ったことについて、「相当の理由」の存在が認められなければならない。「相当の理由」の法律上の意味については、第6章で詳述するが、一般的に言えば、合理的な根拠（reasonable ground）である。裁判所は、捜査機関が示す証拠に基づいて「相当の理由」が存在すると判断すれば、その被疑者の逮捕を許可する逮捕令状（arrest warrant）を発する。警察官が逮捕令状をもって被疑者を逮捕することは、合衆国憲法第四修正によって禁止される「不合理な逮捕」（unreasonable seizures）を防ぐには有効であるが、逮捕令状の使用は憲法によって義務づけられているわけではない。このため、逮捕件数全体の約九割では、「相当の理由」の存否は事件の現場で警察官によって判断され、令状なしで逮捕が行われている。

他方、日本では、逮捕とは、被疑者の身体を確保して、法に決められた一定期間その拘束状態を継続することである。逮捕は被疑者に対する強制的な身柄拘束処分と考えられ、日本国憲法三一条（法定手続保障）と三三条（逮捕に対する保障）の制約に服し、裁判官のあらかじめ発する逮捕状によって逮捕することが原則とされる（刑事訴訟法一九九条）。被疑者を逮捕するためには、逮捕の理由（刑事訴訟法一九九条一項「罪を犯したことを疑うに足りる相当な理由」）と、逮捕の必要（刑事訴訟規則一四三条の三　逃亡または証拠隠滅のおそれなど）が認められなければならない。裁判所は、捜査機関が示す資料に基づいて、逮捕の理由と逮捕の必要について審査を行い、逮捕の理由が肯定されれば、明らかに逮捕の必要がないと認める場合を除き、逮捕状を発付する（刑事訴訟法一九九条二項）。

酒巻匡によれば、日本では、強制的な身柄拘束処分である逮捕は例外的手段であり、逮捕される被疑者は犯罪の嫌疑を受けた者の三割程度に止まるとされる（但し、交通業務上過失事件を除く）。また、日本では、「現行犯を除き、逮捕は充分な嫌疑が整った段階で実行されるのが一般的である。これに対し、アメリカ刑事司法においては、逮捕は、捜査の初期段階で、まさに特定の被疑者に対し刑事司法作用が起動する第一段階であるという点に注意を要する」(19)と指摘し、アメリカ刑事司法の「このような枠組みのもとでは、従来、犯罪として取り上げられにくい嫌いのあったドメスティック・バイオレンスに対して、刑事司法が積極的に介入するという政策決定の下で、逮捕を義務付けるという方式はよく理解できる」と述べている（酒巻 二〇〇〇：五九）。

次の第1章「米国の民事保護命令と義務的逮捕」では、民事保護命令と義務的逮捕についてそれぞれの目的と両者の関係について述べた後、英米法の伝統の中で民事保護命令がどのように発展し、義務的逮捕がなぜ導入されるようになったのかを明らかにする。第2章「逮捕の決定と警察官のジェンダー・バイアス」では、ドメスティック・バイオレンス防止法に義務的逮捕が導入された原因である、警察官のジェンダー・バイアスの内容を探る。第3章から第5章までが、被害者保護とデュー・プロセスの関係についてである。第3章「被害者保護とデュー・プロセス展開の社会的要因」では、加害者の積極的逮捕を要求する被害者保護の運動と、逮捕について慎重な対応を要求するデュー・プロセスの法原則が、それぞれ、どのような歴史的文脈において発展してきたのかを明らかにする。第4章「被害者保護とデュー・プロセスの衝突と調整」では、ドメスティック・バイオレンスの被害者保護との関わりにおいて、具体的にどのようなデュー・プロセス保障が問題となるのかが明らかになる。第5章「義務的逮捕の再犯抑止効果」では、被害者保護と加害者の積極的逮捕がともにドメスティック・バイオレンス犯罪への法的対応の中で必要とされる理由を明らかにする。第6章「義務的逮捕の有効性」が米国の積極的逮捕政策についての評価であり、終章「被害者保護とデュー・プロセスの調和」にて日本法への示唆を探る。

第1章
米国の民事保護命令と義務的逮捕

本章では、ドメスティック・バイオレンス防止法の理解のために、米国の法体系を概説した後、ドメスティック・バイオレンス防止法の二つの柱である民事保護命令★と義務的逮捕★について述べる。民事保護命令は民事法上の制度であり、逮捕は刑事法上の制度であって、伝統的には両者は切り離されていたが、多くの州では民事保護命令の執行力を強化するため、その違反が刑事法上の犯罪とされ、刑罰が科されるようになっている。民事保護命令制度は、公的領域と私的領域の秩序を分断させてきた刑事法と民事法の壁を低くし、従来は黙認されてきた私的領域の暴力に対する公権力の介入によって、近代市民法では分断されていた公と私の境界を崩しつつある。民事保護命令については、したがって、その原型であるインジャンクションの性質に遡って考察し、民事保護命令の限界が、その執行力を左右する警察官の対応と関連することを明らかにする。

1　逮捕に関する伝統的なコモン・ローの法原則(1)

各州の法は、それぞれの憲法（Constitution）と制定法（statutes）と判例法（common law）とからなる。英米法では判例主義が採用されており、第一次的法源は判例法である。「制定法の基盤に判例法があり」、「制定法は判例法を補充しもしくは変更するため、または判例を成文の形にするために作られた例外的存在」である（田中 一九八一：一九九）。但し、制定法はいったん有効に制定されると、判例法に優先する。判例法と制定法は一般法と特別法の関係にあり、制定法は限られた領域において断片的に存在するものであるので、制定法に規定のない事項については、従前からある判例法が効果を有する。このように、英米法において制定法は第二次的法源として存在するが、米国では一九世紀後半以降、制定法の数と重要性が増大した。

裁判を通して形成される判例法は、さらに、コモン・ロー（common law 普通法）とエクイティ（equity 衡平法）という二つの法体系からなる。エクイティもまた、コモン・ローの存在を前提として、限られた領域において断片的に存在する法である。したがって、英米法において特定の法律問題について考える際には、通常、(1)コモン・ローではどうなっているか、(2)それがエクイティによって変更されていないか、(3)最後に、その点について、制定法の規定がないか、という思考過程を経るとされる（田中 一九八一：二七五）。

英国から継承された伝統的なコモン・ローの法原則によれば、警察官の逮捕権限は重罪の事件と軽罪の事件では大きな違いがある。すなわち、重罪（felony 死刑または一年以上の懲役に相当する罪）の事件では、警察官は令状なしで被疑者を逮捕できるが、軽罪（misdemeanor 一年以下の懲役または罰金に相当する罪）の事件では、犯罪が「警察官の面前」（in the presence of the officer）で行われない限り、被疑者を令状なしで逮捕することはできない。このため、軽罪のドメスティック・バイオレンス事件の場合、暴力が収まった後に警察官が現場に到着すると、警察官は令状なしで加害者を直ちには逮捕することができなかった。逮捕のためには、別途裁判所へ逮捕令状の発付を求めるという手続をとらなければならなかった。

また、英米法のコモン・ローの伝統では、夫による妻の殴打は長らく夫の権利として法的に容認されてきた（第3章で詳述）。米国では一九世紀末にそのような権利が廃止されたが、二〇世紀中葉に至っても警察や警察官は夫が妻にふるう暴力は私的な問題であるとして不介入主義を採り続けた。事件に介入した場合でも、加害者の逮捕を控えて、被害者と加害者の引き離しや説得といった非刑事的対応をすることが好ましいと考えられていた。伝統的なコモン・ローの法原則による手続上の制約と、警察の伝統的な不介入主義が、ドメスティック・バイオレンス加害者の逮捕の阻害要因となっていた。

2 州法としてのDV防止法

1 DV防止法の州法モデル

米国では、五〇の州はそれぞれ独自の法域（jurisdiction）と法体系をもち、各州にはそれぞれに別個の憲法、制定法、判例法が存在する(2)。このため、各州で制定されているドメスティック・バイオレンス防止法の名称や内容は州ごとに異なり、その中核である民事保護命令（civil protection order）の具体的な制度設計（中立手続、命令の有効期限、違反者に対する制裁等）も州によって異なる。州ごとに異なる州法の統一を期待して、これまで様々な機関が特定の法分野に関する州の法律のモデルを作成・提案してきた。一九九四年に「全米家庭裁判所裁判官諮問委員会」が発表した「家庭内暴力模範州法」（Model Code on Domestic and Family Violence）も、そのような法統一の試みである。この模範州法は、各州のドメスティック・バイオレンス防止法の立法モデルとして提案された。各州のドメスティック・バイオレンス防止法は一様ではないが、模範州法はドメスティック・バイオレンス防止法の基本的な目的や特徴を示している。

模範州法の前文によれば、ドメスティック・バイオレンス防止法の目的は、公正で迅速な被害者の保護と暴力の防止である。模範州法では、妻や恋人等の女性に対する暴力が、刑事司法による早期介入と積極的な対応を必要とする犯罪であることが宣言され、ドメスティック・バイオレンスの加害者や民事保護命令の違反者を積極的に逮捕することが奨励されている。これらの目的を実現するために、義務的逮捕と民事保護命令がドメスティック・バイオレンス防止法の二つの柱として規定されている。

模範州法の第二章「刑事法上の罰則と手続」（Chapter2-Criminal Penalties. and Procedures. §205-B）では、積極的逮捕政策★を具体化する方法として、義務的逮捕が示されている(3)。義務的逮捕の定義は、「当該人物がドメスティック・バイオレンスまたはファミリー・バイオレンスにかかわる犯罪を行ったと信じるに充分な『相当の理由』の存在が認められるならば、その犯罪が重罪か軽罪かにかかわらず、また警察官の面前で行われたか否かにかかわらず、逮捕令状なしで、警察官はこの者を逮捕して適切な罪に問わなければならない」とするものである。すなわち、義務的逮捕が命じられている場合には、「相当の理由」の存在という法的要件が充たされていれば、犯罪の被疑者を必ず逮捕しなければならず、警察官に逮捕を回避する裁量は許されていないということを意味する。

模範州法では義務的逮捕がこのように定義されているが、実際に各州法に定められる義務的逮捕の内容は一様ではない。例えば、コネティカット州法（Conn. Gen. Stat. §46b-38b〈a〉）では、「ファミリー・バイオレンスが行われたと警察官が判断するときは、必ず逮捕しなければならない」として、一〇〇％の、必ず逮捕する政策が採用されている。しかし、このような一〇〇％必ず逮捕する政策は例外的で、多くの州では、「相当の理由」の存在に加えて、特定の条件が存在するときに、必ず逮捕することが命じられている。例えば、重罪犯罪が行われた場合、被害者が暴行を受けて負傷した場合、加害者が殺傷能力のある凶器または危険な凶器を使用した場合等の、法律に規定される特定の条件のもとで、警察官は加害者を必ず逮捕することが命じられている（Hart 1992 : 63）。

模範州法の第三章「民事保護命令」（Chapter3-Civil Orders for Protection）には、民事保護命令の制度が規定されている。民事保護命令はドメスティック・バイオレンスを防止し、被害者の安全を守るための制度である。被害者とその家族が安全で平穏な生活を送ることができるようにするため、裁判所は加害者に対して、妻への虐待や妻への接近・接触の禁止、妻が居住する住まいからの退去、子どもの暫定的監護権の決定、妻や子どもの扶養料の支払い等、様々な内容の命令を発令する権限を有する。保護命令の内容は州によって異なるが、特に加害者に対する退去命令は被害者とその家族の安全確保のためには不可欠であると考えられており、虐待禁止命令や子どもの暫定的監護権の取り決め条項と並んで、ほとんどすべての州のドメスティック・バイオレンス防止法に規定されている（Hart 1992 : 16）。

2　民事保護命令制度の実現

米国におけるドメスティック・バイオレンス防止法の出発点は民事保護命令である。一九七〇年代に至っても、警察や警察官は夫が妻にふるう暴力は私的な問題であるとして不介入主義を採り続けていたので、夫から暴力をふるわれている妻は警察に助けを求めても充分な保護を受けることができなかった。七〇年代の初め、レイプ被害者を救済するためのシェルターが各地で設置されたが、そこへ保護を求めてきた女性たちの多くは夫から暴力をふるわれている妻であった。夫からの暴力の被害者（battered women）に対する支援活動は、裁判所への付き添いや自立の手助け等、個々の被害者に対する個別的支援（individual advocacy）に加えて、司法・福祉・医療・子どもの教育等、被害者女性を取り巻く社会制度の改革をめざす制度的支援（systems advocacy）として展開されるようになった。従来から活用されてきた裁判所の差止命令の制度だけでは充分に被害者の安全が守られず、法律の不備が被害者の救済や自立を困難にしていると考えた被害者支援組織は、被害者の安全を確保するための法制度づくりに向けて運動を開始した（Pence 2001 : 339）。運動の最初の成果が、民事保護命令制度の創設であった。米国で最初の民事保護命令制度は、一九七六年の「ペンシルヴェニア州虐待からの保護法」（Pennsylvania Protection from Abuse Act）の立法化によって実現した。民事保護命令制度は急速に普及し、ペンシルヴェニア州における民事保護命令制度の創設から五年後には三〇以上の州で、そして一三年後にはすべての州とワシントンＤＣにおいて立法化された（Pence 2001 : 333 ; Hart 1991）。

ところが、執行力の裏打ちが充分でない民事保護命令は、命令の名宛人である加害者にとってただの紙切れに過ぎない。執行力とは命令の内容が司法機関によって強制的に執行される効力であり、命令に執行力を確保するためには、違反を処罰する司法システムが必要になる。民事保護命令の違反に対しては裁判所侮辱罪（contempt）によって罰することが可能であったが、裁判所侮辱罪に対する警察官の逮捕権限が明確でなかった（本章5節で詳述）。そこで、米国の各州は、民事保護命令違反を刑事法上の重罪または軽罪の犯罪と規定することによって、民事保護命令の違反に対する警察官の逮捕権限を明らかにし、民事保護命令の執行力を強化しようとした。

民事保護命令違反の犯罪化によって、民事保護命令違反者に対する警察官の逮捕権限が明確になったが、同時に刑事法上の手続的要請であるデュー・プロセス★の遵守が求められることになった。刑事手続におけるデュー・プロセスの遵守は、被疑者・被告人の人権保護を目的とする。逮捕に関して、デュー・プロセスの遵守は、誤って無辜の者を逮捕することのないように逮捕には慎重であれということを意味する。他方で、民事保護命令の目的は迅速な被害者保護と暴力防止にあり、加害者や保護命令違反者の積極的な逮捕が求められている。このように、デュー・プロセスと被害者保護という二つの目的は、慎重な逮捕と積極的な逮捕という相反する要求をもつため、相克関係にあるとして議論されることが多かった。

3　義務的逮捕の導入

民事保護命令違反が刑事法上の犯罪とされることによって、警察官の逮捕権限が明らかになるとともに、民事保護命令違反への積極的対応を警察官に命じることが可能となった。さらに、軽罪のドメスティック・バイオレンス事件における逮捕の阻害要因となっていたコモン・ローの制約を取り除くために、ドメスティック・バイオレンス防止法に、軽罪の場合でも「相当の理由」★の存在を条件に令状なし逮捕を許可する規定が設けられるようになった。そのような制定法の規定は、判例法であるコモン・ローの法原則に優先することとなり、ドメスティック・バイオレンス事件では警察官の令状なし逮捕の権限は軽罪にまで拡大された。但し、「相当の理由」の存在を条件に、警察官に許可される令状なし逮捕の範囲を拡大する動きは、ドメスティック・バイオレンス事件に限られるものではなく、一九七〇年代よりはるか前から始まっていたとされる。また今日、伝統的なコモン・ローの法原則による警察官の逮捕権限についての重罪と軽罪の区別がそれほど明確でなくなり、実質上は意味をなくしてきているのは、各州における一般的な傾向であるとされる(酒巻 二〇〇〇:五九、カーメン 一九九四:一六二)。

ドメスティック・バイオレンス防止法に新たな規定を設けることによって、警察官の逮捕権限が拡大されたが、それでも依然として逮捕率は高まらなかった。その原因は、女性被害者に対する偏見や、男性が女性にふるう暴力の容認にあった。警察が被害者の保護を怠り、加害者や保護命令違反者を放置したため、被害者が殺傷される事件が相次いだ。警察の消極的対応と警察官による恣意的な逮捕の回避は、一九七六年のペンシルヴェニア州での民事保護命令制度の創設から時を経ないうちに、この新しい制度の実効性を弱める重大な問題とみなされるようになった。

そこで、警察や警察官の対応を変えるための新たな試みとしてオレゴン州の被害者支援組織「ドメスティック・バイオレンス・性暴力防止連合」(the Oregon Coalition Against Domestic and Sexual Violence)が、逮捕の決定における警察官の裁量（discretion 個人的な判断に基づく処置）を制限する義務的逮捕の法案を提案した。この法案の目的は、警察官の裁量を制限することによって、警察官の恣意的な判断による逮捕の回避を防ぐことにあった。法案は一九七七年にオレゴン州議会で可決され、「虐待防止法」（Abuse Prevention Act）が成立した。この法律は米国で初めて加害者と保護命令違反者の義務的逮捕を命じたドメスティック・バイオレンス防止法であった。この法律には、制定の当初、被害者の反対があれば警察官の裁量によって加害者や保護命令違反者を逮捕しなくてもよいとする条項が設けられていたが、被害者の利益の優先という法の趣旨に反して、この条項が警察官の逮捕回避の口実に使われることもあったため、一九八一年には削除された（Zorza 1992 : 63）。

義務的逮捕はその後、多くの州のドメスティック・バイオレンス防止法に導入されるようになり、一九九九年までには三〇州で民事保護命令違反に対する義務的逮捕が定められ、二一の州とワシントンDCでドメスティック・バイオレンス犯罪に対する義務的逮捕が定められた。ドメスティック・バイオレンス防止法の制定によって民事保護命令が設けられた時期、警察官の令状なし逮捕の権限が軽罪にまで拡大された時期、加害者や民事保護命令違反者の義務的逮捕が導入された時期は、州ごとに異なる。但し、ドメスティック・バイオレンス防止法の制定、警察官の逮捕権限の明確化と拡大、積極的逮捕政策への転換という順で行われ、その間に何度も法改正が重ねられてきたことは共通している。例えば、マサチューセッツ州の「虐待防止法」（Abuse Prevention Act）の場合は、一九七八年に同法の制定により民事保護命令が設けられて以降、八三年、八四年、八七年、九〇年から九六年までの各年、計一〇回の法改正が行われてきた（The Massachusetts Prosecutors' Manual 1997 : 20）。また、第4章で取り上げるミズーリ州の「成人虐待防止法」(Adult Abuse Act) は一九八〇年に制定され、八六年の法改正を経て、八九年に「相当の理由」による警察官の令状なし逮捕の権限が明確にされるとともに、義務的逮捕が定められた。さらに九三年と九五年にも法改正が行われた。

4 連邦法による各州DV防止法の支援

ドメスティック・バイオレンス犯罪に対する各州の取り組みを支援するために、一九九四年に連邦法の「女性に対する暴力防止法」(Violence Against Women Act. 以下「VAWA」と略記する) が制定された。VAWAは連邦の包括的犯罪防止法である「暴力犯罪規制及び法執行法」(the Violent Crime Control and Law Enforcement Act of 1994) の第四編として制定された。「女性に対する暴力」への刑事的対応の強化と被害者保護の推進が、犯罪防止法に組み込まれていることの意義は大きい。この法律に基づいて、司法省は性暴力やドメスティック・バイオレンスへの法的対応を改善するための様々な助成金プログラムを設けた。「女性に対する暴力STOP助成金プログラム」(Service Training Officers Prosecutors Grants) は、「女性に対する暴力」犯罪に対する取り締まり強化の体制づくりと、警察、検察、被害者支援運動の連携の促進を目的とする (青山 一九九九：一二二)。一九九六年度からは、ドメスティック・バイオレンス事件における義務的逮捕あるいは積極的逮捕の推進を目的として、「逮捕政策奨励助成金制度」(Grants to Encourage Arrest Policies) が設けられた。この制度の趣旨は、「ドメスティック・バイオレンスに対する介入を効果的なものとするため、刑事司法全体を巻き込み、各機関が共同歩調をとって取り組むべき統一政策の一環に、義務的逮捕を位置づけること」(青山 一九九九：一二三) であるとされる。このようにドメスティック・バイオレンス加害者の積極的逮捕の推進は、連邦政府の刑事政策の一部となった。

ＶＡＷＡには、「州間ドメスティック・バイオレンスの罪」と「州間保護命令違反の罪」という、新しい二つの連邦犯罪が設けられた。前者は、傷害、ハラスメント、または脅しの意図をもち、逃げようとする配偶者や恋人を追って他州に入ること、あるいは、力による強制、威圧、脅迫、詐欺によって配偶者や恋人を他州に連れ出し、負傷させることである。後者は、保護命令に違反する意図をもって他州に入り、実際に保護命令に違反することである。ＶＡＷＡの「充分な信頼と信用」(full faith and credit) の条項によって、州を越えて保護命令の執行力は保証され、各州は他の州で発令された保護命令についても、その内容を守らなければならない。これらの連邦犯罪の捜査は連邦捜査局 (the Federal Bureau of Investigation) が行い、訴追は連邦司法長官の下で行われる。このような新たな連邦犯罪の創設によって、各州で発令された民事保護命令が他州でも執行力を有することになり、被害者保護が促進されることとなった。

3　民事保護命令創設以前の被害者救済手段

ドメスティック・バイオレンス防止法が制定される以前には、夫から暴力をふるわれている妻にとっての民事法上の救済手段はインジャンクションの一つである離婚関連差止命令 (divorce restraining order) の発令を裁判所に請求して、夫の加害行為を禁止してもらうことしかなかった。インジャンクションとは、次の第４節で述べるように、英米法の伝統的な救済方法である。この離婚関連差止命令の有効性には、次の四つの限界があった（Zorza 1992 : 53）。

第一に、離婚関連差止命令は離婚の申立と同時に請求することが必要とされていたので、被害者は加害者と正式な婚姻関係になければならなかった。

第二に、裁判所は係属中の離婚訴訟または父子関係確認訴訟に関連して、暴力禁止を内容とする差止命令を発令したに過ぎず、被害者の安全を守るために緊急に命令を出すということはなかった。

第三に、命令の効力は本案の離婚訴訟等が終結すれば自動的に失効するか、あるいは比較的短期間しか続かなかった。

第四に、命令の違反に対しては刑罰が設けられていなかったので、被害者は夫に暴力をふるわれても、直ちに警察の刑事的介入を要請することはできず、夫の命令違反を訴えるために、別途に裁判所に出向かなければならなかった。

この民事法上の救済手段とは別に、暴力をふるう夫が刑事事件の被告人である場合には、裁判所が夫に接触禁止保証証書（no contact bond）を提出させることによって、妻へ近づくことを禁止することができた。接触禁止保証証書は、刑事事件の被告人の行為を制限するもので、治安を乱すおそれのある者に裁判官が提出を求める平穏保証証書（peace bond）の一つである。裁判所は被告人を保釈するとき、保釈条件として、州外へ出ないことや定められた日に出廷すること等の条件とともに、被害者や特定の者との接触禁止を命じることができる。保釈条件に対する違反があれば、保証証書は取り消されて、被告人は裁判が終わるまで勾留されることもある。接触禁止保証証書には保釈中の暴力の再発を予防する効果はあるが、加害者が刑事事件の被告人でなければ利用できない。

このような従来の救済手段の問題点を解消するため、一九七〇年代半ばに新しい民事保護命令制度が創設された。第4節では、この民事保護命令の原型である英米法のインジャンクションはどのような制度であるかを説明する。

4　民事保護命令の原型――インジャンクション

1　エクイティによる救済

第1節で述べたように、英米法はコモン・ローとエクイティという、判例の二つの法体系から成り立っている。コモン・ローは厳格な法理に基づいて普遍的な正義を実現するためのものであるのに対して、エクイティは具体的事件に柔軟に適合する個別的な正義を実現するためのものとして発展してきた（藤倉　一九九五：三三二）。歴史的には、コモン・ローは、ノルマン人のイングランド征服（Norman Conquest, 1066）の後、国王裁判所が裁判を通して各地のゲルマンの慣習法を素材として作り上げた「イングランド全土に共通する」（common to the whole land）法に、起源がある（倉持　二〇〇三：三二六）。国王裁判所への訴えには厳格な訴訟方式が存在し、訴訟はコモン・ローが許容する救済方法が存在するところのみ成立しえたので、社会の発展に伴って現れる新しいタイプの事件はコモン・ローでは適切に処理できなくなった。また、コモン・ロー裁判所では、コモン・ロー上の権利を持たない貧しい者が救済を拒否されることがあった。そこで、国王裁判所とは別に、大法官（Chancellor）の裁判所において、「コモン・ローの緩和・衡平化」（田中　一九八一：一二五三）が行われた。これがエクイティ裁判所の始まりである。

大法官職には聖職者が就任して請願を審理し、救済の事例の積み重ねによってエクイティの法が形成された。

コモン・ロー裁判所では、勝訴の原告に与える救済は、わずかの例外を除いて、金銭賠償によるものであった。しかし、契約の目的物が土地または不代替物（unique chattel）のような場合には、金銭支払いを命じるのみでは、権利者に対する充分な救済とならない。そこで、エクイティ裁判所では、損害賠償を与えただけでは権利者に対する充分な救済とならない場合に、被告に一定の作為または不作為を命じて、権利者を保護するようになった。これがエクイティ上の救済方法（equitable remedies）である。

エクイティ上の救済方法として発達したのが、特定履行、インジャンクション、信託という、三つの制度である。特定履行の命令は、被告に契約で約束された義務をそのままの形で実現させる救済手段である。インジャンクションは、通常は違法な行為の差し止めのために用いられ、不作為義務の違反があったときには、それによって作り出された違法状態の除去のために積極的な作為を命ずることもできるというものである。契約当事者間の問題である特定履行に比べると、インジャンクションの発令には第三者や地域社会への影響が大きいと考えられ、裁判所の救済の決定に際しては、(1)インジャンクションを認めた場合に被告が受ける不利益とインジャンクションを否定した場合に原告が被る不利益との衡量、(2)インジャンクションを認めることの社会的効果、(3)インジャンクションの内容が実際的に実現可能か、(4)原告側に良心に反する行為や信義誠実を欠く行為がなかったか、を考慮することが必要とされた（田中　一九八〇：一二三、五六四）。エクイティ上の救済の特色は、救済を与えるか否かが、究極的には裁判所の裁量に掛かっていることである。

エクイティの発展の恩恵を受けたのは、財産を持っていないためにコモン・ロー裁判所では権利を主張できない貧しい者たちであったが、妻の立場の女性たちもエクイティの発展の恩恵を受けることになった。第3章1節で述べるように、コモン・ローの下では、婚姻によって妻の財産は夫に帰属し、妻は法的に無能力化されていたが、次第に、そのようなコモン・ローの原則が不当であると見られるようになると、エクイティを通して、妻の人格権の保護が図られ、妻の地位が財産の面で高められるようになった。その一つが、エクイティの信託の制度をかりた、妻の特有財産（separate estate）の制度であった（内田 一九五一：四四、五六）。妻だけの利益のために（for the separate use）財産が設定されていることが示されている場合、夫を受託者、妻を受益者とする信託の設定を擬制することによって、夫はその管理・処分権を制限され、妻が収益・処分できるようになった。

コモン・ロー裁判所では、厳格で画一的な法の解釈によって、被害者に対する金銭の支払いによる解決が中心に行われていたが、エクイティ裁判所では、利益の衡量によって柔軟な法の解釈が行われ、コモン・ローによっては救済を受けられない人びとの人格権の保護と実質的な救済が図られた。このようにして形成されたエクイティの救済の法としての特質と法解釈のアプローチは、二〇世紀後半の米国において、ドメスティック・バイオレンスの女性被害者を保護するための法の発展に大きな影響を及ぼすことになる(4)。

2 英米法におけるインジャンクション

伝統的なインジャンクションは、裁判所が被告に一定の行為をなすことを禁じたり、すでに生じた違法状態の排除のために一定の作為を命じるものである。侵害が継続している場合、または侵害が急迫し賠償によって償えない被害が予測される場合には、相手方に対する通知もなく、一方的な申立に基づいて、短期間有効な緊急インジャンクションが発令される。相手方に対する通知と審理がなされた後で、暫定的インジャンクションが出され、訴訟による最終的解決まで効力を有する。本案についての完全な事実審理の後に、最終的解決として出されるのが永続的インジャンクションである。インジャンクションの発令のために、裁判所は原告と被告の双方の事情や社会の利益等、様々な要素を考慮するが、具体的には、原告の権利に対する侵害と差止命令による被告への負担を比較衡量して判断を下すといわれている（藤倉 一九九五：三三四）。

インジャンクションの制度では、命令の名宛人は、裁判所の命令に従わない場合、裁判所侮辱に問われる。裁判所侮辱とは、裁判所の命令に故意に従わないことによって、裁判所の権威を傷つける行為、または裁判所の司法運営を害する行為を意味し、その罪名でもある。制裁として、命令に従うまで身柄を拘束し、または裁判所が言い渡す日額に違反の日数を乗じた額の制裁金が科せられる。拘禁の場合、理論上は人身の自由について無期限の制約が科されることになるが、当人が裁判所命令に従えば直ちに拘束は解かれるので問題はないとされる（田中英夫編『英米法辞典』）。

伝統的なコモン・ローにおいては、裁判所侮辱には刑事的裁判所侮辱と民事的裁判所侮辱とがある。裁判所侮辱は英国の裁判所において長年にわたって変化し、固有の力を築き上げたが、刑事的裁判所侮辱と民事的裁判所侮辱の区別は明確ではなかった。刑事的裁判所侮辱の基本的な目的は、司法の適正な運営であると考えられている。審理が刑事であるか民事であるかにかかわらず、審理妨害は刑事的裁判所侮辱であるとされ、法廷での裁判所侮辱行為は直接的侮辱、その他のものは推定的侮辱と呼ばれる（Miller 2000 : 3）。他方、民事的裁判所侮辱の目的は、裁判所の命令に従わない者に罰金や拘禁刑を科すことによって、裁判所が命じた内容が実行されるようにすることであると考えられている。

金銭の支払いや財物の引き渡しの場合には、給与の差し押さえや第三者による執行等の方法があるが、特定の人に対する嫌がらせやつきまといを禁止する命令の場合には、不作為命令の遵守を裁判所が監視することは難しいので、裁判所侮辱による強制の制裁が不可欠であると考えられている。通常そのような強制手段は告訴人の救済を目的とするが、同時に、裁判所命令の無視が何ら咎められることがなければ、結果として裁判所の権威が傷ついて司法運営に支障を来すことになるため、公的政策の要素もあるといわれている（Miller 2000 : 5）。裁判所侮辱の制度は、司法が適正で迅速な裁判という本来の役割を果たすために必要であり、裁判所の命令違反に対して制裁を科すことは、司法の本来的な権限とされてきた。

3　米国におけるインジャンクション

イギリス法の伝統を継承するアメリカ法においても、裁判所侮辱には刑事的裁判所侮辱と民事的裁判所侮辱の区別がある。米国の判例〔Gompers v. Bucks Stove & Range Co., 221 U. S. 418 (1911)〕では、刑事的裁判所侮辱と民事的裁判所侮辱の違いは、制裁の目的と性質の違いであるとされている（紙谷 一九九五：一四二）。終了した違反行為に対する制裁を目的とした処罰的な性質の場合を刑事的裁判所侮辱、裁判所命令が実行されることを目的とした救済的な性質の場合が民事的裁判所侮辱であるといわれるが、明確に定義されているわけではない。

刑事的裁判所侮辱は違反者を処罰するための手続と考えられているため、検察官が違反者を訴追することができる。他方、民事的裁判所侮辱は裁判所の命令遵守を強制するための手続であると考えられており、命令の発令を求めた者が改めて裁判所に出向き、身柄拘束等の制裁を求める申立を行わなければならない。このため、民事的裁判所侮辱と刑事的裁判所侮辱とでは、警察官が裁判所命令の違反者を直ちに逮捕できるか否かが異なる。このように、インジャンクションの違反に対する制裁として民事的裁判所侮辱と刑事的裁判所侮辱があったが、両者の区別は不明確なうえに、警察官の逮捕権限が異なっていた。

米国の民事保護命令制度はインジャンクションの伝統のもとで発展してきたものであり、多くの州法の中で、保護命令とは、暴力的または脅迫的行為、ハラスメント、連絡または通信、接近を禁止するために発せられるインジャンクションであると説明されている。民事保護命令の違反についても、創設当初は警察官の逮捕権限が明確ではなかった。しかし、民事保護命令の執行力確保のためには、命令違反に対する警察官の逮捕権限の明確化は不可欠であった。

5　民事保護命令の執行力

1　警察官の逮捕権限

新しい民事保護命令の長所は、訴訟係属に関わらず、私人である被害者が暴力の事実について比較的緩やかな証拠を裁判所に示すことによって保護命令を申立てることが可能になったこと、そして裁判所も被害者の救済に必要な様々な種類の命令を出せるようになったことにある。被害者が夫からの暴力について「証拠の優越」（preponderance of evidence）という比較的緩やかな証明の程度まで立証して裁判官を納得させることができれば、加害者とされる者に対して接近禁止命令や退去命令が発せられる。刑事手続で犯罪事実の立証に要求される「合理的な疑いを越える（＝合理的な疑いの余地のない）」（beyond a reasonable doubt）という証明の程度は、通常人であるなら誰でも疑問を抱かない程度の確実さであるが、民事手続の「証拠の優越」による証明の程度は、社会の一般人が日常の生活において安んじてこれに頼って行動する程度であるとされている。犯罪となる保護命令違反があったことの証明には「合理的な疑いの余地のない」証明が要求されるが、保護命令の申立自体は民事的行為であるので「証拠の優越」による証明で足りるとされている(5)。このような民事保護命令の創設によって、裁判官が夫から暴力をふるわれているという被害者の申立に対して耳を傾けるようになり、被害者にとって裁判所の活用が以前よりは容易になり、司法の存在が身近になった。

民事保護命令は被害者の救済に大きな役割を果たすようになったが、完璧な制度ではない。民事保護命令の最大の弱点は、創設の当初から今日まで執行力の問題であるといわれている（Developments in the Law 1993 : 1511）。執行力の裏打ちが充分でない民事保護命令は、被害者を暴力から守ることはできない。民事保護命令を暴力から被害者を守ることのできる実効性のある制度とするためには、民事保護命令の違反があれば直ちに介入し、違反者を罰するという刑事司法システムがなければならない。

英米法のインジャンクションを原型とする民事保護命令の違反に対しては、裁判所侮辱が適用されると考えられていたが、前述のように警察官の逮捕権限が明確でなかった。そこで、民事保護命令の執行力を確かなものとするため、民事保護命令違反に対する警察官の逮捕権限を法律によって明確化することが必要であると考えられるようになった。警察官の逮捕権限を明確にするためには、二つの方法がある。その一つは、民事保護命令の違反を刑事的裁判所侮辱罪と規定することである。刑事的裁判所侮辱は終了した違反行為に対する制裁を目的とする処罰的な性質が強く、警察官の逮捕権限が認められており、ミシガン州やペンシルヴェニア州では、民事保護命令違反は刑事的裁判所侮辱として処罰される。もう一つの方法は、民事保護命令の違反を重罪または軽罪の犯罪と規定することである。民事保護命令違反を重罪と定める場合は、コモン・ローによって、「相当の理由」の存在を条件に、警察官は令状なしで保護命令違反者を逮捕することができる。軽罪と定める場合は、ドメスティック・バイオレンス防止法に軽罪に対する令状なし逮捕を許可する規定を設けることによって、警察官は令状なしでも直ちに保護命令違反者を逮捕できる。

これらのいずれかの方法によって、警察官は民事保護命令の違反者を令状なしで逮捕できるようになり、被害者がわざわざ裁判所に出向き、違反者への制裁を求める必要はなくなった（Pence 2001 : 334）。今日では、民事保護命令違反はほとんどの州で重罪または軽罪と定められており、「相当の理由」に基づく令状なし逮捕が許可されている。加えて、三〇の州では民事保護命令違反に対して義務的逮捕が命じられており、民事保護命令違反者が逮捕される割合は高まった(6)。

2　違反に対する制裁

今日では、すべての州で民事保護命令制度が設けられているが、民事保護命令の名称や具体的な制度設計は州によって異なる。例えば、ペンシルヴェニア州の「虐待からの保護命令」(Protection from Abuse Orders)には三つのタイプがあり、緊急命令(emergency order)は、閉廷時間帯でも緊急事態であれば、平日・休日の二四時間いつでも地裁判事である聴聞職員(hearing officer)によって発令してもらうことができる。暫定的命令(temporary order)は、審理が開始されるまでの期間の被害者や子どもの安全確保のために発令される。本案的命令(final order)は審理を経て発令される。ペンシルヴェニア州法では、各段階で被害者が必要とする種類の保護命令が出される。ペンシルヴェニア州法では、保護命令違反は推定的刑事的裁判所侮辱とされ、六ヶ月以下の拘禁または一〇〇〇ドル以下の罰金、またはこれらが併科される。「相当の理由」を条件に、警察官は保護命令違反者を令状なしで逮捕することが可能である(http://www.pcadv.org)。

ミシガン州の「個人的保護命令」(Personal Protection Orders. 以下「PPO」と略記する)の場合は、原告である申立人が幾つかの定型の中から自分が必要とする内容のPPOを選択して請求すると、裁判所の判断により名宛人の暴力やストーキング行為を禁止するPPOが発令される。「合理的な疑いの余地のない」程度に証明されたPPOの違反は刑事的裁判所侮辱となる。保護命令違反に対しては、九三日以下の拘禁または五〇〇ドル以下の罰金、またはこれらが併科される。拘禁にかえて二年以下の保護観察を科すことも可能である。「相当の理由」の存在が認められるときには、警察官は令状なしで違反者を逮捕することができる(http://www.co.eaton.mi.us/ecpa)。警察官が保護命令の有効性を迅速に確認できるよう、申立人は常にＰＰＯの写しを携帯所持するよう指示されている。ＰＰＯは被告の行動を制限するものであり、原告の行動を制限するものではないとされているので、原告が原告自身の意思で被告に接触した場合であっても、被告は裁判所命令に違反したことになる。原告の誘いまたは同意の存在は、それによって処罰が軽減されることがあっても、違反の抗弁にはならないのである。このような考え方は、刑事的裁判所侮辱の、裁判所の適正な司法運営という趣旨や、終了した違反行為に対する制裁を目的とする処罰的性質と関わっている。

ミシガン州とペンシルヴェニア州は女性運動が活発で、警察もドメスティック・バイオレンスへの対応に積極的であるが、二つの州のさらに興味深い共通点は、民事保護命令違反を刑事法上の犯罪とは定めずに刑事的裁判所侮辱として処罰する一方、民事保護命令違反があった場合には、「相当の理由」を条件に違反者を令状なしで逮捕することを警察官に許可し、民事保護命令の違反者に対して厳しい態度をとっていることである。ワシントンＤＣやマサチューセッツ州は、民事保護命令違反を重い刑事法上の罪として、違反者に対して厳しい態度をとっている。ワシントンＤＣでは、民事保護命令の違反は軽罪と定められ、三度目からは重罪となる。軽罪として有罪が確定した場合は、一八〇日以下の拘禁または一〇〇〇ドル以下の罰金、またはこれらが併科される。マサチューセッツ州では、民事保護命令違反は重罪とされ、二年半以下の拘禁または五〇〇〇ドル以下の罰金、またはこれらが併科される。以上の例だけでも、拘禁刑の上限は九三日から二年半まで大きな幅がある。厳しい刑の規定は、保護命令の実効性を増すと考えられるが、裁判官に命令の発令を過度に慎重にさせる可能性もあり、法定刑と命令の発令や命令違反の関係について調査研究が必要である。

3　民事保護命令の限界

民事保護命令の有効性について、一九九〇年代以降に調査が実施されるようになった(7)。ハーレルとスミスの調査では、暫定的保護命令（temporary protection order）の発令による再犯抑止効果が調べられた。一九九一年一月から九月にかけてコロラド州のデンバーとボウルダーの二つの都市で発令された三五五件の暫定的保護命令について調査が行われ、暫定的保護命令の発付を受けた被害者は、受けていない被害者よりも、安全であるか否かが調べられた。暫定的保護命令が発令されて三ヶ月後と一年後に、被害者に対してインタビューが実施された。インタビューによる調査の結果は、以下の通りである（Harrell and Smith 1996 : 214–242）。

第一に、本案的保護命令（permanent order. 以下「本命令」と略記する）への更新については、暫定的保護命令の発付を受けた被害者の六〇％が本命令を請求したが、残りの四〇％は請求しなかった。本命令へと進まなかった理由は幾つかあるが、最も多かったのは、加害者が一時的にしろトラブルを起こしていないから、ということであった。また、本命令を請求しなかった被害者の四〇％強は、加害者の居所が不明のため暫定的保護命令を送達（serve）することができなかったから、と答えた。また、被害者女性の三分の一以上は、加害者に強制されて、あるいは、加害者から報復を受けることをおそれて、申立を取り下げたと答えた（Harrell and Smith 1996 : 238–239）。

第二に、暫定的保護命令発令後の暴力については、命令発令から一年が経過した時点でインタビューに答えた被害者の六〇％が暴力をふるわれたと答えた（Harrell and Smith 1996 : 240）。本命令の発付を受けていた被害者二一二人と、本命令の発付を受けていなかった被害者一四三人を比較すると、心理的虐待については本命令の発付を受けていた場合の方が被害は少なかったが、暴行、脅迫、所有物を壊す等の深刻な虐待については大差がなかった（Harrell and Smith 1996 : 229）。

第三に、被害者が保護命令を裁判所に請求するきっかけとなった事件でふるわれた暴力の深刻さよりも、事件の以前から長年にわたりふるわれてきた暴力の深刻さが、保護命令の違反と深い関係にあった。長年ひどい暴力をふるってきた加害者の場合、保護命令に違反する割合が高かった（Harrell and Smith 1996 : 230–232）。

第四に、保護命令請求のきっかけとなった事件で、被害者の通報によって逮捕された加害者が、その後、生命に関わるようなひどい暴力をふるう割合は、加害者が逮捕されなかった場合の半分であった（Harrell and Smith 1996 : 234）。

調査から判明したのは、暫定的保護命令が発令されているだけでは、被害者の安全は充分に守られないということであった。特に、加害者が長年にわたって暴力をふるい、その暴力の程度が深刻であるほど、保護命令の暴力抑止効果は低かった。しかし、警察が事案との最初の関わりで厳しい対応によって加害者を逮捕した場合には、深刻な暴力を抑止する効果があった。

4　警察官による逮捕の回避

ハーレルらは、前記の第四に挙げた、逮捕による暴力抑止効果について、加害者を積極的に逮捕することは、少なくとも深刻な暴力の事案を減少させることに繋がると指摘する（Harrell and Smith 1996 :

234）。ところが、ハーレルらの調査によれば、コロラド州では保護命令違反が刑事法上の犯罪と定められているにもかかわらず、多くの女性被害者が保護命令違反を警察に通報しても、警察官の対応が必ずしも積極的ではなく、保護命令違反者の逮捕率は非常に低かった。ハーレルらの調査では、警察は調査の対象であった三五五人の女性から二九〇件の通報を受けていたが、通報された事件のうち、加害者が逮捕された事件は五九件（二〇％）に過ぎなかったとされる（Harrell and Smith 1996 : 240）。裁判所によって保護命令が発令されるだけでは、加害者の暴力を減少させることはできない。保護命令の発令によって加害者の暴力を減少させるためには、保護命令違反者の積極的逮捕によって、保護命令を加害者にとってただの一枚の紙切れでなく、おそれるに足りるものにしなければならない。

被害者を保護し、暴力を防止するためには、ドメスティック・バイオレンス事件への警察や警察官の積極的な対応が必要である。ところが警察では、ドメスティック・バイオレンスは軽微な犯罪と見なされることが多いといわれており（Buzawa et al. 1995 : 451 ; Lerman 1992 : 237）、ドメスティック・バイオレンス事件への警察の対応は消極的で、加害者が逮捕される割合は低いという批判はなくならない。次の第2章では、実際に、ドメスティック・バイオレンス加害者の逮捕の決定が、警察官のジェンダー・バイアスによって左右されてきたのかを考える。

第2章
逮捕の決定と警察官のジェンダー・バイアス

ドメスティック・バイオレンスの被害者が警察に通報しても、加害者が逮捕される割合は低く、被害者に充分な安全と安心感を与えられていないということが調査によって判明している。その原因は警察や警察官のジェンダー・バイアスであるとの主張がある。これまでにも幾つかの調査研究によって、警察官は「親密な関係」の男性が女性にふるう暴力を大目に見る傾向があるという「寛大さの仮説」が調べられた。「寛大さの仮説」の検証は警察官のジェンダー・バイアスの検証である。

本章では、警察官のジェンダー・バイアスの内容が何であり、それがどのように加害者の逮捕の決定に影響を及ぼしているかを考える。

1　警察官の価値観と固定的観念

一九八〇年代に入ると、ドメスティック・バイオレンスへの警察の対応として、被害者と加害者の仲介や引き離しよりも、加害者の逮捕★が好ましいと考えられるようになり、積極的逮捕が各州の州法に規定されるようになった。しかし、現場の警察官の職務姿勢や慣行は容易には変化しなかった。一般的に警察は逮捕等の法執行方針を変更することには慎重でかつ消極的である。一九八九年に発表されたフェラーロの研究によれば、アリゾナ州では一九八〇年のドメスティック・バイオレンス防止法の制定によって、警察官の「相当の理由」★に基づく令状なし逮捕の権限は軽罪にまで拡大され、加えて、限定的義務的逮捕（presumptive arrest）(1)が導入されて、ドメスティック・バイオレンス加害者の積極的逮捕が警察官に命じられた。ところが、アリゾナ州フェニックスの警察署が新しい逮捕政策を採用したのは一九八四年であった。限定的義務的逮捕を命じるドメスティック・バイオレンス防止法が制定されてから、フェニックスの警察署が実際に限定的義務的逮捕を導入するまでに、ほぼ四年という年月を要したのである（Ferraro and Pope 1993 : 110）。

フェニックスの警察署に限定的義務的逮捕が導入されて三週間後より一年間週末ごとに、その効果に関する調査が行われた。調査の結果、調査の対象となったドメスティック・バイオレンス事件の四九件の内、加害者の逮捕に至った事件は九件（一八％）に過ぎなかった。逮捕に至った事件での逮捕理由は、一件を除いて、すべて「凶器の使用」または「妻以外の第三者の負傷」であった。凶器の使用や妻以外の第三者の負傷という事情があれば、ドメスティック・バイオレンス防止法が制定される以前も加害者は逮捕されており、フェニックスの警察署ではドメスティック・バイオレンス防止法の制定によって警察官の実務に大きな変化があったとはいえない。

フェニックスの警察署での限定的義務的逮捕政策について、フェラーロとポウプは逮捕率が増加しなかった原因を次のように挙げている(Ferraro and Pope 1993 : 111–119)。

(1) 警察官に逮捕を決定させるのは法的判断基準だけではない。ステレオタイプの性別役割分担についての考えが強ければ強いほど、あるいは警察官自身が結婚生活でもめごとを経験すると、女性被害者への対応が厳しくなる。逮捕決定に繋がる加害者の行為、有責性、危険性についての判断にも、このような警察官個人の価値システムの影響が及んだ。

(2) 法的観点からは、殴打行為は被害者と加害者の間に存在する長年の関係性から切り離されて、単一の犯罪行為として捉えられる。ところが、妻に対する殴打は長期にわたる、そして徐々に酷くなる過程をたどるものである。妻が感じる状況の危険度と警察官が把握する状況の危険度は異なり、警察官は事態が鎮静すれば危険は去ったとみなした。

(3) 警察官が現場に到着した時に当事者双方が暴力をふるっていた場合、いずれに責任があるか判断が困難であるとの理由で、警察官は逮捕を回避した。また、加害者が現場にいない場合、警察官は事件記録を残すだけであった。

(4) 警察が扱うべき犯罪は社会的犯罪であり、重大事件を処理することが出世に繋がるので、家庭内の事件には関わりたくないと考える警察官もいた。

フェラーロらの研究で明らかになったことは、警察官による逮捕の決定を左右したのは、判例によって形成された「相当の理由」という法的基準だけではなく、警察官個人の価値観や職務の捉え方に影響を受けて形成された実際の判断基準だということである。すなわち、フェラーロらによれば、一部の男性警察官はステレオタイプの性役割を自然と考えることや、自分自身の結婚生活の経験から妻の立場の女性に対して偏見をもっていることがあり、その結果、暴力の原因を女性被害者に帰する傾向がある。また、犯罪捜査において優先すべきは社会的重大犯罪であり、そのような捜査で成果を挙げることが価値のあることであり昇進に繋がると考える警察組織文化がある。このような警察官の価値観や職務の捉え方、言い換えれば警察官の価値システムが、「相当の理由」の判断に影響を及ぼしている（Ferraro and Pope 1993 : 110–111）。

2　「寛大さの仮説」

1　「寛大さの仮説」の調査研究

「寛大さの仮説」（leniency thesis）とは、警察官は夫婦や恋人等の「親密な関係」（intimate relation）で男性が女性にふるう暴力を大目に見る傾向があり、加害者を逮捕する割合が他の暴力犯罪の場合よりも低いという仮説である。警察や警察官は妻に対する夫の暴力には寛大で、恣意的に逮捕を控えているという批判は、新しいものではない。例えば、警察の対応に関して、次のような指摘もある。妻に対する暴力の通報には対応が後回しにされ、警察官の現場への到着が他の犯罪の場合より遅い（Buzawa et al. 1995 : 459 ; Oppenlander 1982 : 462）。殺人等の重大犯罪を除いて、妻に対する暴力は実際よりも格下げされて認定されることが多く、重罪に相当する事件が軽罪として処理されることや、暴力が軽微であって犯罪に該当しないと判断されることがある（Buzawa et al. 1995 : 451 ; Lerman 1992 : 237）。

一九九〇年代には、刑事司法のドメスティック・バイオレンスへの積極的介入は当然視されるようになり、逮捕の再犯抑止効果を問題にする研究は減少したが、「寛大さの仮説」は引き続き様々なテーマの下で検証された。「寛大さの仮説」の研究継続は、警察官のジェンダー・バイアスが依然として加害者逮捕の阻害要因となっていることの懸念に他ならない。「寛大さの仮説」の調査研究では、ドメスティック・バイオレンスの加害者が逮捕される割合と、他の暴力犯罪の加害者が逮捕される割合を比較し、逮捕の割合が実際に違っていることを確かめ、その違いの原因は何かということを明らかにしなければならない。

以下では、一九八〇年代以降に公刊された「寛大さの仮説」に関連する六つの調査研究を比較して、ドメスティック・バイオレンス事件における加害者逮捕の決定要因を探る。六つの調査研究を、仮説が肯定された調査研究と肯定されなかった調査研究とに分けて発表年の順に並べ、調査結果、被害者と加害者の関係の比較カテゴリー、逮捕の決定についての独立変数を比較する。その目的は「寛大さの仮説」が正しいか否かを検討することではなく、各研究の比較カテゴリー、調査項目、分析結果を通して、警察官の逮捕の決定に影響を及ぼす様々な要素を見出すことにある。

各研究者による調査研究報告が掲載された文献は、以下の通りである。

1 Openlander, Nan, 1982, "Coping or Copping Out, Police Service Delivery in Domestic Disputes," *Criminology*, 20 : 449–465.

2 Buzawa, Eve S., Thomas L. Austin and Carl G. Buzawa, 1995, "Responding to Crimes of Violence Against Women : Gender Differences versus Organizational Imperatives," *Crime and Delinquency*, 41 : 443-466.

3 Fyfe, James J., David A. Klinger and Jeanne M. Flavin, 1997, "Differential Police Treatment of Male-on-female Spousal Violence," *Criminology*, 35 : 455-473.

4 Feder, Lynette, 1998, "Police Handling of Domestic and Nondomestic Assault Calls : Is There a Case for Discrimination?, " *Crime and Delinquency*, 44 : 335-349.

5 Robinson, Amanda L. and Meghan S. Chandek, 2000, "The Domestic Violence Arrest Decision : Examining Demographic, Attitudinal, and Situational Variables," *Crime and Delinquency*, 46 : 18–37.

6 Felson, Richard B. and Jeff Ackerman, 2001, "Arrest for Domestic and Other Assaults," *Criminology*, 39 : 655-675.

各論稿のタイトルを見ると、前の三篇は、「捕まえるのか、手を引くのか、家庭内の争いへの警察介入」、「女性に対する暴力犯罪への対応——ジェンダーと組織要請」、「妻への暴力に対する警察の差別的扱い」と、警察の対応について問題提起するかのようなタイトルであり、実際にも二番目と三番目の研究で分析されたのは、被害者が原告となって警察や行政を相手に提起した訴訟で集められた資料である。後の三篇は、「ドメスティック・バイオレンス事件と他の暴力事件の通報に対する警察の扱い——差別された事件はあるか」、「ドメスティック・バイオレンス加害者の逮捕の決定——人的・心理的・状況的変数」、「ドメスティック・バイオレンスと他の暴力に対する逮捕」と、どちらかと言えば、警察の対応の中立性と客観性を論じるかのようなタイトルである。各論稿の内容は、以下で紹介するように、前の三篇は加害者と被害者の関係の「親密さ」に注目しており、後の三篇は逮捕決定の状況変数を細かく設定している。

2　当事者関係への注目

オッペンランダーの研究では、Police Service Study 調査プロジェクトによって作成された資料が使われた。Police Service Study 調査プロジェクトは、the National Science Foundation の後援で一九七七年五月末から一一週間にわたり、三つの都市（ニューヨーク州ロチェスター、フロリダ州タンパ・セントペテルスブルグ、ミズーリ州セントルイス）で実施された。訓練を受けた五四名の調査担当者がパトカーに同乗し、警察官と市民の行動を観察・記録した。記録されたのは言争い事件と暴行事件を合わせて五九六件であった。オッペンランダーは、その内の三〇六件の暴行事件について、ドメスティックの暴行事件（七九件）とその他の暴行事件（二二七件）とを比較した（domestic assault v. other assault）。この研究ではドメスティックの範囲は、配偶者を含む親族（relatives）、元配偶者、同棲相手（cohabitant）とされた。

調査結果では、ドメスティックの暴行事件における逮捕の割合（二一・五％）は、その他の暴行事件における逮捕の割合（一三・二％）より高かった。オッペンランダーは、ドメスティック暴行事件の被害者が負傷する割合（五二・五％）が、その他の暴行事件の被害者が負傷する割合（二六・三％）の二倍であることを考慮すれば、二一・五％という逮捕の数字は低いと指摘した。さらに、ドメスティックの暴行事件で逮捕された場合でも、多くは、逮捕の容疑が公務執行妨害、公共の場での酩酊、迷惑行為等であることを指摘したうえで、ドメスティック事件の方が逮捕の割合が高かった理由は、被害者の負傷、被疑者の警察官への攻撃的態度、被害者の協力等、逮捕を容易にする状況が揃っていたからだと分析した。研究の結果、オッペンランダーはドメスティックの暴行事件では警察官が逮捕を控えていると結論づけ、「寛大さの仮説」を肯定した。

ブザワのグループは、米国中西部に位置する中規模都市で一九八六年から一九八七年にかけての一〇ヶ月間に発生した三七六件の暴行事件について、加害者と被害者の親しさの程度と逮捕の割合の関係を調べた。この研究で使用された資料は、ドメスティック・バイオレンス被害者が原告として提起した訴訟で、証拠として開示された警察記録である。被害者と加害者の関係については、ドメスティック、知り合い、見知らないの三つのカテゴリー（domestic v. acquaintance v. stranger）が比較され、ドメスティックの範囲は配偶者と恋人に限定された。逮捕決定に関わる変数として調査されたのは、被害者の負傷の程度、凶器の使用、目撃証人の存在、警察官の到着時に加害者が現場にいたこと、被害者が加害者の逮捕を希望したことであった。研究の結果、ドメスティック事件の加害者が逮捕される割合（一八％）は、見知らない場合（三三％）や知り合いの場合（二八％）より低いことが判明したので、ブザワの研究グループは「寛大さの仮説」を肯定した。

ファイフのグループは、ペンシルヴェニア州チェスターで一九八三年から一九八四年に発生した三九二件の重罪の暴行事件について調べた。ファイフらが使用した資料は、前述のブザワのグループと同様に、訴訟〔Hynson v. City of Chester, 731F. Supp. 1236 (E.D. Pa. 1990)〕で使われた資料である。被害者が殺害されたのは警察の怠慢によるとして市当局を訴える過程で、原告側の弁護士が情報開示手続によって入手したものであった。ファイフらの研究では、夫の妻に対する暴力と配偶者以外の者に対する暴力

(male-on-female spousal violence v. non–spousal violence)が比較された。この研究では、夫の妻に対する暴力は、正式な婚姻関係や現在の夫婦関係に限定されず、親密な関係にある(あった)女性に対する男性の暴力と定義された。逮捕決定に関わる変数として、加害者の警察官に対する攻撃、凶器の使用、被害者の負傷の程度、加害者の数、ジェンダー、人種、地域の貧困の程度という項目が調査された。その結果、重罪犯罪の場合、凶器の使用や警察官に対する攻撃があると逮捕の割合が高くなるが、傷害の有無や程度は逮捕の割合に比例しないことが判明した。ファイフらの研究では、妻に暴力をふるった夫が逮捕される割合(一三%)は、他の暴力事件の男性加害者が逮捕される割合(二八%)より低いことが判明したため、「寛大さの仮説」は肯定された。

3 事件状況への注目

フェダーは、フロリダ州南部パームビーチの警察署に通報されたドメスティック・バイオレンス事件の内、逮捕に至った一五五件の事件を調査した。調査が実施された具体的期日は示されていないが、一九九二年一月に施行されたドメスティック・バイオレンスについてのフロリダ州法の改正による影響を調べたものである(2)。この調査研究では、ドメスティックの暴行事件とそれ以外の暴行事件(domestic v. non-domestic)が比較された。この研究では、フロリダ州法の定義に従って、ドメスティックの人的範囲は、現在または過去における、婚姻、同棲、恋愛のいずれかの関係に限定された。逮捕の決定に関わる変数として調べられた項目は、加害者の警察官に対する反抗、薬物やアルコールの濫用、被害者の知り合い、被害者の性別、警察官到着時に加害者が現場にいたこと、暴力の程度、被害者の負傷、被害者が逮捕を希望したか否かであった。

フェダーの研究では、逮捕に繋がる重要な要素としては、警察官の到着時に被疑者が現場にいたこと、被害者が逮捕を望んだこと、被害者の負傷の程度、被疑者の警察官に対する敵対的態度が、この順序で大きな影響力をもつとされた。ドメスティックの暴行事件の被疑者が逮捕される割合（一三％）は、他の暴行事件の被疑者が逮捕される割合（一三％）より高いことが判明したため、警察がドメスティック・バイオレンス事件の通報をその他の暴行事件の通報より不当に軽く扱っているとはいえないと結論付けられた。とはいえ、調査が実施されたパームビーチの警察署では積極的逮捕政策の採用が宣言され、組織全体がドメスティック・バイオレンス事件への対応に積極的であったとされる。ドメスティック・バイオレンス事件の通報がその他の暴行事件の通報より軽く扱われているとはいえないという結果になったが、調査の対象となった警察署がドメスティック・バイオレンスへの取り組みにおいて特別に積極的であったのであれば、「寛大さの仮説」が誤りであることが一般的に証明されたとは言い難い。

ロビンソンとシャンデクは、米国中西部に位置する中規模警察署（公刊資料では匿名）で、一九九七年九月八日から一九九八年一月三一日までに通報のあった二一二九件のドメスティック・バイオレンス事件について、逮捕決定の要因を調べた。使われた資料は、ドメスティック・バイオレンス事件記録、事件ごとに警察官が記入する調査書、人口統計学的データの三種類であった。ドメスティック・バイオレンスの人的範囲には、現在または過去の配偶者、同居世帯を共にする者、子どもの両親、恋人が含まれた。人的変数（demographic variables）として、加害者・被害者・警察官の三者について、それぞれ年齢と人種（黒人／白人）が調査された。心理的変数（attitudinal variables）として、被害者については、報復に対する恐れ、情緒不安定、薬物やアルコール濫用の疑い、警察官については、警察官が推測する事件の訴追可能性と被害者協力の可能性が調査された。状況的変数（situational variables）として、犯罪の重大性、目撃証人の存在、子どもが現場にいたこと、被害者と加害者の同棲、被害者の負傷の有無、加害者が現場から立ち去っていたこと、被害者が過去に被害の申立をしたこと、被害者自身による通報であること、アルコールや薬物との関連、警察官の在職年数、通報が警察官の職務交代前の一時間以内であったこと（これは、警察官が職務を早く切り上げたいということを意味する）、そして、暴力の程度が調査された。

調査研究の結果、警察官到着時に加害者が現場にいた場合、目撃証人がいる場合、婚姻関係または同棲関係によって被害者と加害者が同居している場合、これら三つの場合に逮捕の可能性が高くなることが判明し、状況的変数が逮捕決定に大きな影響を及ぼすと結論付けられた。被害者と加害者が同居している場合、加害者が逮捕される割合が高くなるという結果が出たが、その理由はドメスティック・バイオレンスについて研修を受けた警察官が、被害者と加害者を同じ住いに残すことの危険性を認識するようになったからであるとされる。結論として、状況的変数の影響力に比べれば、警察官の態度の影響は小さいとして、「寛大さの仮説」については間接的に不支持が表明された。

フェルソンとアッカーマンは、一九九二年の後半から一九九八年の前半までの「全米犯罪被害調査」（the National Crime Victimization Survey）の資料を使い、被害者と加害者の関係が逮捕決定に影響を及ぼすか否かを調べた。彼らの研究では、親密な関係（配偶者、元配偶者、その他の親密な関係）、知っている人（配偶者以外の家族、友人、知人）、特定できない者という、三つのカテゴリー（intimate v. non-stranger v. unidentifiable stranger）が比較された。逮捕決定の変数は、被害者と加害者の関係、被害者の負傷の程度、銃器、その他の凶器、暴力の繰り返し、目撃証人の存在、告訴状に被害者がサインしたこと、そして事件発生が準私的な場所か公共の場所か、被害者と加害者の年齢、人種、性別等であった。調査では、加害者が被害者の知っている人物であれば警察は寛大さを示すが、親しさの程度が増せば逮捕の割合が低下するというわけではなく、逮捕の割合は親密な関係の場合（配偶者三七・九％、元配偶者三七・〇％、その他の親密な関係三七・九％）の方が、知っている人の場合（配偶者以外の家族二九・三％、友人二四・六％、知人二五・六％）より高いことが判明した。結論として、被害者と加害者の関係は逮捕決定に様々な影響を及ぼすが、被害者と加害者の関係によって逮捕の割合が異なる原因は証拠の問題であって、警察が親密な関係にあるパートナーからの暴力や女性に対する暴力を大目に見て逮捕を控えているからではないとされた。

3 逮捕の決定要因

1 状況的要素

六つの調査研究では、「寛大さの仮説」についての結論は分かれたが、以下に列挙する状況に関する要素が共通して、逮捕の決定に大きな影響を及ぼしていることが分かる。括弧内は当該要素の影響が特に大きいと指摘している研究者である。

第一に、「目撃証人の存在」（ブサワ、ファイフ、フェダー、ロビンソン、フェルソン）と「被害者の負傷」（フェダー、フェルソン）は逮捕率を高くする。その理由はこれらが被害者証言の補強証拠となるからである。

第二に、「被害者が重傷を負っていること」、「凶器の使用」（ブザワ、ファイフ、フェルソン）、「警察官に対する暴力」（ファイフ、フェダー）、「アルコールや薬物の濫用」は、逮捕率を高くする。その理由はこれらが加害者の暴力性や危険性を示すからである。ロビンソンとシャンデクの研究では、加害者と被害者が同居している場合は、逮捕の可能性が高くなることが判明した。これは、同じ住居に加害者と被害者を残しておくと、被害者が再び暴力をふるわれる危険が大きいからである。

第三に、「警察官の到着時に加害者が現場にいたこと」（ブザワ、フェダー、ロビンソン）と「被害者が逮捕を望んだこと」によっても逮捕率は高くなる。

特に影響力が大きいと指摘された、目撃証人の証言、被害者の負傷、加害者の警察官に対する暴力等は、逮捕の法的要件である「相当の理由」の存在にも関わる要素である。ある調査では九〇％以上の警察官が逮捕の決定の際に、「重罪犯罪であること」、「被害者が重傷を負っていること」、「凶器が使用されたこと」、「被疑者が警察官に対して暴力をふるったこと」、「被疑者が後で暴力をふるう可能性があること」を考慮しているという結果が報告されている（Buzawa et al. 1995 : 446）。これらの結果からは、事件の状況と被害者の安全への配慮が逮捕の決定に大きな影響を及ぼしていると考えられる。では、なぜドメスティック・バイオレンス事件への警察や警察官の取り組みに対して批判が起きるのだろうか。

2　被害者と加害者の関係

「寛大さの仮説」の調査研究を設計する際、被害者と加害者の関係カテゴリーの設定は非常に難しい。「寛大さの仮説」は、被害者と加害者の人間関係の距離（relational distance）、すなわち被害者と加害者の親しさの程度によって、警察や第三者がその争いに介入するか否かが影響を受けるという仮説に源がある（Felson and Ackerman 2001 : 655）。もともとは、夫婦だけでなく、友人、知り合い、家族等の関係でも、男性の女性に対する暴力が大目に見られる傾向があると考えられてきたので、オッペンランダーの研究では、ドメスティックの範囲が親族、元配偶者、同棲相手とされ、それ以外（un-related）の争いと比較された。ところが、これでは domestic v. stranger の比較ではなく family v. non-family の比較であると、ブザワらによって批判された（Buzawa et al. 1995 : 448）。また、ブザワらの研究に対しては、親密な関係（intimate）とそれ以外の家族関係（domestic）が区別されていないと、フェルソンとアッカーマンが批判している（Felson and Ackerman 2001 : 658）。このような批判の応酬の内容をよく見ると、domestic という言葉は、フェルソンとアッカーマンによれば「家族の」という意味で、ブザワによれば「親密な」という意味で使われており、議論の齟齬は意味づけの違いに原因がある。

オッペンランダーの研究を含めて一九八〇年代初期の研究では、警察が逮捕に消極的である原因は、被害者と加害者が一緒に暮らしていることや、家族関係にあることだと考えられていた可能性が高い。今日でも、家族のプライバシーや家庭という私的領域への不可侵の原則を根拠にして、警察の不介入や消極的対応が正当化される場合がある。対照的に、警察の家庭への不可侵原則に疑いの目を向けたのはブザワらである。彼らは警察には女性に対する暴力を容認または軽視するジェンダー・バイアスがあり、家庭の中だけでなく親密な関係において女性に暴力がふるわれるとき、警察は介入に消極的であると見る。ブザワらは、警察は一組の男女を核とする私的関係にはできる限り介入しないことを原則とし、その結果、家庭だけでなく親密な関係での女性に対する暴力が放置されてきたと考える。ブザワらの研究では、domestic の範囲を配偶者と恋人に限定して定義することによって domestic（親密圏）と family（家族圏）を区別し、他方で女性の人権が軽視されてきた私的領域という意味で同義であるとして intimate と domestic を区別しない。すなわち、ブザワの研究におけるドメスティックという言葉は、家族あるいは家庭の中に限定されない、「親密な関係」を表すと考えられているのである。

これに対して、フェルソンとアッカーマンは、親しい関係における暴力の被害者は女性だけに限られていないことを強調するために、女性運動から生まれた概念である domestic violence という言葉を使わず、その代わりに intimate partner violence という言葉を使っている。近年、連邦政府によって実施される調査研究では、この新しい表現が増加している。カテゴリーの設定や定義づけも、家族や男女の関係のあり様に関する社会の考え方の変化を反映している。

ドメスティック事件の人的範囲に親族までも含めたオッペンランダーの研究を除けば、他の五つの調査研究では表現の違いはあっても、結局のところ、ドメスティック事件の人的範囲は、「過去または現在の、配偶者または恋人」である。これらは「親密な関係」と総称されて、家族、友人、顔見知り等の「知り合い」と区別されていることから、五つの調査研究では、「親密な関係」は性的関係の有無であると認識されている。そして、警察官に積極的介入や加害者の逮捕を躊躇させるような特別な関係のカテゴリーとして、研究者たちはこの「親密な関係」を設定したのである。しかし、本来、そのような加害者と被害者の「親密な関係」そのものは、犯罪の構成要件でもなければ、逮捕のための「相当の理由」の判断を左右する法的要素あるいは状況に関する要素でもない。では、なぜ「親密な関係」、すなわち「性的な関係」に関わる事件へは、刑事司法は介入に消極的なのであろうか。

3 「親密な関係」の認識

ドメスティック・バイオレンス★という概念は、一九七〇年代の Battered Women's Movement の中で生まれた概念であり、社会構造的な男女の不均衡な力関係が女性に対する暴力を助長するとともに、暴力がその不均衡な力関係を維持する機能を果たしているという、暴力と支配のダイナミクスについての理解を、被害者やその支援者たちが共有するために再定義されたものである。しかし、ドメスティック・バイオレンスが社会的問題としてより広く議論されるようになると、女性運動によって提起された問題意識は後退し、近年では高齢者や子ども、さらに兄弟姉妹に対する虐待等をもドメスティック・バイオレンスに含める使い方も見られるようになっている。加えて、ドメスティック・バイオレンスという言葉では、男性が被害者となる場合や、同性愛における同性パートナーによる暴力が見過ごされ易いとして、近年では「親密な関係のパートナーによる暴力」(Intimate Partner Violence) という言葉が使われている。

米国司法省の司法統計局は二〇〇〇年五月に特別報告書「親密な関係のパートナーによる暴力」(3)を発表したが、その分析に使用された統計資料は、暴力犯罪に関しては司法統計局の全米犯罪被害調査(the National Crime Victimization Survey. 以下「NCVS」と略記する)、殺人に関しては連邦捜査局報告書

(Federal Bureau of Investigation, the Supplementary Homicide Reports of the Uniform Crime Reporting Program)である。NCVSにおける「親密な関係」の定義は、「現在または過去の配偶者、ならびに現在または過去の恋人」である。FBI報告書における「親密な関係」の定義は、「現在または過去の（事実婚または婚姻による）配偶者、ならびに現在の恋人」であり、恋人には同性の恋人も含まれる。

NCVSの定義においても、FBIの定義においても、「親密な関係」は「性的関係」と認識されていることに間違いはない。しかし、加害者と被害者が親密な関係にある（あった）ことは、犯罪の成立になんら関係しない。「親密な関係のパートナーによる暴力」という問題が刑事手続法上の問題となる原因は、性的関係の存在そのものではなく、性的関係にある男女間の暴力は犯罪ではないという観念が、加害者にも、刑事司法にも、そして被害者にさえも、存在してきたことなのである。

「親密な関係のパートナーによる暴力」も、一般的な暴力と同じように人権の侵害であって、社会的に許されるものではない。それにもかかわらず、警察官や検察官そして裁判官が「親密な関係」でふるわれる暴力への対応に消極的であったのは、彼らが感情的で非合理的と考えている「性的関係」への介入を躊躇したからである。彼らの躊躇の原因は、「性的関係」のある男女の間で発生した暴力は痴話喧嘩の延長線上にあって、論理的、合理的には解決できないという思い込みである。論理的には法に基づいて糾弾されるべき暴力も、性的関係という「感情的、非合理的、私的領域」においてふるわれると、論理的・合理的に解決することのできない私的問題と見なされ、愛情による解決が求められる。刑事司法のドメスティック・バイオレンスへの消極的対応の原因は、警察官や検察官そして裁判官らが抱いているこのような男女の「性的関係」についての偏った見方や価値観、すなわちジェンダー・バイアスに他ならない。

4　警察の不介入主義の原因

ドメスティック・バイオレンス事件への警察の対応は消極的で、加害者が逮捕される割合は他の暴力犯罪の場合よりも低いというのは本当なのか。この問いについて、本章で比較した「寛大さの仮説」の調査研究では、結論が分かれた。

米国では、過去四半世紀に刑事司法のドメスティック・バイオレンスへの対応は大きく変化したが、依然として刑事司法のドメスティック・バイオレンスへの消極的対応が批判され続けている。批判されているところの刑事司法の不介入姿勢には、二つの原因が考えられる。

第一の原因は、刑事法学の中にある不介入主義である。伝統的に犯罪は社会共同生活の秩序を侵害する行為であると考えられ、またコモン・ローに由来する「法は家庭に入らず」の伝統のために、個人的で親密な関係、特に家庭内の夫婦の間で行われるレイプや暴力を犯罪として扱うことへの抵抗は大きかった。さらに、本来家庭等の私的領域の外で発生するとして考えられてきた犯罪とその抑止システムの既存概念では、このような犯罪への対応・救済は困難であった。例えば、従来の犯罪防止策では犯罪誘発の状況を作らないことが一番の対策だと考えられた。しかし、犯罪を遠ざけるための心構えがあれば、すなわち常識的な警戒と防衛を怠らなければ犯罪から身を守ることができるという考え方は、夜道の暗がりで襲い掛かるというような見知らぬ犯人による「家の外＝public」での犯罪を想定している。public

に対するdomesticという言葉が表象するのは、「家庭」という空間的領域概念であると同時に「性と生殖」に関わる機能的領域概念でもある。近代市民社会の成立以来、生殖としての性が結婚に制度化され、「性と生殖」機能は市民家族が築く家庭という空間におかれるようになった。コモン・ローの伝統においてはもちろん、四半世紀前までの刑事司法の考え方では、この家庭内と性的関係という二つの意味での「ドメスティックな領域における暴力」、すなわち「ドメスティック・バイオレンス」は刑事的制裁の対象から除外され、その被害者は法の保護を受けられなかった。公権力はできるだけ「私的空間における暴力（＝私事）」には介入しないという従来の不介入主義は、今日では多くの警察の政策からは排除されたが、警察の組織文化や警察官の価値観からは完全には消え去っていない。

第二の原因は、警察官の個人的な価値観や固定的観念である。ドメスティック・バイオレンスに対する警察官の消極的姿勢は、ステレオタイプな性役割概念や、暴力による支配の仕組みについての理解不足に起因する。ドメスティック・バイオレンス事件の場合、警察官は女性被害者の供述は感情的で変わりやすく信頼性が低いと考えることが多い。その理由は、女性被害者は、逃げようと思えば逃げることができるにもかかわらず、加害者と別れず、辻褄の合わない行動をしていると警察官は考えるからである。女性被害者は加害者と「性的関係」にあるから別れないのであり、第三者にはその関係に介入して暴力の問題を解決することはできないと、警察官は考える。そこに欠けているのは、加害者は身体的虐待、心理的虐待、経済的虐待等、様々な様態の虐待によって被害者の思考や行動を支配しており、被害者は心理的にも物理的にも逃げ出せない状況におかれているということの理解である。

第3章 被害者保護とデュー・プロセス展開の社会的要因

米国では二〇世紀半ばに、人種、性別、民族、その他の様々な社会的カテゴリーにおけるマイノリティ・グループの差別に反対する人権運動が活発化した。新たな人権運動の潮流の中で、一九六〇年代には刑事手続における被疑者・被告人のデュー・プロセス★に関して、そして一九七〇年代にはドメスティック・バイオレンスの被害者の保護に関して、法的対応が飛躍的な進展を見せた。本章では、ドメスティック・バイオレンス加害者の逮捕の積極化★に向けて、その推進要因となった被害者保護のための法制度と、その抑制要因となったデュー・プロセスの、それぞれの歴史を明らかにすることによって、二つの法制度の共通点と対立点を探る。

まず、英米法における性差別の歴史として、夫婦一体観の成立、ならびにこれと関連する夫の妻に対する暴力の歴史を概観した後、一九六〇年代以降のデュー・プロセスの展開と、女性運動に影響を受けたドメスティック・バイオレンス防止法の発展の過程を見る。ドメスティック・バイオレンス防止法の目標とは、暴力から女性被害者を解放することであり、そのために刑事司法による私的領域への法的介入の道を拓くことであった。

1　英米法の中の性差別

1　夫婦一体観の成立

米国の法学者デボラ・ロード（Deborah L. Rhode）によれば、夫の妻に対する暴力は、アングロ・アメリカンの宗教的伝統に深く根づいているとされる（Rhode 1989 : 237-244）。旧約聖書の創世記第二章一八―二四節では、女は男のために創られ、婚姻によって二人は一体となり、妻は夫に従うべきものとされる。このような夫婦一体観は新訳聖書にも述べられている。イギリスにおいてキリスト教の支配が確立するとともに、そのような宗教上の夫婦一体観は世俗法上も承認されるようになり、封建社会においてコモン・ロー上の原則となった（上野 一九八一：四五）。封建社会の家においては、夫と妻は婚姻によって「一つの肉」となるというのが教会の考え方であった。宗教上で夫と妻は一体とみなされることによって、妻の人格は夫の人格に吸収され、妻は法的に無能力とされた。

さらに社会経済構造の変化によって、妻の立場に変化が見られた。一一・一二世紀の農業経済社会への移行、封建社会の本格的成立にともなって、相続における父系親優位の原則が確立し、妻の財産権は次第に否定されるようになった（木村 一九六八：一一一）。封建社会では騎士奉仕をなしうる能力が求められ、騎士奉仕の見返りとしての軍事的土地保有は、戦闘に加わらない女性たちには縁がなかった

（上野 一九八一：四六）。封建社会の女性は、婚姻によって、父親による保護と支配の下から夫による保護と支配の下へと移された。

封建社会においてコモン・ロー上の原則となった夫婦一体観は、後に、一八世紀の英国の法学者ウィリアム・ブラックストン（William Blackstone）(1)によって再確認された。ブラックストンは一七六五年に出版された『英法釈義』の第一巻一五章「夫と妻について」（*Blackstone's Commentaries on the Laws of England,* Chapter the Fifteenth of Husband and Wife）で、次のように述べている（Morrison 2001：339. 内田 一九五一：四四）。

婚姻によって、夫と妻は法律上一人となる。すなわち、婦人の存在または法律上の存在そのものは婚姻のあいだ停止されるか、または、少なくとも夫のそれの中に全体統合され、夫の翼、保護および庇護のもとに、かの女はあらゆることがらをおこなう。そこで、われわれの法律フランス語では feme-covert, foemina viro co-operta とよばれ、cover-baron すなわち、かの女の baron または lord（領主）であるところのかの女の夫の保護と勢力のもとにある、といわれる。そして、その婚姻のあいだにおける妻の状態は、その coverture と呼ばれるのである。

夫婦一体観に基づくカヴァチャー・ドクトリン（doctrine of coverture）が、婚姻によって発生する夫と妻の間の法的な権利・義務関係、ならびに妻の法的無能力についての、法理論的根拠であった。英国の法における夫婦一体観は、妻の財産権を大きく制限して、夫の妻に対する支配権を強化するに役立った。

婚姻と同時に、妻の動産は装身具や衣類を除いて、夫に帰した。妻の財産は夫によって管理され、妻は契約能力を認められていなかった。妻が相続によって所有していた不動産については、婚姻中は夫がその使用・収益権を有した。そのような不動産について、妻の所有権は留保されていたが、契約能力が認められていなかったので、自由に処分することもできなかった（小石 一九八二：一二八）。

夫が先に死亡した場合に寡婦としての生活と名誉を保証することを目的として、妻には寡婦資産（dower）が認められていた。これは婚姻により妻が夫の不動産に対して取得する権利であり、夫死亡時の相続可能不動産の三分の一について、妻はその地代その他の収益を収めることができるとされた。ほとんどの場合、夫の不動産の相続人となりえなかった妻にとっては、その地代や収益が扶養的機能を果たしたとされるが、夫が生存する限り、寡婦資産は妻の潜在的な財産権にとどまった（木村 一九六八：一一四）。また、女性が寡婦資産として土地を保有することになったとしても、領主の助言と指示によって次の結婚をすると、その土地は新たな後見人である次の夫に帰属した。婚姻によって「夫の翼、保護、庇護（cover）の下」にいる限り、妻は財産権を制限されて、夫への服従を強いられたのである（上野 一九八一：四七）。

以上のコモン・ローの伝統は、一八世紀にブラックストンによって再確認された後、一九世紀初頭には、独立国家となった米国においても、英国で教育を受けた法律家の増加と、ブラックストンの絶大な人気によって、アメリカ法の形成に大きな影響を及ぼした（小石 一九八二：一三五）。

2 妻に対する暴力の容認

コモン・ローでは、夫婦一体観の下で夫と妻は法的には一個の人格と見なされ、夫は妻の非行に対して自らが責任を負わなければならないと考えられた。そして、夫は法的に妻の行動に責任があるとの理由で、家庭内での仕置きによって妻を教育する力、すなわち懲戒権が夫に与えられていると解釈された。そのようなコモン・ローの伝統を、ブラックストンは、『英法釈義』で次のように述べている（Morrison 2001 : 341. 内田 一九五一：四五）。

夫は、また、（古法によれば）その妻にたいし、適当の懲治（moderate correction）をあたえることができるのであった。それは、夫は妻の非行にたいして責を負わなければならないのであるから、法は、人がその弟子または子供を懲治することを許されるのと同様な適度さをもって、家庭的な懲罰によって、妻を制約する権能を夫に托することを合理的だと考えたからである。

妻の人格が夫の人格に吸収され一体化するとされたことによって、妻の財産と同様に、妻の身体もまた夫の支配下に置かれ、夫からの暴力を訴えることが困難となった。例えば、民事訴訟において妻が原告または被告となる場合には、夫の承認が必要とされていたので、妻は夫から独立して訴訟の当事者となることができず、夫が妻に不法をなしても、妻は夫を訴えることができなかった。一八世紀後半には、妻に強制的な性交を行っても、夫はその責任を免除されていた。ロードによれば、英米法に見られる強姦罪の夫の例外的免責（marital exemption 婚姻例外）の法理論上の根拠は、コモン・ローの夫婦一体観である。コモン・ローの考え方では婚姻による結合は夫と妻が一個の人間となることを意味し、したがって夫婦間の強姦は、結婚した男性が自らを強姦したという構成となり、有罪であるとは容易には認められなかった（Rhode 1989 : 250）。英国において夫の妻に対する懲戒権が、漸く制定法によって否定されたのは一九世紀末である（戒能 二〇〇二：一二）。

妻への暴力を容認する宗教的・文化的伝統は米国へ引き継がれた。一八二四年にミシシッピー州最高裁判所は、ブラッドレイ事件〔Bradley v. State, I Miss. 156（1824）〕において、懲戒者としての夫の役割を是認し、法がその妨げとなるべきでないという判断を示した。一八七一年のアラバマ州のファルガム事件〔Fulgham v. State, 46 Ala. 146, 146-47（1871）〕では、「妻に対しても、夫と同じ法の保護を受ける資格が認められる」として、米国で初めて妻を殴打する夫の権利が無効とされたが、一八七四年のオリバー事件〔State v. Oliver, 70 N.C. 60, 61-62（1874）〕では、「夫の暴力によって一生残るような傷ができた場合、悪意による暴力、残虐な暴力、危険な暴力がふるわれた場合、このような場合でない限り、事件を公にするよりは、互いに許し合うよう、当事者に問題解決を任せた方がよい」とされた。一八八二年には全米で初めてメリーランド州で夫が妻を殴打することが犯罪とされ、罰則として四〇回の鞭打ちまたは一年間の拘禁刑が制定法に定められたが、この法が実際に執行されることはほとんどなかったといわれている(2)。

コモン・ローのカヴァチャー・ドクトリンは、判例法の中で次第に修正され、一八六〇年までに三三州のうちの二三州において改められた（田中 一九八〇：二五六）。一八八二年にメリーランド州で夫の妻に対する暴力を違法とする制定法がつくられたのであるが、実際に夫の妻に対する暴力が他の暴力と同じように犯罪として扱われるようになるためには、それから約一世紀の年月を要した。では、二〇世紀後半になって漸く、夫の妻に対する暴力の犯罪化を可能にした社会意識の変容とは何であったのか。それを知るためには、二〇世紀中葉の米国社会における新たな動きを見る必要がある。

2　差別に対する人権運動 (Human Rights Movement)

1　第二波フェミニズム運動

米国における二〇世紀初頭の第一波フェミニズムは、婦人参政権の獲得等、法律上の形式的平等を実現するための運動として展開した。しかし、婦人参政権が認められてからおよそ四〇年経過した一九六〇年代になっても、依然として職業選択や社会保障制度において女性は差別され、実質的な男女平等は実現していなかった(3)。女らしさというステレオタイプの押し付けや性別役割分業の考え方によって、家事や育児などの家庭内の仕事は女性の仕事とされ、女性の社会における活動や就業は制限されていた。このため、一九六〇年代に始まった第二波フェミニズムは、性別に基づいて女性に割り当てられた役割や「らしさ」は、生物学的差異に基づく運命ではなく、文化や社会によって形成されたものであるとして、役割や「らしさ」の固定的観念から個人を解放する女性解放の運動へと発展した。白人中流家庭の一人の主婦であったベティ・フリーダン (Betty Friedan)(4)は、その著書 *The Feminine Mystique* (1963) の中で、家庭の中で良い妻・良い母の役割に閉じ込められている専業主婦の閉塞感を「名前のない問題」と名付け、女性の意識の覚醒を訴えた。

第二波フェミニズム運動が始まった頃の女性を取り巻く社会的状況について、渡辺和子は次のように述べている。ケネディ大統領によって設置された「女性の地位に関する大統領の諮問委員会」が一九六三年に報告書を提出し、女性の賃金は男性の四〇%であるというような、女性差別の実態が明らかになった。これを受けて連邦議会で男女同一賃金法が可決され、一九六四年には「平等雇用機会委員会」(Equal Employment Opportunity Commission)が設立された。この委員会の目的は雇用のあらゆる側面において、人種、宗教、性別、出身国などによる差別をなくすことであったが、性差別には充分な取り組みがなされなかったことから、一九六六年には、より実質的な男女平等の権利の実現をめざして、ベティ・フリーダンを中心とする女性運動家たちが「全米女性機構」(National Organization for Women)を発足させた。これは通称「ナウ」(NOW)と呼ばれ、雇用における女性の平等の実現に加えて、中絶禁止法の改正や教育の機会均等を求めて、政策提言や立法運動を積極的に展開した。このようなナウの方針は、近代市民法の根幹である自由主義思想(Liberalism)の公私二元論の考え方は否定せず、公的な場における男女平等の実現を求めるものであったため、リベラル・フェミニズムと呼ばれた(渡辺 一九九七:一二五―一二七)。

他方で、一九六〇年代の市民的権利運動やベトナム反戦運動など、革新的社会運動に学生として参加した女性たちが感じた、運動組織の男性中心主義に対する失望感が、もう一つのフェミニズムの流れを形成した。*The Dialectic of Sex* (1971) の著者シュラミス・ファイアストン(Shulamith Firestone)は、シカゴ美術研究所の学生として一九六〇年代の市民的権利運動やベトナム反戦運動に参加したが、そのような運動に関わった多くの女性がそうであったように、当時の社会運動の権威主義的・階級的な男性中心の組織化方法に幻滅していた(5)。このため、女性にとっての価値や利益を反映することのできる理論の構築や運動の組織化をめざして、六〇年代の終わりには、ファイアストンを中心にコンシャスネス・レイジング（consciousness-raising）の方法論が開発され、経験を語り、問題意識を共有し、ともに解決へ向かうための意識高揚運動として広まった。ファイアストンを代表的人物とするこの流れは、ラディカル・フェミニズムへと展開した。この「経験を語り、問題意識を共有する」方法は、一九七〇年代にBattered Women's Movementで活用されることになる。

第二波フェミニズムは幾つかの流れに分岐したが、その基本的主張は性差別の廃止であった。性差別の廃止をめざすフェミニズム運動に、社会制度変革のための戦略と道筋を示したのは、次に述べる黒人差別に反対する市民的権利運動であった。

2　市民的権利運動（Civil Rights Movement）(6)

南北戦争が終わった後の一八八〇年代以降、南部の州では人種分離政策によって一連の黒人差別法（Jim Crow laws）が制定され、人種による分離は、鉄道やバスなどの公共の交通機関、レストランや病院などの施設にまで及んでいた。一八九六年のプレシ対ファーガスン事件〔Plessy v. Ferguson, 163 U.S. 537 (1896)〕の裁判では、「分離しても平等に」（separate but equal）という法理が確立され、それぞれの人種に同等の施設やサービスが提供されている限り、皮膚の色の違いを理由とする分離は平等保護を保障する合衆国憲法第一四修正に違反せず、一連の黒人差別法は合憲であるとされた。

漸く二〇世紀も半ばになった一九五四年のブラウン対教育委員会事件〔Brown v. Board of Education, 347

U.S. 483（1954）; 349 U.S. 294（1955）」の裁判で、公立学校における人種に基づく分離は違憲とされて、「分離しても平等に」の法理は放棄された。ところが、人種分離政策が廃止され、法律によって差別の禁止の徹底が図られても、社会における人種差別の意識や慣行は簡単にはなくならなかった。このため、一九六〇年代には人種や出自国などの違いを理由とする差別に反対する市民的権利運動が活発になり、とりわけ黒人による人種差別反対の運動は闘争的なものとなった。市民的権利とは理由無き差別を受けることがない権利であり、例えば選挙権の行使、公教育、雇用、住居の選択等の面で平等な取り扱いを受ける権利である。米国社会で市民的権利について最も深刻な差別を受けてきたのは黒人であり、雇用や住居などの選択における差別の他に、警察官による差別的扱いと暴力が問題になっていた。サミュエル・ウォーカ（Samuel Walker）は *The Police in America*（1999）の中で、一九六〇年代には米国の警察は「人種と犯罪と司法をめぐる国家的危機」の中心に置かれていたと述べている。ウォーカによれば、一九六四年から一九六八年にかけて全米で警察と黒人コミュニティとの間に紛争が続発し、一九六七年にはそのような紛争の数が全米で二〇〇件に達した（Walker 1999 : 34）。

　一九六四年に市民的権利運動の成果として、広範で総合的な連邦法「市民的権利に関する法律」（Civil Rights Act of 1964）が制定され、連邦援助プログラムや雇用等の分野について、人種、宗教、性別、出身国等による差別を禁止し、その実現のための機関・手続を定めるとともに、違反者に対する刑罰、被害者に対する損害賠償請求権が定められた。「市民的権利に関する法律」の第七編（通称タイトル・セブン）は、雇用と労働組合に関して、人種やその他の差別と同様に性別による差別を違法としている点で画期的ではあったが、その影響力は雇用という分野に限定されていた。

黒人による人種差別廃止のための運動、適正賃金と労働者の健康面での保護を求めた季節農場労働者の運動、自治区としての独立と部族の権利を主張したネイティブ・アメリカンの運動、ベトナム戦争や徴兵制に対する反戦運動など、一九六〇年代の社会運動は闘争的な社会変革運動であった（Pence 2001：331）。市民的権利運動では、社会変革の手段として法制度改革が重視された。女性たちもこれらの運動に参加し、その中での男性中心の組織運営という矛盾に気付くと同時に、これらの運動から戦略を学ぶことによって、一九七〇年代には性差別反対の女性運動が活発化することになる。

3 Battered Women's Movement

一九七〇年代には性差別反対の女性運動の一環として反レイプ運動（Anti-rape Movement）が始まった。ところが、レイプ被害者支援センターに実際に助けを求めてきた女性の大部分は、夫から暴力をふるわれている妻たちであった。夫や恋人から暴力をふるわれている女性のための緊急避難場所が各地につくられ、Battered Women's Movement が始まった。被害者と支援者を含めた女性たちの運動によって、夫の暴力の問題は新しい展開を迎えることになった。夫による暴力は再定義され、夫や恋人という親密で個人的な関係でふるわれる暴力が、女性に共通の経験として社会的問題であること、社会全体の男女の不平等な力関係が親密で個人的な関係の暴力を許容し、ふたたび不平等な力関係を再生産するという構造的問題であることを指摘するために、家族間暴力（family violence）や配偶者暴力（spousal violence）ではなく、親密な関係でふるわれる暴力という意味でのドメスティック・バイオレンス（domestic violence. 以下「DV」と略記する）★という言葉が使われるようになった。

一九七〇年代の初めには、DVの被害者女性が加害者の暴力から逃れ、身を隠して避難できる場所はなかった。そのため、最初のDV被害者支援活動は自宅や教会等を避難場所として被害者に提供することから始まったが、一九七三年にはアリゾナ州のフェニックス、カリフォルニア州のパサデナとサンフランシスコ、マサチューセッツ州のケンブリッジ、ミネソタ州セントポールなどの各地に、次々と避難施設（shelter）がつくられた（Weisberg 1996 : 278）。さらに草の根女性運動のグループはDV被害者の法的保護を求めるロビーイングや被害者支援サービスのネットワークづくりを始めた。各地の草の根運動(7)のグループは、支援活動で浮上した共通の問題を解決するためには力を合わせることが必要であると考え、州ごとに連合（coalition）を形成し、支援活動を組織化するようになった。一九七六年には「ペンシルヴェニア州DV防止連合」（Pennsylvania Coalition Against Domestic Violence）が、全米で初めてのDV被害者のための民間支援組織として設立された。

4　被害者のためのアドヴォカシー

被害者支援の活動はアドヴォカシー（advocacy）と呼ばれている。アドヴォカシーとは、人種、宗教、性別などによる社会の差別構造の改革をめざした一九六〇年代の市民的権利運動の中で生まれた被害者支援の概念であり、アドヴォケイト（advocate）とはそのような支援活動を行う人びとの総称である。アドヴォケイトはDVの被害者支援運動の人びとに限られて使われてきたわけではないが、各州に設立された連合や女性運動組織などDV撲滅を目標とする民間組織で活動する人びとを指す言葉として広く使われてきた。被害者が対応しなければならない様々な法手続に関して、アドヴォケイトは被害者に情報を提供したり、手助けをしたり、法廷への付き添いを行ったりする。このような個々の被害者に対するサポートは個別的支援と呼ばれ、被害者のニーズを法制度に反映するために立法活動や政策提言活動を行う制度的支援とともに、支援活動の両輪であると考えられてきた（Pence 2001 : 329）。

「ペンシルヴェニア州ＤＶ防止連合」が作成した『ドメスティック・バイオレンスの法的支援活動――参加者手引き書』（Domestic Violence Legal Advocacy Practice : Participant Manual）によれば、アドヴォカシーの基本理念は、被害者女性は充分な情報や手助けがあれば自分の将来について決定する判断能力のある成人であり、被害者の意思は最も尊重されるべきだという、被害者女性の人格の尊重である。アドヴォカシーの最終目標は、問題の解決に向けて、被害者が自分で自分の利益と権利を守ることができるようになることであるとされている（Stuehling 1997 : IM-23）。したがって、支援の焦点は被害者の考えや信念を変えることではなく、被害者の回復、自立、自己決定を可能とする環境をつくることである。そのような環境をつくるためには、被害者が必要とする物質的、経済的、人的資源が提供されているだけでなく、被害者が容易にそのような資源にアクセスできる情報も提供されていなければならない。米国の被害者支援活動では、広報活動などを通じて積極的に被害者に接触して情報や支援を提供する活動はアウトリーチ（outreach）と呼ばれ、被害者支援活動の重要な部分になっている（Stuehling 1997 : Core-3）。

5　差別と暴力

第二波フェミニズムの女性解放運動、市民的権利運動、ＤＶやレイプの被害者のための支援活動はいずれも、社会における差別に反対する人権運動という一つの流れを形成していた。換言すれば、これらの運動はすべて、二〇世紀における実質的な平等の実現に向けての運動であった。一九世紀末から二〇世紀初めに法律によって形式的平等が約束されても、現実の生活における差別と暴力は容易にはなくならなかった。さらに、現実の生活における差別をなくするために既存の権力構造や社会体制を変えようとする運動に対しては、政治的抑圧や物理的暴力による弾圧が加えられることが少なくなかった。

レイプやDV等の女性に対する暴力は、その広範性が調査によって実証され、社会的要因が明らかにされるまでは、特定の女性の個人的問題として扱われるか、あるいは女性が生物学的に性的な攻撃の対象となり易いことだけが強調された。しかし、社会構造的な男女の力の不均衡から生じる抑圧関係があり、そのダイナミクスの一部として男性から女性に対する暴力が存在することが理解されるようになり、米国では「ジェンダーに基づく暴力」という概念が司法の分野においても広まった。一九八〇年代には、暴力による人種差別と同様に、性の違いによって政治的、経済的、社会的に力の不均衡が存在する状況のなかで、強い立場の者が弱い立場の者にふるう暴力は、差別の一形態であると考えられるようになった(8)。

米国社会における「ジェンダーに基づく暴力」の認知よりもはるか以前から、人種差別に基づく黒人への暴力は重大な社会問題となっていた。既に述べたように、一九六〇年代に特に深刻化していたのは、黒人貧困層が多く居住する地域での白人警察官と住民の間の緊張関係であった。そのような状況を表す数値として、警察官が黒人を銃で射殺する数は警察官が白人を銃で射殺する数の八倍にも昇ることが、調査によって明らかにされた（Walker 1999 : 34）。このような「人種と犯罪と司法をめぐる国家的危機」に直面していた連邦最高裁判所は、差別的な扱いを受けていた黒人の権利の保護を図り、被疑者・被告人の人権を守るための憲法判例を相次いで確立させた。その結果、一九六〇年代にデュー・プロセスが飛躍的に発展したが、同時に、警察官の捜査活動には様々な制限が加えられるようになった。次の第3節では、黒人に対する人種差別とデュー・プロセス発展の関連性を見る。

3 人種差別とデュー・プロセスの発展

1 暴力的な取調べとデュー・プロセス

デュー・プロセスは「いかなる州も法の適正な過程によらずに、何人からも生命、自由または財産を奪ってはならない。」という合衆国憲法第一四修正を根拠とする。公権力が法律に基づいて一定の措置をとる場合、その措置によって重大な損失を蒙る個人は、その措置がとられる過程において適正な手続による処遇を受ける権利を有するとされているのである。このように、公権力を手続的に拘束し、私人の人権を保障しようとする思想は英米法に顕著な特徴であるが（芦部 一九九三：一八〇）、さらに、刑事手続におけるデュー・プロセスの発展の背景には、次のような警察官による人種差別と暴力的な取調べに対する反省があった。

ドレスラーの *Understanding Criminal Procedure* には、警察官による暴力的な取調べの歴史に関して、次のような記述がある（Dressler 1997 : 362-363）。

一九世紀の米国では、多くの警察は腐敗しており、有罪の証拠を確保するためには、取調べで被疑者に身体的暴力による痛みや脅しによる精神的苦痛を加えることさえあった。このような過酷な取調べ方法は警察内部では通称the third degree（9）と呼ばれ、その実体は拷問であった。ほとんどの場合、取調べは監禁状態で行われ、被疑者は外部との接触を絶たれ、取調べ室の出来事は記録に残されることもなかった。そのため、どれほど多くの残忍な暴力行為が行われたかを正確に知る方法はないが、一九世紀には自白を得るためだけでなく、非合法的制裁として、暴力がふるわれることがあった。被疑者を法廷へ連行した際に、そのような警察官の暴力行為が裁判官に露見しないように、取調べ中の被疑者に対する暴力は衣服の下に隠れる部分にふるわれた。暴力は残虐で、拳骨やメリケン（握りこぶしにはめる帯状金属）を使って向う脛や腹部などが殴られ、鼠径部を蹴られることも珍しくなかった。骨や肋骨が折れて病院での治療が必要になり、取調べ中の暴力が外部に知られることもあった。

この記述のような暴力的取調べは、二〇世紀の前半まで続いたとされる。

松尾浩也によれば、一九一八年に終結した第一次世界大戦後の一〇年間は、米国刑事司法の非能率と不公正とが世論の批判を浴びていた。その主な原因は、米国社会の急速な工業化と都市化に、従来の刑事司法の諸機関が適切に対応できなかった点にあるとされる。さらに、一九一九年には酒の製造・販売・輸送が全国的に禁止され、これより一九三三年まで続いた禁酒法の時代は、全米に社会的混乱をもたらしたとされる（松尾 一九六五：七六）。

禁酒法に関わる社会的混乱や刑事司法の不公正に対する批判に対処するため、フーヴァー大統領は、一九二九年五月に連邦司法長官ジョージ・ウィッカシャム（George Wickersham）を座長とするウィッカシャム委員会を設置し、法律の遵守および執行状況に関する調査を命じた。ウィッカシャム委員会は一九三一年に「法執行における無法状況についての報告書」（Report on Lawlessness in Law Enforcement）を大統領に提出した。この報告書によって明らかにされた警察の暴力的な尋問方法は、法曹および一般民衆に大きな衝撃を与えた。取調べ方法の改善は司法や警察にとって不可避となり、その対策の一環として警察官に対する教育・研修が実施された。取調べにおける暴力は一九三〇年代から一九四〇年代になって漸く減少したとされる（Dressler 1997 : 363）。

2　暴力による自白の強要

暴力的な取調べ方法が横行していた二〇世紀初頭には、特に黒人の被疑者・被告人に対する取調べで、強制や拷問、不当に長い拘禁によって、自白を強いられることがあった。自白の強制に関する法の歴史については、*Understanding Criminal Procedure* の中で、次のように述べられている（Dressler 1997 : 373）。

一九三六年より前には、州レベルの刑事裁判で、強制された自白を証拠から排除するための憲法上の根拠はなかった。しかし、一九三六年のブラウン対ミッシシッピ事件〔Brown v. Mississippi, 297 U.S. 278（1936）〕では、連邦最高裁判所が、被疑者の自白は警察官の残虐性と暴力によって強制されたものであり、合衆国憲法第一四修正のデュー・プロセス条項に違反するとして、殺人罪の有罪判決を無効にした。ブラウン対ミッシシッピ事件では、三人の黒人の被疑者が殺人への関与を否定していたにもかかわらずシェリフ代理から残忍な仕打ちを受け、シェリフ代理も加わった白人の自衛団の暴徒によって暴行を受けるという出来事があった。被疑者の一人は二度も木にロープで吊り下げられ、縛り付けられて、むちで打たれた。他の二人は裸にされて拘置所のいすにねじ伏せられて、革の帯で酷く打たれたため、被疑者の背中にはずたずたの切り傷が生じた。連邦最高裁判所は、「正義の観念に照らして、この三人の被疑者の自白を得るために使われた方法よりおぞましい方法はない」とし、シェリフらの行為は「拷問による自白の強要」であり、このような方法で得られた有罪判決は、「明らかなデュー・プロセス違反である」と宣言した。

しかし、ブラウン対ミッシシッピ事件の判決後も、刑事手続における黒人に対する差別的扱いが完全になくなることはなかった。むしろ、警察官による人種差別は絶えることなく、警察と黒人コミュニティの対立は一九六〇年代に頂点に達するのである。

3　刑事手続に関するデュー・プロセス判例の確立

一九五三年から一九六九年までアール・ウォーレン（Earl Warren）(10)が首席裁判官であった連邦最高裁判所、いわゆるウォーレン・コート(11)では、司法積極主義の立場から違憲立法審査権が活発に行使された。一九五四年のブラウン対教育委員会事件をはじめとして黒人の権利の保護が図られ、共産主義者に対する寛大な姿勢が示され、言論・思想の自由の手厚い保護や刑事手続における被疑者・被告人の権利保護の徹底など、憲法に基づいて様々な人権保障が強化された（伊藤・木下　一九八四：一五二）。このようにしてウォーレン・コートが示した人種差別撤廃やデュー・プロセスに関する判決は、米国社会全体に大きな影響を及ぼし、その進歩的・革新的内容は賛否両論を引き起こした。

ウォーレン・コートの判決の中でも、刑事手続に関するデュー・プロセス判例の展開は目覚ましく、この時期に刑事手続原則の基礎が築かれたと言っても過言ではない。すでに二〇世紀初頭のウィークス事件〔Weeks v. United States, 232 U.S. 383 (1914)〕で、不当な捜索・押収によって得た物件や情報を被告人に不利な証拠として用いるならば、合衆国憲法第四修正の保障が無意味に帰するとして、違法に収集された証拠は公判廷で証拠能力を認めないとする「排除法則」(Exclusionary Rule) が確立されていたが、ウィークス事件は連邦の事件であったため、州には適用がなかった。そこで、一九六一年のマップ対オハイオ事件〔Mapp v. Ohio, 367 U.S. 643 (1961)〕では、連邦最高裁判所が「排除法則」は州にも適用されると宣言したため、州の刑事裁判手続にまで広く影響が及ぶこととなった。

一九六六年のミランダ対アリゾナ事件〔Miranda v. Arizona, 384 U.S. 436 (1966)〕では、警察官は被疑者に対して拘禁中の尋問に関する黙秘権および弁護人選任権を告知しなければならず、これに反して得た供述は証拠とすることができないという「ミランダ準則」(Miranda rule) が確立した。これらのデュー・プロセス判例で示された法則は、警察官の違法な捜査や取調べを防止し、被疑者や被告人を自認(self-incrimination) の強要から守ることを目的としていたが、警察官の実務を大幅に制約することになった (Walker 1999 : 34)。

4　デュー・プロセスの発展と社会的背景

一九三六年のブラウン対ミシシッピ事件で見られたように、刑事手続に関して合衆国憲法のデュー・プロセス条項が連邦最高裁判所によって発動されるようになったのは一九三〇年代であった。その後、一九六〇年代に入ってデュー・プロセス判例が量・質とも飛躍的な発展を遂げた最も大きな原因は、人種、民族、宗教、性別等、米国社会におけるマイノリティ・グループの人権保護が注目されるようになり、とりわけ黒人に対する人種差別が米国社会にとって大きな問題となっていたからだとされる（田宮 二〇〇〇ａ：三四二）。

ケイディッシュは、ウォーレン・コートで確立されたデュー・プロセスに関する憲法判例の飛躍的な発展について、一九六〇年代から一九七〇年代にかけての「公民権運動の展開（そして、それに加えるに、刑事被告人中黒人その他の人種的少数派に属する者の占める割合が不相応に多いという事実の存在）、カウンター・カルチャーの勃興、国家に対する幻滅＝信頼の喪失、こういった様々な要因が、被疑者・被告人の利益をより重視させるような風潮を醸成し、そして合衆国裁判所もまた、その影響から免れることはできなかった」と述べている（ケイディッシュ 一九八〇：一四）。また、ベトナム戦争（一九五四―七五年）やウォーターゲート事件（一九七二年）の影響などによって、米国社会において公的な権威というものに対する不信の念が強くなり、「官吏による裁量権の行使に疑いの目」が向けられるようになったとも指摘する（ケイディッシュ 一九八〇：一一）。但し、一九六〇年代のウォーレン・コートが示した司法積極主義の業績への評価もあって、国や権威に対する根深い不信は、裁判所には及ばなかったとされる。その結果、従来なら立法や行政によって取り扱われたような問題が、新しいタイプの訴訟として裁判所に持ち込まれることになった（ケイディッシュ 一九八〇：三）。

一九六〇年代後半には人種問題が白熱し、一九七一年九月にニューヨーク州アッティカ刑務所で起きた囚人暴動など、各地の刑務所で囚人の処遇の改善を求める暴動が多発した。しかし、暴動が鎮圧された後にも行政や議会の対応に変化はなく、処遇の改善が見られなかったため、囚人たちは裁判所に救済を求めた。救済の申立を受けた合衆国裁判所は、刑務所における囚人に対する不適切な取り扱いを、残虐で異常な刑罰を禁止する合衆国憲法第八修正やデュー・プロセスについての第一四修正を根拠とする憲法上の問題として捉えた（ケイディッシュ 一九八〇：六）。このように、本来なら立法または行政による対処が必要な問題について、立法、行政の対応を期待できない被害者が裁判所に法的救済を求める新しいタイプの訴訟では、裁判所の役割は権利侵害と法的責任の有無を判断することのみで終わらず、裁判所は確認された違法状態を除去し権利を実現するために必要な法的救済を与えることが求められた（藤倉 一九九五：三三九）。多くの裁判所は、刑務所運営に関する詳細な規則を定める命令を自らの手で発するようになった（ケイディッシュ 一九八〇：七）。この種の訴訟は、憲法的価値の侵害が個人ではなく組織によって行われている場合は、組織を再編成しなければその侵害を除去できないことから、構造的改革訴訟とも呼ばれた（小島 二〇〇二：一二五）。

現代型訴訟とも呼ばれる、このような新しいタイプの訴訟の特色は、多数の関係当事者があり、原因となる行為や活動が継続的で、違法の状況や被害の範囲の確定が難しいということにある（藤倉 一九九五：三三二）。工業化や都市化の社会変化にともない、従来にはない複雑な様相の訴訟が増加したことが原因となって、一九三八年には訴訟手続をより簡易にするための「連邦民事訴訟規則」（Federal Rules of Civil Procedure）が制定されたのであるが、その規則二三によって、共通の事実と争点をもつ事件の多数の被害者は、集合してクラス・アクション（class action 集合代表訴訟）による請求ができるようになった。クラス・アクションとは、共通点をもつ一定範囲の人びとを代表して、一人または数名の者が、全員のために原告として訴える訴訟形態である。特に、人種や性別のマイノリティ・グループに属し、現行の法制度の下では充分な保護を受けられないでいる被害者が、このような新しいタイプの訴訟を活用した（藤倉 一九九五：二三一八）。

例えば、一九七〇年代後半から一九八〇年代には、DVの被害者が裁判所に法的救済を求めてクラス・アクションを提起した。被害者によって提起されたクラス・アクションは、実体的デュー・プロセスの議論を巻き込んで(12)、警察官のDV事件への対応を改善させるための戦略として活用された。本章第5節で詳述するところの、一九七七年のブルーノ対コッド事件〔Bruno v. Codd〕では、原告の女性被害者たちは、彼女たちが苦労して裁判所から保護命令の発付を受けても、警察はその執行を拒み、女性被害者は法の平等保護を受けることができないでいると主張して、クラス・アクションを提起した（Zorza 1992：58）。また、クラス・アクションは刑事手続の被疑者・被告人からも起こされ、警察官による不当な権力の行使を糾弾する手段として使われた(13)。

二〇世紀後半における米国刑事司法の動向を鳥瞰すると、犯罪抑止とデュー・プロセスの均衡は、時代ごとの政治的・社会的状況に大きく影響を受けてきたことが見える。共和党のアイゼンハワー大統領によって任命されたウォーレンが首席裁判官を務めたウォーレン・コートでは、司法積極主義のもとで社会的正義の実現を求める進歩的・革新的判決が相次いで下され、デュー・プロセスも飛躍的に発展した。しかし、その後、一九六九年に共和党のニクソン大統領によってバーガ（Warren Earl Burger）が首席裁判官に任命されると、連邦最高裁判所の積極的姿勢も少し後退を見せ、さらに一九八六年に共和党のレーガン大統領によってレーンクィスト（William Hubbs Rehnquist）が首席裁判官に任命されると、保守化の傾向は顕著になった。この背景には、終戦の平和で豊かな一九六〇年代から、治安悪化と景気後退の七〇年代・八〇年代へと、時代の大きな変化があった。六〇年代のウォーレン・コートで確立された「排除法則」は、七〇年代から八〇年代における米国社会の犯罪増加や保守化とともに、その理論的隆盛は弱まったとされる（田宮 一九九二：三九四）。米国におけるデュー・プロセス論の発展は、変化する社会的背景の影響を受けないわけにはいかなかった。

4　刑事司法のＤＶへの対応（一九七〇年代）

1　警察官によるメディエーション

一九六〇年代までは家庭内の暴力は社会的に無視され、たとえ家庭内の暴力の存在が明らかになっても、警察の介入は役に立たないと考えられていた。警察が果たすべき役割は平安の維持であると考えられ、警察官は争いのメディエーション（mediation 仲裁による和解）をするように訓練されていた。加害者の逮捕についてはスティッチ・ルール（stitch rule）が採用され、被害者の負傷が外科的治療を必要とするほどに深刻な場合にのみ、警察官は加害者を逮捕すべきであるとされた（Rhode 1989：239）。家庭内の暴力の多くは害悪性があまり高くないと考えられ、むしろ加害者を逮捕することの方が家族の分断や被害者の経済的困難を引き起こす弊害があるとして、警察は加害者の逮捕に消極的であった。

米国の警察の対応を調査した小林寿一は一九六〇年代から七〇年代の状況を次のように述べている。全米警察署長協会（the International Association of Chiefs of Police）は、DV事件に関しては逮捕は最後の手段とする方針を打ち出し、警察官が仲裁者となって被害者と加害者を和解させる解決方法を推奨した。ニューヨーク州ニューヨーク、ケンタッキー州ルイスヴィル、ジョージア州コロンバスでは家庭内危機介入の訓練プログラムが実施され、警察官にソーシャル・ワーク、ファミリー・カウンセリング、対人葛藤処理の知識や技法を習得させることが試みられた。七〇年代後半には、職員一〇〇人以上の比較的大規模な警察署の七〇パーセント以上で同様の訓練が行われたとされる。しかし、その効果が実証的に確認されたことはなく、警察は加害者を逮捕すべき事件にまでメディエーションによって対応しているとの批判が起きた（小林 一九八九：二二一―二二六）。

DV事件への対応で、メディエーションに頼ることには大きな問題があった。なぜなら、和解という方策には、当事者双方に責任があり、お互いに改めるべきところを改めるということが前提となっているからである。被害者にも責任があるということを前提に加えることによって、加害者の行った暴力の犯罪性が認識され難くなり、加害者は妻に対する暴力は犯罪ではない、司法による制裁を恐れる必要はないという認識を持つようになる（Rhode 1989 : 240 ; Jaffe et al. 1993 : 68-69）。

さらに加害者の措置については、懲罰から治療・更生への転換が図られるようになった。その背景には一九七〇年代の全米の犯罪増加と都市部の治安悪化がある。連邦政府は積極的な対応を求められ、とりわけ刑事司法の役割と負担が著しく増大したため、犯罪増加への対処策の一つとして、非犯罪化政策

(diversion ダイヴァージョン)(14)がとられるようになった。非犯罪化政策とは通常の司法手続による審理・決定を回避して、他の非刑罰的処理方法をとるものである。犯罪増加にともなう警察の負担過重と過剰拘禁への対応策として、軽微犯罪や交通事件と並んでDV事件にも非犯罪化政策が適用されるようになり(田宮 一九九二：一七二)、DV加害者が裁判所によって命じられたカウンセリングに参加すれば罪を軽減あるいは取り消されるという、司法取引的色彩の強いものとなった。

2 全米レベルのDV被害者支援運動

一九六〇年代に世界的な潮流となった女性解放運動を背景に、七〇年代に米国でDV被害者への支援運動が始まった。被害者支援運動の中で、DVへの警察の消極的な対応と社会福祉政策の不充分さが明らかになり、立法府や行政府への働きかけの中でシェルター建設の次の目標とされたのは、暴力の再発を予防し、被害者の回復を助けるための、法律や制度の整備であった。

一九七七年に「市民的権利連邦委員会」(United States Commission on Civil Rights. 以下「USCCR」と略記する)の主催により、被害者支援を行う民間活動家や非営利法人のサービス・プロバイダーが、連邦政府関係者との会合をホワイトハウスで持った。USCCRは一九五七年に連邦議会によって設けられた独立超党派機関であり、合衆国憲法第一四修正に保障される「法の平等保護」が拒絶されているような事案について、大統領と連邦議会に報告と勧告を提出することを任務としていた。DVについても、USCCRの関心はシェルター問題ではなく、「法の平等保護」という憲法上の人権問題にあった。とはいえ、この会合ではDVの原因と対応、刑事司法や連邦政府の役割、シェルターへの財政援助等が討議され、その結果、シェルターへの補助金拠出を根拠付ける連邦法 the Domestic Violence Prevention and Treatment Act of 1977 が連邦議会で成立した（Dobash and Dobash 1992 : 129）。

ホワイトハウスでの会合から六ヶ月が経過した一九七八年一月には、ＵＳＣＣＲによってワシントンＤＣで公聴会が開催された。公聴会開催の目的は、ＤＶ被害の実態や被害者のニーズについて聴き取りを行い、被害者である女性に対して「法の平等保護」が実現されているか否かを調べることであった。全米から一〇〇人以上の被害者支援活動家が参加し、この公聴会をきっかけに、この年、全米レベルの民間支援組織である「全米ＤＶ防止連合」（National Coalition Against Domestic Violence. 以下「ＮＣＡＤＶ」と略記する）が設立された（Dobash and Dobash 1992 : 129）。

3　政府主導の司法改革プロジェクト(15)

民間の被害者支援運動の拡大に呼応して、連邦政府もＤＶへの対応策を模索していた。一九六八年に創設された法執行支援局（Law Enforcement Assistance Administration）は、司法省の資金配分部局であり、連邦政府資金の提供によって、司法機能拡充のための様々な法制度改革プログラムを実施した。法執行支援局の目標は、地域によって格差が著しい法執行機関や刑事司法の機能をできる限り均一にすることであった（Dobash and Dobash 1992 : 176）。八〇年代の末までに、全米レベルの三つのプロジェクトと地方レベルの二二の実験プロジェクトが実施された。全米レベルのプロジェクトとしては、警察の役割を審議する the Police Executive Research Forum、暴力防止の啓発活動と資料作成のための the American Home Economics Association、ＤＶプログラムの実施を技術的にサポートするための the Center for Women Policy Studies が立ち上げられた。地方レベルの実験プロジェクトには民間のサービス・プロバイダーや草の根運動組織も参加した。これらの活動は、一九八一年に全米司法研究所（National Institute of Justice）へと引き継がれた（Dobash and Dobash 1992 : 176-177）。

地方レベルで実施された実験プロジェクトの一つが、一九八〇年にミネソタ州ドゥルース市で始まった「ドゥルースDV介入プロジェクト」（The Duluth Domestic Abuse Intervention Project）である。このプロジェクトは刑事司法と民間組織の連携による被害者支援活動の最初のモデルであり、地域社会からも資金援助を受けて、シェルターを基地にして運営された、民間主導型のコミュニティ介入プロジェクト（community intervention project）であった。アドヴォケイトと呼ばれる地域の被害者支援活動家が中心となって、警察・検察・裁判所、福祉機関との連携を推進し、司法の対応を改善する計画の立案や実施を行った。頻繁な意見交換によって、政策にアドヴォケイトの経験がフィードバックされ、また、アドヴォケイトがパトカーに同乗したりして、警察活動や刑事司法の運営を実際に観察する機会を得ることで、アドヴォケイトも司法の側の問題を理解することができたといわれている（Pence 2001 : 338）。

一九七〇年代までの警察の対応では、DVは通報の段階から他の事件とは区別され、事件化しないでおこうとする傾向があった。ドゥルース・プロジェクトでは警察の積極的逮捕政策★への転換が図られたが、現場の警察官たちは自分たちの裁量が制限されたうえに、誤認逮捕で訴えられかねないということを心配し、相変わらず逮捕を回避しようとした（Dobash and Dobash 1992 : 180）。そこで、プロジェクトの新たな手段として、警察官が加害者を逮捕しなかった場合には、その理由を示す報告書の提出が命じられた。

ドバシュらによれば、ドゥルース・プロジェクトの成功の要因は、活動的で根気強いアドヴォケイトの存在と、篤志家や地元企業からの寄付が長く続いたこと、アドヴォケイトや研究者が警察内部に入ってプロジェクトの経過を観察し、プロジェクトを改善するところにまで参加できたことにあるとされる(Dobash and Dobash 1992 : 189)。ドゥルース・プロジェクトの最大の特徴は、アドヴォケイトが中心的役割を担って、ジェンダーの視点による、DVの理解の普及が図られたことであろう。ドゥルース・プロジェクトを立ち上げたエレン・ペンス(Ellen Pence)らによって、暴力と支配の関係を表す「パワーとコントロールの車輪」(Power And Control Wheel)の図が作成され、プロジェクトに参加している警察や裁判所の関係者にDVを理解してもらうための研修教材として使われた。「パワーとコントロールの車輪」の図は、DVは身体的暴力だけでなく心理的虐待や経済的虐待なども含む複合的な虐待であるということ、男性加害者は様々な形態の虐待を、相手を抑圧する権力(Power)の手段として使い、被害者の行動や思考を支配(Control)しているということを示した。この「パワーとコントロールの車輪」の図は、今日でもDVの啓蒙教材として広く使われている。

一九八〇年に始まったもう一つの実験プロジェクトは、「サンフランシスコ家庭内暴力プロジェクト」(The San Francisco Family Violence Project)である。ドゥルース・プロジェクトはシェルターを基地にして民間のアドヴォケイトの主導によって展開されたが、サンフランシスコ・プロジェクトの事務局と被害者支援ユニットは地区検事事務所(District Attorney Office)の建物に置かれ、刑事司法の主導で行われた。このプロジェクトで新たに導入された専任検察官訴追体制(vertical prosecution)は、被害者保護のために、加害者の罪状認否から裁判が終わるまで、一つの事件を一人の検察官が担当することによって、事件の複雑な背景を見逃すことなく、加害者の責任を追及するという訴追システムである。サンフランシスコ・プロジェクトはドゥルース・プロジェクトと同様に被害者保護の推進を目的としていたが、実際に重視されたのは、DV事件の処理をスムースに行うためには警察や検察の対応をどのように改善すればよいかということであった（Dobash and Dobash 1992 : 179）。

一九八四年には、連邦司法長官によって任命された「家庭内暴力調査委員会」（Attorney General's Task Force on Family Violence）が報告書を提出し、DVに犯罪として対処することを勧告した。この報告書の提言に基づいて、各地にDV問題に取り組むための協議会（coordinating council）が設置され、地域の資源や人材の効果的活用が図られた。協議会の活動は、州内部のネットワークづくりに重要な役割を果たすと考えられた。一九八七年にはヒルトン財団が提供した百万ドル近い資金によって全米会議が開催され、裁判所を中心とする地域社会の連携体制が不可欠であると主張された。アドヴォケイトも各地の協議会の活動に参加していたが、裁判所が中心的役割を果たすようになった協議会のDVへの取り組みは、アドヴォケイトが中心的役割を担っていたドゥルース・モデルの特徴からは離れていった（Pence 2001 : 339）。

このような流れの中で起きた重大な変化は、刑事司法と民間組織の連携によるDVへの取り組みが、被害者重視から刑事司法の効率性重視に移ったことである。一方では、DV加害者の逮捕や訴追が積極的に行われるようになったが、他方では、刑務所の過剰収容に対処するために加害者の非懲罰的処遇が行われることも多くなった。また、民間の支援活動の規模の拡大と組織化にともない、アドヴォケイトの役割が法廷への付き添いや住む所を探す手助けなどに細かく分担され、その結果、それぞれのアドヴォケイトが社会構造的なＤＶ問題の全体像を考えたり、個々の被害者が直面している危険のレベルを判断することが難しくなったと指摘されている（Pence 2001 : 339）。

4　刑事司法による被害者支援の限界

ここまでに、一九七〇年代以降の米国におけるＤＶへの対応を概観したのであるが、刑事司法による被害者支援には、制度的な限界があることを否定できない。その限界を四つ挙げてみる。第一に、刑事司法の謙抑性である。司法制度は犯罪を含め様々な紛争処理の手段であるが、司法権の範囲やデュー・プロセスの基本原則の枠内にその役割と機能を制限することによって、司法という公権力が個人の人権を侵害しないように抑制されている。殺人や傷害などの犯罪が行われたことが認められれば加害者は逮捕・起訴・処罰されるが、事件が発生する前に警察が介入することは公権力の過剰介入としてむしろ批判される。犯罪が発生する以前に警察が予防的に介入するときには、警察官による有形力の行使や強制的処分は制限される。

第二に、刑事司法にとっての被害者支援の主たる目的は証人確保である。法制度改革へ向けての活動において被害者支援組織が目標としてきたのは、被害者への刑事司法の対応の改善であったが、政府主導型の法制度改革の中心的課題は刑事司法の効率性の向上であった。一九七九年までに司法省法執行支援局は約二二〇の「被害者証人プログラム」を立ち上げたが、そのプログラムを実施するセクションは地区検事事務所に置かれることが多かった。プログラムの目的は、まず有効な証人の協力を確保することであり、次に被害者を支援することであった。その被害者支援も基本的には証人としての被害者の協力を得るためのものであった。

第三に、刑事司法にとっては、犯罪の予防と撲滅、そのための効率的な司法運営という、社会的利益を守ることが基本的な使命である。裁判所や法執行機関には準法律専門職の職員、いわゆるパラリーガル・スタッフ（paralegal staff）がいるが、パラリーガル・スタッフの役割は刑事司法手続の円滑な進行のために、被害者の手続関与を手助けすることである。これに対して、刑事司法機関から独立した立場にあって法的支援を行う民間のリーガル・アドヴォケイト（legal advocate）の役割は、被害者女性の法的問題を見極め、被害者女性の利益と権利を守ることだと考えられている（Stuehling 1997：IM-3）。民間のリーガル・アドヴォケイトも公的機関のパラリーガル・スタッフも、被害者に対して裁判の情報提供や手続に関する手助けなどを行っている限り、同じような役割を果たしている。しかし、刑事司法が守ろうとする社会的利益と被害者の個人的利益が対立するときに、被害者の側に立って支援できるのは民間のアドヴォケイトである。例えば、ＤＶの女性被害者が麻薬常習者や不法滞在の外国人である場合、あるいは自己防衛のために夫を殺害して殺人罪の被告人となっている場合のように、被害者自身が違法性を問われているときには、訴追する側の法執行機関と訴追される側の女性被害者は法的に対峙する立場にある。

第四の限界は、刑事司法と被害者の間に起こりやすい相互不信である。警察や検察の側からは、ＤＶへ積極的に介入しても、被害者の告訴意思が変わりやすく、証人としての一貫した協力が得られ難いという批判が多い。不明確で変わりやすい被害者の意思を考慮することは刑事司法の適正で効率的な運営の障害になると考えられてきた。他方の被害者は、刑事手続に関して充分な知識もなく、精神的な支援を得ることもできない状況におかれて、夫に暴力をふるわれていた家庭の状況と同じように、刑事司法制度の中でも無力感と孤立感をもつことが多い。そのため、起訴に協力することを拒み、他の土地に移り住むなどして、刑事司法に頼らずに自分や子どもの安全を守ろうとした被害者もいる。いずれの場合も、刑事司法の側が期待するように行動しない被害者は、非協力的で意思が変わりやすいと見なされる。そして、警察官や検察官は、そのような被害者をよい証人とは見なさず、有罪を勝ち取れる可能性は低いと予測して、逮捕や起訴に最初から消極的になるのである（Developments in the Law 1993 : 1540）。

ここに述べた刑事司法による被害者支援の四つの限界は、ＤＶへの刑事司法の関与を弱めていると思われる。

5　警察に対する「構造的改革訴訟」（一九八〇年代）

1　訴訟による法制度改革

一九六〇年代の米国では、学生によるベトナム反戦運動や、人種や民族のマイノリティ・グループへの差別に反対する抗議運動が活発化し、とりわけ黒人による人種差別反対運動は闘争的なものとなって全米各地で暴動を引き起こしていた。有形力を使った抗議運動が起きた一方で、これらの運動では社会変革の手段として法制度改革が重視されていた。その大きな成果として、一九六四年に「市民的権利に関する法律」（Civil Rights Act of 1964）が制定され、第七条に、雇用の分野における、人種、国籍、宗教、性別に基づく差別の禁止と、これを実行するための機関・手続が定められた。女性運動は、六〇年代の市民的権利運動の中で、人種差別反対運動などの革新的・闘争的社会運動の影響を受け、社会変革のための戦略を独自に創っていった。七〇年代には、女性運動が基盤となってレイプやDVの女性被害者を支援する活動が各地で始まり、被害者と支援者がともに主体となって Battered Women's Movement が展開された。草の根レベルで始まった被害者支援活動は次第に組織化され、政治への影響力を増すために州ごとに連合が設立された。

法制度改革に向けて被害者支援組織が最初にとった戦略は、立法・行政・司法への積極的な働きかけであった。米国では多くの地方自治体で、警察や検察の長、裁判官は公選制で、納税者あるいは選挙権者としての市民の意向を無視することはできない。DV被害者支援活動は、全国組織である「全米DV防止連合」が中心となって、政府の支配を受けない団体（NGO）としての組織化と、活発な立法活動や政策提言を通して、連邦や州の立法府や行政府に大きな政治的影響力を及ぼすようになった。しかし、米国の法制度は州ごとに異なるので、被害者保護のための新たな法律の制定には州ごとの運動が必要となり、州によって法制度改革の進展の速度が異なった。

法制度改革に向けて次にとられた戦略は、被害者が原告となり、警察や自治体を被告として訴訟を提起することであった。一九三八年に制定された「連邦民事訴訟規則」にはクラス・アクション等の新しいタイプの訴訟形態が導入され、人種や性別のマイノリティ・グループに属し、従来の法制度の下では充分な保護を受けられないでいる被害者が、新しいタイプの訴訟を活用するようになった（藤倉 一九九五：三三一八）。DV被害者が提起したクラス・アクションや損害賠償請求訴訟では、合衆国憲法第一四修正によって保障されている法の平等保護の条項を根拠として、既存の法制度や法実務に潜在する性差別が糾弾された。原告である被害者側の勝訴によって、あるいは裁判の和解条件として、新しい法制度が導入され、被害者への支援や加害者の積極的逮捕を内容とする警察実務の改善が約束された。このような訴訟の結果は、訴訟の当事者でない他の州の警察署にも影響を及ぼし、法制度改革や警察実務の改善が見られた。

訴訟という戦略において、クラス・アクションの活用は、ＤＶの実態を一人の被害者の個人的問題ではなく、一つの「クラス」の問題として社会問題化することを可能にした。また、警察に対する損害賠償請求訴訟での被害者側の勝訴も、訴訟を提起した被害者の個人的救済だけに終わらず、敗訴による膨大な経済的損失をおそれた全米各地の警察署の逮捕政策を変更させ、多くの女性被害者の救済に繋がった。

2　集合代表訴訟（クラス・アクション）

一九七〇年代までの警察の逮捕回避傾向は、警察がＤＶを犯罪でないと見なしている証しであるとともに、警察官の安全を優先することによる警察責任の放棄であるとの批難をあびていた。刑事司法の姿勢そのものを変える必要があると考えた弁護士たちは、被害者を支援して、オークランドとニューヨークでクラス・アクションを起こした。警察がＤＶ事件への適切な対応を怠り、女性被害者を保護しなかったことは、合衆国憲法第一四修正の平等保護条項違反であるとして、宣言的・差止命令による救済(declaratory and injunctive relief)(16)を裁判所に求めた。これらの訴訟の目的は、被害者保護のために法が認める逮捕権限を、警察官に積極的に行使させることであった。

最初のクラス・アクションはスコット対ハート事件〔Scott v. Hart, No. C-76-2393 (N.D. Cal., filed Oct. 28, 1976)〕であった。一九七六年一〇月にカリフォルニア州オークランドのアラメダ・カウンティにある法律扶助協会の五人の弁護士が、オークランド警察署長のジョージ・ハート（George T. Hart）を被告として、クラス・アクションの訴状をカリフォルニア州北部地区の裁判所に提出した。彼らは「ドメスティック・バイオレンスの被害を受けている女性、特に黒人の女性の代理として」クラス・アクションの訴状を提出した。訴状に記された五人の原告は黒人女性で、彼女たちは夫や恋人に暴力をふるわれ、何度もオークランド警察に保護を求めたが、警察官は通報への対応を怠ったという申立がなされた（Zorza 1992 : 54）。

訴状では、第一に、黒人女性被害者からの通報に対して、白人の被害者からの通報の場合と比べて、警察官が適切な対応を怠ったことは、合衆国憲法第一四修正が命じる平等保護条項の違反であるということ、第二に、重罪の暴行が行われていたにもかかわらず警察官が加害者を逮捕しなかったことは、警察官が重罪の犯人を逮捕する義務に違反しているということ、第三に、加害者の逮捕に消極的な警察政策は恣意的で、気まぐれで、差別的であり、原告ならびに「原告が代表する人びと全体（class）」から、合衆国憲法が保障する法の平等保護の権利を剥奪しているということが、申し立てられた（Zorza 1992 : 55）。

原告側は、裁判所命令による救済として、裁判所が警察に対して以下の七項目の履行を命じるように請求した（Zorza 1992 : 55）。

(1) ＤＶ被害者からの通報に対して対応を拒んではならず、
(2) ＤＶ被害者からの通報に対して適切な対応をしなければならない。

(3) 重罪犯罪が行われたと認知したとき、または被害者女性が加害者の逮捕を要請したときには、警察官は加害者を逮捕しなければならない。
(4) 被害者女性に市民による逮捕（citizen's arrest）の権利があること、警察官は加害者を勾留することでそのような被害者の権利を手助けすることを、被害者に知らせなければならない。
(5) 必要であれば、加害者を心理医療機関で七二時間の観察を受けさせる。
(6) ＤＶ事案への適切な対応方法について警察官に教育・訓練を行う。
(7) 加害者更生プログラムを開始する。

加えて、市当局に対しては被害者のためのシェルターの設置を、被告人に対しては原告側の裁判費用や弁護士費用の支払いを、裁判所によって命じられるように、原告側は請求した。

クラス・アクションの提起から三年以上が経過した一九七九年一一月に漸く和解（settlement）が成立した。警察はＤＶ事件の通報に迅速に対応する政策を採用すること、重罪の犯罪が行われたと信じうる「相当の理由」があるときや、軽罪の犯罪が警察官の面前で行われたときには、警察官は被疑者を逮捕することが約束され、原告側の要求のほとんどが和解条件として受け入れられた。加えて、裁判所が発令した民事法上の禁止命令や退去命令を執行することも、警察官の義務であることが了解された（Zorza 1992 : 56）。

スコット事件の訴状が提出されてからおよそ六週間後の一九七六年一二月には、ブルーノ対コッド事件の訴状が提出された〔Complaint, Bruno v. Codd, 90 Misc. 2d 1047, 396 N.Y.S.2d 974（Sup. Ct. 1977)〕。三つのリーガル・サービス機関と the Center for Constitutional Rights が代理人となって、「既婚女性市民の集合体」（a class of citizens : married women）のための、クラス・アクションを提起した。一二人の原告の主張によれば、ニューヨーク市警察署の警察官は妻に暴力をふるった夫を逮捕せず、またニューヨーク州家庭裁判所の職員は女性被害者に裁判所の利用を拒んだとされる。ニューヨーク市警察署、ニューヨーク州家庭裁判所、ニューヨーク市保護観察局、他一六名を被告として、ニューヨーク州最高裁判所（the Supreme Court of the State of New York）に訴状が提出された。被害者の保護要請に対して警察官が対応を怠ったことなど、原告側は一三の訴訟原因（causes of action）を示した。裁判の係属中に、さらに四八人の女性から告発内容を裏付ける供述書が提出された（Zorza 1992 : 57）。

クラス・アクションの提起を受けて、保護観察局は職員が被害者に不適切な対応を行った場合には口頭または書面で不服申立ができる手続を設けることを決定し、職員が被害者に調停拒否の権利や保護命令申請の権利を必ず知らせることの徹底が図られた。また、州議会は「家庭裁判所法」（the Family Court Act）を改正し、裁判所職員は被害者が保護命令申請のために裁判所を利用することを妨げてはならないと定めた。このような手続と対応の改善が行われたため、ニューヨーク州上訴裁判所（the New York Court of Appeals）は、家庭裁判所と保護観察局に対する訴えを却下した〔Bruno v. Codd, 47 N.Y.2d 582, 419 N.Y.S.2d 901 (1979)〕。

ニューヨーク市警察署を被告とする訴訟原因の幾つかについては訴訟係属となっていたが、最終的に市警察署が原告との合意に応じた。その結果、同意判決（consent judgment）によって、女性被害者が夫の暴力行為や保護命令違反を申し立て、保護を要請している場合には、必ずその要請に応じることが警察官の義務とされた。この他にも、以下の項目の履行について合意がなされた（Zorza 1992 : 59）。

(1) 警察官の面前で夫が妻に対して軽罪犯罪または保護命令違反を行った場合には、「相当の理由」が認められれば、夫を逮捕することを控えてはならない。
(2) 夫が重罪犯罪または保護命令違反を行った場合には、「相当の理由」が認められれば、警察官は夫を逮捕しなければならず、当事者を和解させようとしてはならない。
(3) 警察官が現場に到着した時に、加害者である夫が現場におらず、被害者である妻が夫の逮捕を望む場合には、他の犯罪と同様に警察は夫を捜索しなければならない。
(4) 警察官は被害者である妻が医療機関での治療を受けられるよう手助けし、保護命令を申請する権利を告知しなければならない。
(5) 警察署は判決に従って新たな警察政策を定め、その実施のための警察官の教育訓練方法を公表しなければならない。

クラス・アクションは和解や同意判決という形で終結し、原告側が要求した警察の積極的対応や被害者支援策は、和解や同意判決の条件として警察が実務を改めることで部分的に実現した。オークランドとニューヨークのクラス・アクションは、警察が被害者女性の保護を怠れば、訴えられる可能性があることを全米の警察署に知らしめ、裁判が起こされなかった地域でも、警察が逮捕に関する政策の変更や実務の改善を約束した。支援活動家たちは、警察組織や行政機関、とりわけそれらの首脳部に対する裁判の影響力の大きさを知った。一九七〇年代の後半には全米の警察がＤＶに対する逮捕政策の変更の必要性を認め始め、八〇年にはthe Police Executive Research Forumが「配偶者の虐待や妻の殴打への対応――警察官の指針」(Responding Spouse Abuse and Wife Beating : A Guide for Police) を発表して、警察政策の変更の必要を認めた（Zorza 1992 : 61）。

3　損害賠償請求訴訟

クラス・アクションにもまして、警察の消極的姿勢を著しく変化させたのは、ＤＶ被害者が警察や行政に対して起こした損害賠償請求訴訟であった。ＤＶの通報に迅速で適切な対応を怠ったとして、市当局や警察署に巨額の損害賠償金の支払いが命じられたサーマン事件（一九八四年）とソリチェッティ事件（一九八五年）の判決は、全米の警察の逮捕政策に大きな影響を及ぼした（Dobash and Dobash 1992 : 198）。

ソリチェッティ対ニューヨーク市事件〔Sorichetti v. City of New York, 482 N.E.2d 70 N.Y.（1985）〕では、ニューヨーク市に対して、ソリチェッティに二〇〇万ドルの損害賠償金を支払うことを命じる判決が下った。原告ソリチェッティは暴力をふるう夫と別居中で、民事保護命令の発付を受けていた。ソリチェッティの夫は、子の監護権に基づき、ソリチェッティと同居している娘に会うことを許されていたが、その面会の最中に、フォーク、ナイフ、スクリュー・ドライバーを使って娘に襲い掛かり、娘の足を切断しようとした。ソリチェッティは父親との面会から娘が帰宅しないと警察へ通報したが、警察は調査しなかった。ニューヨーク州上訴裁判所は保護命令によって警察は原告ソリチェッティとその娘を保護する「特別の義務」(17)を負っていると判断し、父親との面会から娘が帰宅しないという原告からの通報について調査を行わなかったニューヨーク市警察署の責任を認めた。

損害賠償請求訴訟の中で最大の影響力をもったのは、サーマン対トリントン市事件〔Thurman v. City of

Torrington, 595 F. Supp. 1521 D. Conn. (1984)〕である。トレイシー・サーマンの夫は保護観察中で、保護命令によって妻への接近を禁止されていた。ところが夫が命令に違反して妻の住居へ度々押しかけ、保護命令違反が行われたにもかかわらず警察は夫を逮捕しなかった。一九八三年六月一〇日、この日もサーマンが警察へ通報したが、警察官の到着は遅く、サーマンは何度も刺されて重傷を負い、首から下の全身麻痺という後遺症を負った。サーマンは、警察がＤＶ事件に対して不介入・不逮捕の方針をとることは、合衆国憲法が保障する法の平等保護条項の違反であるとして、コネティカット州トリントン市の市当局と警察署、ならびに二四名の警察官を訴えた。裁判は原告の勝訴となり、トリントン市と警察当局はサーマンに二三〇万ドルの損害賠償金を支払うことを命じられた（Dobash and Dobash 1992 : 198）。

サーマン対トリントン市事件の裁判では、原告側の立証によって、警察が男性親族（この事件では夫）による暴力犯罪に対して、見知らぬ者による暴力犯罪とは異なる扱いをしたと認められた。裁判所はこの警察実務の偏向を性差別であると解釈することによって、合衆国憲法第一四修正の法の平等保護条項違反であると判断した。ソルチェッティ事件やサーマン事件では、家族関係で発生した「女性に対する暴力」への警察官の恣意的な逮捕回避と、それを許容した警察全体の消極的逮捕政策が糾弾された。一九八四年にサーマン事件の判決が出た後、事件のあったコネティカット州の州議会は義務的逮捕の法律を可決した。また、他の州でも、多くの警察署が、クラス・アクションや損害賠償請求訴訟の結果を知って、同様の訴訟が自分たちの地域でも起こされることを恐れ、積極的逮捕政策へと転換した。

6　マイノリティ保護のための法制度

米国におけるデュー・プロセスとDV防止法の発展は、ともにマイノリティの人権保護という目的が基盤にある。人種や社会的階級と同様に、性別に関しても、マジョリティ・グループとマイノリティ・グループの区分を形成するのは数の論理ではなく、グループが所有する権力資源の多様性と量である。より多様でより大きな権力の資源をもっているマジョリティ・グループが、自己実現のために、他者の思考や行動を支配する手段として、暴力をふるう。狭義の暴力は、有形力の行使によって身体的・精神的危害を加えることであるが、最も広義には、暴力は権力の行使として捉えることができる。マジョリティ・グループは様々な形態の「暴力＝権力の行使」によって既存の権力バランスを維持し、さらにマジョリティ・グループによって構築された法や制度によって、その「暴力＝権力の行使」を正当化する。マジョリティ・グループによって行使される物理的暴力は、時には既存の権力構造の変革をめざすマイノリティ・グループに対する政治的弾圧の手段となり、法によって正当化される。その典型的な例は、国家が警察の機動力を使い、治安維持を理由に、人種差別反対運動や反戦運動などの革新的社会運動を弾圧するような場合である。但し、「権力の行使」のために、常に明白で積極的な物理的暴力をふるうことは必要とされない。不均衡な権力関係の中で劣位にあるグループを、法による保護の適用外の領域に閉じ込めることによって、劣位にあるグループを従属させ、支配し続けることができるからである。その典型的な例が、夫の妻に対する暴力である。

コンシャスネス・レイジングという方法を使い、女性の意識の覚醒を促すことによって広まった女性運動は、黒人差別法の廃止を求めた市民的権利運動など一九六〇年代の革新的社会運動の闘争から戦略を学び、次第に政治力を獲得していった。七〇年代には各地でＤＶ被害者への支援活動を行っていた草の根のグループが組織化され、その政治的影響力は増した。七〇年代以降の米国の女性運動が果たした大きな貢献は、レイプやＤＶの女性被害者支援運動の中での実践的調査に基づく問題提起と積極的な立法への働きかけであった。女性の活発な社会参加という歴史的流れの中で、女性運動によって示された新たな視座が政府の立法論や警察の政策論に影響を与えた。

法執行機関や裁判所も、治安対策や司法の効率性向上という刑事司法独自の観点からＤＶ問題への取り組みを積極化するようになった。一九八〇年代の初めには刑事司法と民間組織の連携を柱とする様々な実験プロジェクトが各地で実施されたが、米国社会の治安悪化と犯罪急増にともない、刑事司法の関心は次第に犯罪抑止へと傾き、ＤＶへの対応についても、逮捕の再犯抑止効果を調べるミネアポリス実験やその再現実験が実施されることになる。

刑事司法のＤＶへの対応を変化させるに最も大きな影響力をもったのは、ＤＶの被害者が警察や市当局などの行政組織を相手取って起こしたクラス・アクションや損害賠償請求訴訟であった。訴訟の場では、警察署や市当局など「公」の権力と、ＤＶの女性被害者ならびに彼女らによって代表されている人びとの「私＝市民＝女性」の力が、裁判という枠組みの中では被告と原告として対等に対峙することになった。訴訟の結果、警察署や市当局などの行政機関は、宣言的・差止命令を内容とする救済判決によって、政策転換や制度改革を裁判所から命じられ、あるいは、被害者に対して巨額の損害賠償金を支払うことを命じられた。警察や市当局など「公」の機関に対しても、司法によって命令や制裁が下され、大きな負担が科せられる可能性が明らかになったため、全米の多くの警察は逮捕の政策や実務を変更した。

一九六〇年代に始まった第二波フェミニズム運動の成果の一つは、フェミニスト運動やフェミニスト法研究が、女性というジェンダー・カテゴリーとの関わりにおいて、刑事司法システムに対峙し、刑事司法システムを分析するようになったことである。七〇年代末から八〇年代にDV被害者が提起した一連の訴訟は、その具体的実践例である。これらの訴訟の結果、被害者を守ろうとしなかった警察の怠慢は、事件の被害者を危険に陥れただけでなく、DVを軽視する警察の姿勢を露にし、この警察の姿勢が社会的にDVを助長し、女性全体にとっての不利益を生じさせているという認識が生まれた。

従来、社会的犯罪の撲滅を目標に掲げてきた刑事司法の考え方においては、被害者は独立の利益を代表するカテゴリーとは認められていなかった。ところが、一九七〇年代末から八〇年代には、刑事司法過程における被害者、とりわけレイプやDVの女性被害者が注目されるようになった。その原因の一つは、フェミニズム運動や市民的権利運動によってもたらされた米国社会における多様な価値観の是認である。価値の多様化や社会システムの複雑化の中で新たに発生した問題に対処するためには、法や法制度はより実践的見地からの見直しが必要と考えられるようになり、新たな法制度の展開が可能になったと考えられる。

第4章 被害者保護とデュー・プロセスの衝突と調整

本章では、民事保護命令★の一種である緊急保護命令についてデュー・プロセス★の観点から合憲性が問われたミズーリ州の判例を取り上げる。一九八二年にミズーリ州最高裁判所が示した合憲の判断は、被害者保護のための積極的逮捕政策の推進力となり、一九八九年にはミズーリ州のDV防止法に義務的逮捕★が導入されることになった。判例では、被害者保護のための緊急保護命令がデュー・プロセスとどのような点で衝突し、どのように調整されたのかを見る。

1 ミズーリ州「成人虐待防止法」

1 民事保護命令の創設（一九八〇年）

ミズーリ州のDV防止法である「成人虐待防止法」（Adult Abuse Act）は、一九八〇年六月一三日にミズーリ州議会で可決され、同年八月二三日より施行された。同法の下には、一方的緊急保護命令（an ex-parte order of protection）と本案的保護命令（a full order of protection）という二種類の民事保護命令がある。一方的緊急保護命令とは、被害者によって保護命令が請求されたことが命令の名宛人に通達される前、すなわち命令の名宛人が裁判所で聴聞の機会をまだ持っていないときに、裁判所によって発令される暫定的な民事保護命令である（§455.010 (4)）。当事者の一方である被害者の申立だけで、緊急に発令される保護命令である。これに対して、本案的保護命令とは、命令の名宛人が法的手続の開始の通知を受け、聴聞の機会を持ちえたのちに、裁判所によって発令される確定的な民事保護命令である（§455.010 (6)）。

これら二種類の民事保護命令のうち、合憲性が問われたミズーリ州の一方的緊急保護命令とは、次のような制度である。虐待の行為や脅迫、ストーキングについて証明する申立を被害者が裁判所に提出すれば、裁判所は一方的緊急保護命令を発令することができる（§455.020.1）。一方的緊急保護命令発令の要件は、被害者に対する「差し迫った現実の虐待の危険」（an immediate and present danger of abuse）が存在すると認められることである（§455.035）。一方的緊急保護命令は裁判所の発令によって直ちに有効となり（§045.035）、加害者とされる命令の名宛人は被害者への虐待や脅迫、性的虐待、ストーキング、生活の平安を乱す行為などが禁止される（§455.045 (1)）。また、命令の名宛人は被害者の住居の敷地内に立ち入ることも禁じられる（§455.045 (2)）。

ミズーリ州の判例〔Grist v. Grist, 946 S.W.2d 780 (App. E.D. 1997)〕によれば、「成人虐待防止法」の一方的緊急保護命令の目的は、加害者とされる命令の名宛人に保障されるデュー・プロセスの開始まで、保護命令の申立人の安全を確保することと、さらなる虐待を防止することであるとされている。

「成人虐待防止法」の下では、一方的緊急保護命令の発令に際して、命令の名宛人のためのデュー・プロセスは、次のように保障されている。民事保護命令の申立が被害者によって裁判所に提出されてから一五日以内に、聴聞がなされなければならない（§455.040.1）。被害者が裁判所へ提出した民事保護命令申立の写し、その申立に対する聴聞の日時の通知、裁判所によって暫定的に発せられた一方的緊急保護命令、これらの書面が遅くとも聴聞の日の三日前までに、法に基づく方法または警察官によって、命令の名宛人に送達されなければならない（§455.040.2）。命令の名宛人への送達は、従来は聴聞の日の遅くとも五日前までとされていたが、一九九五年の改正によって、聴聞の日の三日前までとなった。

裁判所における聴聞の際に民事保護命令の申立人が、虐待やストーキングの被害について、「証拠の優越」という比較的緩やかな証明の程度に証明すれば、裁判所は本案的保護命令を発令しなければならず、本案的保護命令は通常は一八〇日間有効となる（§455.040.1）。本案的保護命令によって、裁判所はさらに、子どもとの面接、暫定的監護権、子どもの扶養、生活費などについても加害者に命令を発することができる（§455.050.3）。裁判所は加害者が被害者とその子どもを扶養する義務があると判断すれば、加害者に対して被害者が居住する住居の賃貸料あるいは住宅ローンの支払いを負担することを命令することもある。裁判所の認定する加害者更生のためのカウンセリング・プログラムの受講を、加害者に対して命ずることもできる。被害者がシェルターで避難生活を送るために要した住居費等の経費についても、相当な金額の支払いを加害者に命じることができる。この他に、裁判所での経費や被害者のための弁護士費用も加害者に支払いを命じることができる（§455. 050）。

2　義務的逮捕の導入（一九八九年）

「成人虐待防止法」の一九八九年改正によって、保護命令違反者の義務的逮捕が規定された。民事保護命令を受けとった者が命令に違反した場合には、保護命令違反が行われたことについて「相当の理由」の存在が認められれば、違反が警察官の面前で行われたか否かにかかわらず、警察官はその保護命令の違反者を逮捕しなければならないと規定されている。そのような場合、被害者が逮捕の申立書に署名することを拒んでも、警察官は加害者を逮捕しなければならない（§455.085.2）。

民事保護命令違反者については義務的逮捕が命じられているが、虐待や暴行等の加害者については、犯行が一二時間以内に反復された場合を除いて、義務的逮捕は命じられていない。つまり、加害行為の場合は、加害者が暴力を行ったことについての「相当の理由」があれば令状なしで逮捕することが可能であるが、逮捕するか否かについて警察官の裁量が許されている。但し、「相当の理由」が認められたにもかかわらず、警察官が加害者を逮捕しなかった場合には、警察官はその理由と事件の詳しい報告の書面を作成しなければならない。さらに、最初の通報から一二時間以内に同じ事件現場への要請があって、加害者が同じ者である場合には、法によってその加害者の義務的逮捕が命じられており、警察官はその加害者を逮捕しなければならない（§455.085.1）。

ミズーリ州の「成人虐待防止法」の特徴の一つは、民事保護命令違反者ならびに加害者の逮捕に関して、義務的逮捕の規定だけでなく、警察官の対応について具体的なガイドラインが定められていることである。警察官はＤＶならびに民事保護命令違反に対して、見知らぬ者同士の暴力事件と同じ基準によって対応しなければならないとされる。この規定によって、警察は「親密な関係」で発生した暴力事件への不介入主義を廃し、重大な犯罪として対応すべきことが求められる。警察官は、事件への対応を後回しにしたり、被害者と加害者の関係を理由として逮捕を控えたりしてはならないということになる。さらに、警察の緊急の対応が特に必要とされる状況として、(1)暴力の危険が差し迫っている、または現に暴力がふるわれているとの通報があった場合、(2)保護命令が発せられている場合、(3)同じ被害者に対する加害者の再犯であるとの通報があった場合、が挙げられており、そのような場合には警察は一層迅速に現場に臨場しなければならない（§455.080.2）。

裁判所によって民事保護命令が被害者に発付されると、その民事保護命令の写しが被害者の居住する裁判管轄区内の警察にも送られる（§455.040.3）。民事保護命令は発令から二四時間以内にミズーリ州統一警察システム（the Missouri uniform law enforcement system）に記録され、DV事件への対応の際に警察官が民事保護命令の存在を確認することができる。警察官は被害者に司法による救済手段やシェルターに関する情報を伝え、必要であれば車で送り届けなければならない（§455.080.4 and 5）。

一方的緊急保護命令の条項や条件に対する違反、また、すでに命令の名宛人に通知されている一方的緊急保護命令の条項や条件に対する違反は、A級の軽罪となる。過去五年間において一方的緊急保護命令や本案的保護命令に対する違反があり、今回が二度目の違反となる場合には、D級の重罪となる（§455.085.7 and 8）。

2　ミズーリ州のデュー・プロセス判例（一九八二年）

1　一方的緊急保護命令の発令とデュー・プロセス

裁判所が、当事者のうちの、一方の者の申立だけに基づいて、相手方の行動を制限する接近禁止命令を発すること、特に、相手方の財産権や居住の自由を制限する退去命令を発することは、合衆国憲法第一四修正のデュー・プロセス条項に違反するおそれがあるとして、幾つかの州の最高裁判所で争われた。一方的緊急保護命令の合憲性について、連邦最高裁判所は判断を示していないが、州の最高裁判所では合憲の判断が示されている（小島 二〇〇二：一〇〇）。

例えば、ペンシルヴェニア州の最高裁判所の判例〔Boyle v. Boyle, 12 Pa. D. & C.3d 767 (C.P. Ct. Allegheny County 1979)〕によれば、ペンシルヴェニア州法「虐待からの保護法」(Protection from Abuse Act) の下での退去命令による「所有物の使用権剥奪は、一時的であって不動産の所有権に影響するものでない」とされた。また、ミズーリ州の最高裁判所の判例〔State *ex rel.* Williams v. Marsh, 626 S.W.2d 223 (Mo. 1982)〕では、「成人虐待防止法」について、「虐待の被害者を保護するという州政府の重要な利益を守るために必要であること、命令が発せられているのは最長で一五日間であり、命令が発せられてから一五日以内に被告が聴聞の機会を得ることができないわけではない等の理由で、一方的緊急保護命令によって被告に住居からの退去を命じることのできる当該法律の規定は、デュー・プロセスに違反して被告から住居の個人的利益や子どもの監護権を奪うことにはならない」とし、合憲の判断が示された。これらの判例の判断には、社会の利益を考慮すると同時に、差止命令を否定した場合に原告が受ける不利益と、差止命令による被告への負担を比較衡量することによって発令されるという英米法の伝統的なインジャンクションの考え方が反映されている（第1章4節の1参照）。

前記のミズーリ州最高裁判所の判例（State *ex rel.* Williams v. Marsh. 以下「ウィリアムズ事件第二審判決」と略記する）は、デュー・プロセスの観点から一方的緊急保護命令の合憲性が問われた裁判として、たびたび引用される有名なケースである。ウィリアムズ事件第二審判決は逮捕に関する判例ではないが、判決で示された被害者保護重視の司法判断は、ミズーリ州におけるＤＶ加害者逮捕政策の積極化を促し、一九八九年には「成人虐待防止法」の法改正によって、民事保護命令違反と一二時間以内の暴力の再犯に対する義務的逮捕が定められた。

以下では、被害者の保護と加害者とされる被告の人権を守るためのデュー・プロセスが、一方的緊急保護命令の発令をめぐって、どのように衝突し調整されたかを考察するために、この判例の重要部分を抜粋し、その内容を検討する（判例の訳は著者による）。

State *ex rel.* Williams v. Marsh, 626 S.W.2d 223 (Mo.1982)[1]

（括弧内の頁は判例集 south western reporter, 2nd series の頁を示す。）

【第一審】the Circuit Court, Jackson County

事件名　Williams v. Williams

原告　Denise Williams

被告　Edward M. Williams

第一審の事件の内容（判例集、一二六頁）——妻 デニス・ウィリアムズは、夫エドワード・ウィリアムズに対する住居侵入禁止命令と子の暫定的監護権の取り決めを求めて、「成人虐待防止法」に規定される救済を裁判所に申し立てた。裁判官ウィリアム・マーシュは、原告デニス・ウィリアムズが提出した一方的緊急保護命令の請求について聴聞を行った後、以下のように判示して、原告の申立を却下した。

▼デニスとエドワードは正式な婚姻関係にあり、二人の間にはこの結婚によって生まれた子が一人いる。妻に与えられた法廷での聴聞の機会の約五ヶ月前から両名は別居中であり、妻が子の監護権を有している。夫の住居は特定されていないが、雇用先は判明しており、月収は約一〇〇〇ドルと推定される。別居中に夫は子のための僅かな衣服の他は、生活費や養育費を支払っていない。妻は個人的に住居を賃借していた。一九八〇年一一月一三日に、またそれ以前にも度々のことであったが、夫は妻に対して故意に殴打を加えて重大な身体的傷害を生じさせ、妻は一二日間の入院を必要とした。因みに、夫は Golden Globe のボクサーであり、体重は二三〇ポンドである。被告である夫は過去の同居成人家族であり、彼の行為は虐待とされるものである。被告は故意に妻を差し迫った身体的傷害の不安に陥れていた。したがって、妻は「成人虐待防止法」（§§455.035 and 455.045）の下での暫定的救済を求める権利がある。しかし、「成人虐待防止法」が、特にその§§455.035, 045, 085, RSMo Supp. 1980 の条項が違憲であり、執行できない。

第一審の裁判官、ウィリアム・マーシュは、ミズーリ州の「成人虐待防止法」の保護命令に関する条項が、告知と聴聞の機会より前に、命令の名宛人から憲法によって保障されている利益を奪うことになり、合衆国憲法第一四修正ならびにミズーリ州憲法 article I §10 に規定されるデュー・プロセス保障に違反していると判示した。これによって、第一審の原告であるデニス・ウィリアムズは、一方的緊急保護命令の発付を受けることができなかった。

【第二審】 the Supreme Court of Missouri
事件名 State *ex rel.* Williams v. Marsh
原告 State *ex rel*. Denis Williams
被告 William J. Marsh, Judge, 16th Judicial Circuit
第二審の事件の内容（判例集、二二三頁）――デニス・ウィリアムズはミズーリ州最高裁判所へ上訴し、第一審手続に関する職務執行令状（writ of mandamus）(2)の発令を求めた。ミズーリ州最高裁判所は、一方的緊急保護命令を発する権限を裁判所に与えている「成人虐待防止法」の規定は、被告からデュー・プロセスの権利を奪ってはいないとした。そして、第一審裁判所の判決を破棄・差戻とし、第一審裁判所に保護命令の発令を命じた。
第二審のミズーリ州最高裁判所の判示（抜粋）は、以下の通りである。
〔立法の背景について〕（判例集、二二六頁）
▼「成人虐待防止法」は一九八〇年六月一三日にミズーリ州議会で可決され、同年八月一三日に施行された。全米におけるＤＶの広汎性や被害者の安全確保の必要性が益々認識されるようになった結果、ミズーリ州議会によって法律が制定されたのだが、同様の法律の制定は全国的な傾向である。

平穏保証証書（peace bond）や通常の刑事手続、不法行為法等の従来の救済方法は、虐待の被害者への支援やさらなる虐待の防止には充分でないことが判明している。

〔一方的緊急保護命令の発令の要件〕（判例集、二二九頁）
▼一九八〇年制定の「成人虐待防止法」によれば、一方的緊急保護命令発付の請求を受けた裁判官は、被害者に「差し迫った現実の虐待の危険」が存在するということについて、「十分な理由が示されるだけで」（only "for good cause shown"）、一方的緊急保護命令を発することができる。ここにいう虐待とは、暴力をふるう行為、相手に傷を負わせようとする行為、または差し迫った身体的危害を受ける不安に陥れることである（§455.010 (1), RSMo Supp.1980）。
〔デュー・プロセスについて〕（判例集、二二九―二三〇頁）
▼デュー・プロセス保障は政府の専制に対して個人を守ることを目的とする〔Wolff v. McDonnell 418 U.S. 539 (1974)〕。さらに、デュー・プロセス保障は政府に干渉されることなく自己の所有権を使用・享受する権利を守る〔Fuentes v. Shevin, 407 U.S. 67 (1972)〕。しかし、デュー・プロセス保障が実際に問題となる前に、憲法によって保障されている利益が政府によって剥奪されたという事実がなければならない〔Mathews v. Eldridge, 424 U.S. 319 (1976)〕。一方的緊急保護命令の発令によって暫定的な剥奪の対象となっている利益は、自由と財産に関わる重大な利益であり、憲法のデュー・プロセス条項の範疇にある〔Fuentes v. Shevin〕。（判例集脚註八：第一審の被告エドワード・ウィリアムズが主張する、剥奪された二つの利益とは、家屋と子の監護権である。）したがって、「成人虐待防止法」の下での手続は、憲法の基準に合致しなければならない。

保護されている利益が剥奪される前に、有意義な方法によって、告知ならびに聴聞の機会が被告に対して与えられなければならない〔Fuentes v. Shevin〕。このルールは、本件のように利益の剥奪が単に暫定的である場合には、必ずしも適用されない。デュー・プロセスは柔軟な（flexible）概念である〔Goss v. Lopez, 419 U.S. 565 (1975)〕。したがって、同じ手続が（訳者註：保護されている利益が剥奪される前に、告知ならびに聴聞の機会が被告に対して与えられるということが）、すべての事案で適用される必要はない。

手続の範囲や性質は、命令の発令によって制限を受ける個人的利益と、政府がその役割を果たすために守ろうとする利益との、「衡量」（weighing）による〔Arnett v. Kennedy, 416 U.S. 134 (1974)〕。合衆国連邦最高裁判所はMathews v. Eldridge 事件（前出）で、そのような「比較衡量の法理」（balancing formula）において考慮すべき要素として、第一の個人的利益と、第二の政府の利益に加えて、第三の要素として、「現行手続における誤判断による利益剥奪の危険性」（the risk of erroneous deprivation using the existing procedures）を指摘した。

(1) 比較衡量において考慮される第一の要素は、影響を受ける個人の利益である。本件においては、被告である夫について、自宅の所有権ならびに子の監護権という、二つの利益が問題となっている。

(2) 比較衡量において考慮される第二の要素は、政府の利益である。「成人虐待防止法」は州政府の警察権の行使に関わる。DV被害者保護の手続を通して立法府が推進するのは、市民の健康と福祉と安全である。DV問題の深刻さは、合衆国の殺人事件の四分の一が家庭内で発生しているという一九七八年のＦＢＩ統計によっても証明されている。政府の利益として守られる妻の利益は、市民の健康、福祉、安全という意味で、夫である被告の利益と共通のものである。住居の共同所有または賃借は当該法律の要件ではないが、正式な婚姻関係の有無に関わらず、事件の当事者はともに住居を所有または賃借している場合がある。両者がともに居住することが安全を脅かすことになるのであれば、どちらかが住居から出る必要がある。被害者が出て行くか、裁判所が加害者に退去を命じるかの、いずれかを選択するしかない。子の監護権については、両親のいずれもが、等しく利益を有しており、これも裁判所の判断によって調整されてきた。

(3) 比較衡量において、考慮される第三の要素は、「現行の（予めの利益剥奪、聴聞を経ない利益剥奪）手続の適正さと正確さ、そして追加的な手続上の予防手段を行うことの価値」（the fairness and reliability of the existing pretermination procedures, and the probable value, if any, of additional procedural safeguards）である。

一方的緊急保護命令は暫定的差止命令と類似するものであり、告知または聴聞の機会に先立って発令されるインジャンクションである。被害者に対する「差し迫った現実の虐待の危険」が示されれば、加害者に対して虐待行為や住居への侵入を禁じる一方的緊急保護命令を裁判所が発令する。他の差止命令を申請する手続の場合と同様に、一方的緊急保護命令の申立人は命令の発令を正当化する根拠が存在することを裁判所に充分に示さなければならない。（判例集脚註一一：成人虐待の事案で裁判所が行う判断は、告訴人の宣誓または確約に基づく令状発付のための「相当の理由」の判断にも類似する。）通常は、申立人自身が裁判所へ出向かなければならず、裁判官の面前で申立人の信頼性が吟味される。（判例集脚註一二：ウィリアムズ事件第一審では、マーシュ裁判官がデニス・ウィリアムズの保護命令申立に対する聴聞を行った。）加えて、裁判官は「火傷、切り傷、青あざ、骨折として現れている暴力の証拠」を直に確認する。被害者が負傷のため裁判所へ出向くことができない場合は、そのことを申し立て、かつその証拠を提示すれば、裁判所は「差し迫った現実の虐待の危険」が存在すると判断することができる。

一方的緊急保護命令は、裁判所によって発令されると、被害者による申立の日から最長一五日間有効である。一五日以内でも、命令の名宛人が裁判所で聴聞の機会を持ち、弁明することは可能である。この一五日間というのは、聴聞の機会がないままに、一方的緊急保護命令が有効性を維持できる最長の期間である。「成人虐待防止法」には、命令の名宛人がその一五日以内に聴聞の機会を得ることができないとは、規定されていない。「成人虐待防止法」によれば、被害者による保護命令の申立書と、聴聞の日時の通知と、一方的緊急保護命令が、命令の名宛人に送達されなければならないとされる。裁判所は、これらの書面とともに、命令の名宛人には早期の聴聞の機会を請求できる権利があること、ならびにそのための手続についての情報を、通知することができる。

〔警察権の行使について〕（判例集、一二三頁）

▼**Fuentes v. Shevin** 事件（前出）で、合衆国連邦最高裁判所が示したところの、警察権の行使が許される事案とは、次の場合である。

第一に、重大な政府の利益または公共の利益を守るために必要である場合。

第二に、迅速なアクションをとる特別の必要性がある場合。

第三に、政府が合法的有形力の独占的行使について厳しいコントロールを設けている場合（厳しい司法的抑制によって濫用のおそれが少ないということを意味する—訳者註）。

「成人虐待防止法」は、Fuentes v. Shevin 事件で連邦最高裁判所が示した基準を充たしている。「成人虐待防止法」は被害者の保護とさらなる虐待の防止という政府の重大な利益を守るためにまさに必要である。「成人虐待防止法」が適用されるべき状況とは迅速なアクションが必要な場合であり、例えば差し迫った現実の虐待の危険があるときなどに限って一方的命令が発令される。政府は有形力の行使に厳しいコントロールを設けている。裁判官だけが裁量によって、一方的命令を発令できる。「成人虐待防止法」の下では、被害者である原告は、裁判所が原告に代わってアクションをとることを要請しているのである。命令を発令しなければならないのは、裁判所職員ではなく裁判所であり、命令は機械的に発令されるのではなく、「十分な理由」(good cause) によって立証された申立書を申立人が提出することによって発令されるのである。

「警察権の行使が合理性に欠ける」と主張するのならば、その証明責任はその主張をする側にあるが、本件ではその責任は果たされていない。「成人虐待防止法」の一方的保護命令の規定は、DVの防止という政府の合法的目的を実現するための合理的手段であり、権利の剥奪が起きる前と後に適切な手続的セーフ・ガードが設けられているので、デュー・プロセスの要請に適っている。

2　連邦最高裁における「比較衡量の法理」

告知と聴聞の機会の保障は、合衆国憲法第一四修正に規定されるデュー・プロセスの最も基本的な要素である。これは、公権力が特定の個人に不利益を科す場合に、その手続がデュー・プロセスに適合する公正な手続とされるためには、不利益を科される者にあらかじめその内容が告知され、弁解と防禦の機会が与えられなければならない、ということを意味する。そのようなデュー・プロセスの原則に従えば、従来享受してきた何らかの利益が公権力によって剥奪される前には、必ず告知と聴聞の機会が与えられなければならないと考えられる。ウィリアムズ事件第二審判決の中で先例として引用されているマシュー対エルドリッジ事件〔Mathews v. Eldridge, 424 U.S. 319 (1976)〕の連邦最高裁判所判決では、誤って個人の利益が剥奪されないようにするために、公的機関の決定の前には必ず聴聞の機会が与えられなければならないかが、争われた。

マシュー対エルドリッジ事件とは、「社会保障法」(Social Security Act) の下で身体障害給付を受けていたエルドリッジが、州政府が彼に対して事前の聴聞の機会を与えずに身体障害給付を打ち切ったことはデュー・プロセス違反であるとして、訴えを起こした事件である。第一審裁判所は、受給者の証拠に関する聴聞 (evidentiary hearing) の前に給付を打ち切ることは手続的デュー・プロセス違反であると判断し、控訴裁判所も第一審判決を支持した。これに対して、連邦最高裁判所は、身体障害給付の場合、その打ち切りの前に証拠に関する聴聞の機会を受給者に与えることは必ずしも必要でなく、現行の給付打ち切りの手続はデュー・プロセスに違反していないと判示した。

マシュー対エルドリッジ事件の連邦最高裁判所の判決では、デュー・プロセスは柔軟な概念であり、すべての制度で同一の手続が要求されるものではないとされた。身体障害給付の打ち切りについての手続がデュー・プロセスに適っているかを検討するためには、以下に列挙する三つの要素の総合的判断が必要であるとされた。これが、マシュー対エルドリッジ事件で示されたデュー・プロセスの「比較衡量の法理」である（424 U.S. 319, 335）。

(1) 公的機関の命令や決定によって制限を受ける「個人の利益」の重大さ。

(2) 現行の手続によって個人の利益が誤って剥奪される危険性。

(3) 「政府の利益」の重大さ。これには追加的または代替的手段を行うことによって政府に科せられる行政上・財政上の負担も含まれる。

(2)の要素は、マシュー対エルドリッジ事件判決の中の別個所（424 U.S. 319, 343）において、「事前打ち切りが行われている現行手続の適正さと正確さ、そして追加的な手続上の予防手段を行うことの価値」（the fairness and reliability of the existing pretermination procedures, and the probable value, if any, of additional procedural safeguards）とも表現されている。これを、前半のⒶ「現行手続の適正さと正確さ」、後半のⒷ「追加的な手続上の予防手段を行うことの価値」という二つの要素に分解し、それぞれを敷衍すると、Ⓐは、受給者の聴聞の機会を経ずに身体障害給付を打ち切るという現行手続によって、本来受給資格を有している者が誤って受給の利益を奪われる危険性はどの程度あるのかということであり、Ⓑは、身体障害給付打ち切りの前には聴聞を行うとすることによって、誤った利益剥奪を防止できる可能性はどの程度あるのかということである。

連邦最高裁判所は、マシュー対エルドリッジ事件の具体的事情について、これら三つの要素を検討して、次のように判断した（424 U.S. 319, 340-349）。

(1) 「個人の利益」の重大さについて、本件で制限の対象となっている利益は身体障害給付であり、生活保護給付の場合とは異なって、身体障害給付打ち切りが直ちに当事者の生活の基本的手段を奪うことにはならない。また、エルドリッジには、給付打ち切り後の六ヶ月以内は、州政府機関に再審を求める権利がある。

(2) 現行の手続によって個人の利益が誤って剥奪される危険性については、まず(A)「現行手続の適正さと正確さ」に関して、身体障害給付の場合、給付理由である障害の有無や程度の認定は、受給者を実際に診療している医師から提出された診療記録、レントゲン写真、医学的検査結果等に基づいて行われ、仮に受給者からの報告と医師からの報告に違いがあれば、さらに別の医師が診察することになるので、誤った利益剥奪の危険性は少ない。(B)「追加的な手続上の予防手段を行うことの価値」については、身体障害給付の認定は前述のような客観的な資料に基づいて行われているので、受給者の聴聞を行うことによって、給付理由である障害の有無や程度について正確さが増すとはいえない。

(3) 「政府の利益」の重大さについて、仮に受給者から請求があれば必ず給付打ち切りの前に聴聞を行わなければならないとすると、そのために要する政府の行政上の負担は大きく、またその経費のために社会保障制度運用のための財源そのものが減少することになり、コストはベネフィットを上回る。

以上の検討から、マシュー対エルドリッジ事件では、連邦最高裁判所は、事前の聴聞を経ずに給付打ち切りを決定する現行手続はデュー・プロセスに違反していないと判示したのであった。

3 ウィリアムズ事件での「比較衡量の法理」の適用

ミズーリ州の「成人虐待防止法」の下では、保護命令の申立人が、裁判所で、被害者に対する「差し迫った現実の虐待の危険」が存在するということについて、「十分な理由」を示すことができれば、一方的緊急保護命令が直ちに発令される。通常は、被害者自身が裁判所へ出向くことによって、裁判官が被害者の申立の信頼性を確かめ、加えて、被害者の身体的な傷害の証拠を現認するなどして、「差し迫った現実の虐待の危険」の存在を判断する(3)。ウィリアムズ事件では、被害者の申立だけに基づいて発令された一方的緊急保護命令が、合衆国憲法やミズーリ州憲法に保障されるデュー・プロセスに違反するのではないかが問われた。ウィリアムズ事件第二審判決では、マシュー対エルドリッジ事件の連邦最高裁判所判決で示された「比較衡量の法理」の適用によって、次のような判断が示された。

(1) 「個人の利益」の重大さについては、一方的緊急保護命令の発令によって制限されるのは、第一審の被告エドワード・ウィリアムズの自宅の所有権と子の監護権である。これらの利益は、憲法によって守られている財産と自由に関する利益であり、デュー・プロセス条項に該当する。

(2) 「政府の利益」の重大さについては、民事保護命令によるDV女性被害者の保護を通して州政府が促進を図る利益は、市民の健康と福祉と安全である。FBIの統計によれば全米の殺人事件の四分の一は家庭内で発生しており、DV問題の深刻さは実証されている。

(3) 「Ⓐ現行の手続の適正さと正確さ、Ⓑ追加的な手続上の予防手段を行うことの価値」については、Ⓐミズーリ州「成人虐待防止法」の下での一方的緊急保護命令は、裁判官の面前での被害者の供述ならびに被害者の傷害等の証拠によって、裁判官が被害者に対する「差し迫った現実の虐待の危険」が存在することについて「十分な理由」を認めた場合に限って発令されるため、誤った利益剥奪の危険性は低い。(B)退去命令や接近禁止命令は自宅の所有権や子の監護権を被告から永久に奪うものではなく、命令に基づく被告の利益の制限は暫定的であり、一方的緊急保護命令が有効とされる一五日の期間内にも被告が聴聞の機会を得ることは可能である。

以上の検討によって、ウィリアムズ事件の第二審判決では、ミズーリ州最高裁判所は、一方的緊急保護命令の発令は、デュー・プロセスに違反していないと判示した。ウィリアムズ事件第二審判決の趣旨は、一方的緊急保護命令の名宛人が受ける利益の制限は暫定的であり、州政府の利益としての被害者保護という目的に鑑みれば、一方的緊急保護命令発令の前に命令の名宛人のための聴聞の機会を確保し、誤った利益剥奪の可能性を検討しなければならないとすることは妥当でないということになるのであろう。仮に緊急保護命令の発令の前に命令の名宛人の聴聞が必須であるとすると、緊急保護命令制度は成立しえない。

マシュー対エルドリッジ事件とウィリアムズ事件の判決において、公的機関の一方的な命令によって特定の個人に不利益を科すことが許容された理由の共通点は、(1)不利益を回復するための手段があり、不利益は暫定的であること、(2)不利益の内容がその個人の生存に関わる基本的権利を脅かすものではないこと、(3)その個人に不利益を科すことによって、より重大な利益が守られることであった。確かに、これら二つの事件は、民事手続に関する問題であって、そのデュー・プロセスの解釈に比較衡量のアプローチを導入することが容易であったと思われる。次項では、刑事手続におけるデュー・プロセスの概念を考察するが、民事手続のデュー・プロセスと刑事手続のデュー・プロセスの根幹は合衆国憲法第一四修正のデュー・プロセス条項にあり、基本的趣旨は同じであるといえる。

4　デュー・プロセス概念の柔軟性

刑事手続のデュー・プロセスについての理論的展開の出発点は、ウォーレン・コートの時代にハーバート・パッカー（Herbert Packer）が示した「刑事手続の二つのモデル」論であるとされる（田宮 一九九四：三五五、Dressler 1997 : 22）。パッカーは、刑事手続の運用において何を優先するかについて異なる価値システムをもつ、犯罪抑止モデル（Crime Control Model）とデュー・プロセスモデル（Due Process Model）という二つのモデルを示した(4)。田宮裕によれば、この二つのモデルは理念上のモデルであって、これによって二つのタイプの刑事訴訟制度が成立しうることを意味するものではない。この二つのモデルは、処罰優先か手続優先かという、運用の方向について対極化された二つの道があることを示すに過ぎず、現実の刑事司法過程では二つの理念的方向が拮抗している（田宮 一九九四：二六五）。デュー・プロセスの理念は犯人処罰という目的とのバランスにおいて意味を持つのであり、刑事手続の目的として手続的正義と実体的正義のいずれを選択するかの問題ではなく、いずれを「より」優先するかが問題となる。

犯罪抑止は刑事司法制度の基本的目的であるが、同時に、人種やジェンダー、社会的階級などを理由とする差別、すなわち社会におけるマイノリティ・グループに対する不平等や不利益が刑事司法過程にあってはならない（Dressler 1997 : 38–39）。特定のグループに対する不平等や不利益をなくすためには、刑事司法過程における権力関係（＝不均衡な力関係）の中で、構造的に劣位に置かれている人びとを、制度的に支援する必要がある。刑事手続におけるデュー・プロセスは、理念上は法執行機関と被疑者・被告人が対等に対峙することになる当事者主義の訴訟構造において、実際には捜査機関や訴追官が証拠収集能力や立証能力の点では格段に有利であることから、弁護人依頼権や黙秘権を保障することによって、被疑者・被告人の防御力を手続的に増強するためである。

被疑者・被告人に防御のための刑事手続上の権利を保障することによって、法執行機関の捜査や訴追は様々な制約を受けることになる。そうするとデュー・プロセスは、犯罪抑止と真実発見の効率を犠牲にしてでも、無辜の不処罰（誤って無実の人を処罰しないこと）の目的のために、被疑者・被告人の人権を保守するのかという、ディレンマが生じる。米国の場合、連邦最高裁判例〔United States v. Caceres, 440 U.S. 741, 754 (1979)〕で、「(デュー・プロセスに基づく) 証拠排除法則は、第一義的に全社会的に保障されている個人の憲法上の権利を侵害するかも知れない警察の行動を抑制することは、公判廷における特定の被告人の有罪判決を確保することよりも重要である、という価値判断に依存している」と示されたように、無辜の不処罰という理念的な目的の裏面には、警察の違法な捜査・取り調べの抑制という現実的な目的がある。

では、DV事案での逮捕をめぐって、被害者保護とデュー・プロセスの関係に目を向けてみよう。DV防止法によって一方的緊急保護命令を発する権限が裁判所に与えられている。そして、その保護命令の執行力を確かなものとするために、保護命令違反が犯罪とされ、違反者の逮捕が法に定められている。このため、たとえ保護命令に関する聴聞の前であっても、保護命令の名宛人である被告は、すでに受けとった保護命令の内容に違反すると、警察官によって身柄拘束され、自由を制限されることになる。一方的緊急保護命令は被害者が示した証拠と申立だけに基づいて発令されるので、被告の側にも言い分や弁解があるかも知れない。保護命令の申立人が虚偽の申立によって保護命令の発付を受けている可能性がまったくないわけではない。それでも、まずは手元に届いている保護命令に従わないと、被告は警察によって身柄を拘束されるのである。このような場合、被告は、憲法によって保障されている聴聞の機会の前に、行動の自由という利益を一時的に剥奪されることになる。

なぜこのようなことが許されているのか。それは、憲法によって被告に保障されている聴聞の機会を事後にずらし、被告の利益を事後に回復可能な範囲で一定の程度犠牲にすることによって、一方的緊急保護命令がDVの女性被害者の安全を確保することになるからである。DV加害者は様々な様態の虐待によって女性被害者を支配し、従属を強いてきたので、この一方的緊急保護命令の目的は、加害者と被害者の間の支配従属関係を解くことによって女性被害者の生命や身体の安全を確保することである。

このように見ると、被疑者・被告人の人権を守るためのデュー・プロセスと、被害者の生命・身体の安全を守るための一方的緊急保護命令は、いずれも、刑事司法過程に存在する不均衡な権力関係（「法執行機関対被疑者・被告人」の関係や「加害者対被害者」の関係）の劣位におかれているグループを、手続的にエンパワーする制度である。刑事手続においては犯罪抑止とデュー・プロセスという二つの目的が拮抗している。これにDV事案という事情が加わると、例えば一方的緊急保護命令の違反者の逮捕をめぐっては、デュー・プロセスと被害者の生命・身体の安全という二つの目的が拮抗する。犯罪抑止とデュー・プロセスのどちらをより優先すべきか、あるいは、デュー・プロセスと被害者の生命・身体の安全のどちらをより優先すべきかという問題は、社会的状況を反映して、常に問われることになる。マクロ的に見れば、犯罪抑止も、デュー・プロセスも、被害者の生命・身体の安全も、刑事司法が実現を目指している社会的利益である。刑事司法が実現をめざす目的は一つだけではない。このため、刑事手続においても、デュー・プロセスは複数の目的との調整によって具体化されることになる。

3　被害者の保護と加害者のデュー・プロセス保障

DV防止法の一方的緊急保護命令は、女性被害者の警察への通報が軽視されたり無視されたりして、女性被害者が暴力から逃れることができず、さらに酷い暴力をふるわれるという多くの事例があったがゆえに生まれた制度である。虐待の危険について「十分な理由」が示されていれば、それ以上に女性被害者の中立の真偽を疑うことなく、まずは緊急に被害者の安全を確保するために、裁判所は保護命令を発令する。さらに、被害者は「証拠の優越」という比較的緩やかな程度の立証をすることによって、一方的緊急保護命令から本案的保護命令への更新を、裁判所に請求することができる。

裁判所は、一方的緊急保護命令の発令より後に開かれる被告の聴聞の機会において、あるいは本案的保護命令への更新申請の段階で、被告の弁明を聞き、被害者の中立を確認し、両当事者の供述や証拠の信頼性を吟味することになる。米国の多くの州でも、ミズーリ州と同様に、緩やかな証拠の程度の立証によって一方的緊急保護命令が発令され、それによって被告の権利や行動の自由が制限されることになる。告知と聴聞の機会を保障するデュー・プロセスの基本的理念からすれば、被告の受ける不利益は著しいとも考えられる。それにもかかわらず、一方的緊急保護命令の制度が米国で広く普及している理由は、理論的には、それが英米法のエクイティ上の救済手段であるインジャンクションから発展した制度であり、その発令の正当性が、当事者双方の利益や社会的利益などの総合的な判断に基づいた、被害者の実質的救済にあるからである（第1章4節の1参照）。さらに、今日の米国社会における深刻なＤＶ被害の実態を鑑みた、被害者保護の推進という政策的目的も大きい。

第3章でも述べたように、歴史的に顧みれば、被疑者・被告人の黙秘権や弁護人依頼権等の刑事手続のデュー・プロセス保障は、刑事司法過程に存在する不均衡な権力関係（法執行機関と被疑者・被告人の権力関係、そしてその背景にある人種間の権力関係）を是正するために発展した。また、公判で適用されるデュー・プロセスの「排除法則」は、捜査の違法性が明らかになれば捜査機関が示した証拠が排除されるという厳格なルールであるが、それは公判という刑事司法過程の最終段階に用意されている違法捜査の歯止めの装置であって、捜査の過程では、治安・犯罪抑止という社会的利益や被害者の安全を守るために、デュー・プロセスの手続は柔軟に運用されている。合衆国憲法第一四修正によって保障されるデュー・プロセスの趣旨は、公権力によって個人の利益が不当に制限されることや奪われることを防ぐことであり、その方法は必ずしも画一的ではない。このことは、民事手続においても、刑事手続においても、同じである。

マシュー対エルドリッジ事件の連邦最高裁判決や、ウィリアムズ事件第二審判決で示されたように、デュー・プロセスの理念に適う手続のありようは制度によって異なり、定まった段取りを踏めばデュー・プロセスに適うとはいえない。ある目的のために公的機関が特定の個人に不利益を科す手続が、公権力の不当な行使であるか否かは、一概には判断できない。その手続によって影響を受ける個人の利益の重大さ、その手続によって追求されている社会的利益の重大さ、そしてその手続では適正で正確な決定が行われているのかなど、様々な要素が考慮されなければならない。民事手続でも、刑事手続でも、デュー・プロセスの基本的目的を実現するためには、その手続に関わる具体的な利益を、総合的に衡量する必要があるという点では、同じである。

ウィリアムズ事件第二審判決の考え方には、裁判所は社会的利益の考慮とともに、救済を認めた場合に被告が受ける不利益と、救済を否定した場合に原告が受ける不利益とを、比較衡量することにより発令するとされているインジャンクションの特徴が見られる。比較衡量のアプローチを特徴とするインジャンクションの制度の根底には、具体的救済も司法の役割であると考える英米法のエクイティ、すなわち救済の法の伝統がある。エクイティ上の救済方法であるインジャンクションから発展した民事保護命令制度が、刑事司法過程の中で主体的存在を認められるようになった「女性」や「被害者」の利益の回復と実現に役立つ制度となっていることは、納得のいくことである。

憲法学の佐藤幸治は、英米法のエクイティの伝統について、「米国では、『実体法』、『手続法』と並んで『救済法』という独自の法領域がある」(5)と述べ、この救済法の領域では、「裁判所の独特の創造的活動のあり方が問題とされる」と指摘する(佐藤 一九九〇：二七三)。厳格な法理によるだけでは解決できない問題が発生するために、英米法では個別具体的事件に柔軟に適合する救済の法が形成され、運用されてきた。法原則や法理は厳格で固定的であるが、救済の法は具体的な被害者の救済から出発して、新しい権利概念を導き出す可能性さえ持っているとされる(佐藤 一九九〇：二七三)。米国の女性運動が救済の法に注目し、立法運動や政策提言活動を通して、インジャンクションから新たな民事保護命令制度をつくりだしたことは、法のジェンダー構造（理論や実務における男性的価値観の支配）を変革する有効な手段であったといえる。

第5章

義務的逮捕の再犯抑止効果

一九七〇年代の Battered Women's Movement の中で始まったＤＶ被害者支援活動は組織化され、次第に各州の立法府や行政府への影響力をもつようになった。七〇年代から八〇年代半ばにかけて、警察や市の当局を相手にＤＶ被害者が提起したクラス・アクションや損害賠償訴訟の結果、警察は積極的逮捕政策★への転換を余儀なくされた。そのような背景において、一九八四年に発表されたミネアポリス実験研究の結果では、逮捕の再犯抑止効果が肯定された。ミネアポリス実験によって逮捕の有効性が実証されたことになり、全米の多くの警察署はＤＶ加害者の積極的逮捕政策へと転じた。

1　ミネアポリス実験と逮捕の抑止効果

1　ミネアポリス実験（一九八一―一九八二年）

ミネアポリス実験（the Minneapolis Domestic Violence Experiment）は、DV加害者の逮捕の再犯抑止効果を調べるために、ミネソタ州のミネアポリスで実施された実験研究である。連邦政府司法省の全米司法研究所の後援によって、ミネアポリス警察署とPolice Foundation(1)が一九八一年三月一七日から一九八二年八月一日にかけて実験を実施した。実験研究を担当したのは、当時メリーランド大学の犯罪学の教授であったローレンス・シャーマン（Lawrence W. Sherman）とカリフォルニア大学の社会学の教授であったリチャード・バーク（Richard A. Berk）である。

無作為抽出(2)による三一四件の単純暴行（軽罪）のDV事件について調査が行われ、加害者の逮捕（arrest＝身柄拘束と一晩の留置）、加害者と被害者の説得・調停（advise）、一時的に加害者に退去を命じて被害者から引き離す（separate）という三つの対応方法について、事件より六ヵ月後に、加害者の再犯率が比較された。調査は警察官が作成した事件記録と被害者へのインタビューによって行われた。調査の対象となった事件三一四件の内、被害者へのインタビューによる回答が得られたのは一六一件であった。

警察官が作成した事件記録に基づけば、加害者が逮捕された場合の再犯率は一〇%、説得・調停の場合は一九%、引き離しの場合は二四%となった。他方、被害者の回答に基づけば、加害者が逮捕された場合の再犯率は一九%、説得・調停の場合は三七%、引き離しの場合は三三%であった。事件記録と被害者の回答のいずれに基づいても、逮捕は説得・調停や引き離しに比べて約二倍の再犯抑止効果があるとして、ＤＶ事件への最も有効な対応方法であると結論付けられた（Sherman and Berk 1984 : 1–8）。

ミネアポリス実験研究の結果は、一九八四年五月二七日に全米司法研究所によって公表されるやいなや、ニュース・メディアを通じて世間に広く知れ渡り、全米の警察署や各州の立法府に大きな影響を及ぼすことになった。しかし、当時のミネアポリス実験の知名度と影響力は、この実験の科学的実証性が高く評価されたからというよりは、この実験研究の結果がＤＶ加害者の積極的逮捕政策の推進という女性運動の要望にぴったりと合致したことが原因であったといえる。実験結果が公表されてから四ヶ月後の九月には、連邦司法長官によって任命された「家庭内暴力調査委員会」の最終報告書が公表され、その報告書の中で「実験研究の調査結果からは、加害者の逮捕と一晩の勾留が、その後の家庭内暴力の抑止という観点からは、最も有効な介入方法であることが判明している」と言及されていた（Attorney General's Task Force on Family Violence 1984 : 24）。このように、ミネアポリス実験研究の結果は充分な検証を経るよりも前に早々と政策的主張の材料として引用され、その後、年月が経過して詳しく分析されるようになると、次々と方法論上の欠点が指摘されるようになった。

しかし、実験結果の公表の当初から、シャーマンら実験を実施した研究者自身が、この実験の方法論上の問題点を認識し、実験結果の意義は限定的なものであるとして、早急な結論を出すことにむしろ慎重であった点は、今日まであまり注目されてこなかったように思われる。そこで、以下では、一九八四年の Police Foundation Reports に発表されたシャーマンとバークによる「ミネアポリスＤＶ実験」報告書の意図を詳しく考察する。

ミネアポリス実験が実施された当時すでに、DV加害者の積極的逮捕は女性運動によって強く要望されており、積極的逮捕政策の科学的根拠として引用される過程で、ミネアポリス実験結果は逮捕の有効性を示す有力な証拠として単純化されていった。しかし、報告書を読めば、実際の実験結果は単純なものではなく、実験を担当した研究者たちは逮捕の有効性について様々な但し書きを付けていたことが明らかである。以下が、シャーマンとバークによる、ミネアポリスDV実験報告書の最終部分である「結論と政策的意義」（Conclusions and Policy Implications）の全文である（訳は著者による）。

警察のDVへの対応において、逮捕が常に最良の方法である、あるいはDV事案におけるすべての加害者は逮捕されるべきであると、結論付けることは時期尚早であるかも知れない。以下に列挙する要因から、本調査の結果については慎重なる解釈が必要である。

第一の要因はサンプル・サイズである。各サブ・カテゴリー（年齢、人種、就業状況、犯罪歴等）における被疑者のサンプル数が比較的少ないため、ある種類の人びとの場合には逮捕が事態を悪化させるだけに終わるかも知れないことを、この実験が見逃してしまった可能性がある。さらなる調査によってこの問題点が検討されるまでは、州議会が「すべての」軽罪の家庭内暴力の事件において逮捕を命じる法律を可決することは時期尚早であろう。

第二の要因は留置の時間である。ミネアポリスは、家庭内暴力の嫌疑で逮捕された被疑者を一晩身柄拘束しており、その点で他の都市と比べて異例である。他の都市では被疑者は逮捕後一時間ほどで帰宅を許されており、そのような都市では逮捕がミネアポリスの場合と同程度の再犯抑止効果をもたない可能性がある。他方、ミネアポリスの裁判所にはＤＶ事件への特徴的な対応が見受けられる。すなわち、警察によって逮捕された一三六人の内、裁判によって有罪とされたのは三人に過ぎないということである。

第三の要因は地域性である。ミネアポリスは、ネイティブ・アメリカン人口の多さ、暴力発生率の低さ、厳しい冬の気候、低い失業率という点でも、異例な都市である。異なる文化的状況にある他の都市では、ＤＶ事件への警察の対応が同じであっても、違った効果が生みだされる可能性がある。

第四の要因は調査者の影響である。厳密に言えば、この実験の結果には、警察が行った三種類の対応の効果に加えて、事件後の六ヶ月間にわたる追跡調査のために被害者と話し合いをもった中流家庭女性の熱心な努力の影響も表れている。インタビューを行った調査者たちが被疑者の暴力を抑止する監視効果（surveillance effect）を作り出した可能性がある。このような調査がなかった場合に同様の効果が得られたかは不明である。

以上の問題点を検討するために、他の都市において再現実験を行うことが必要である。しかし、警察官は日々直面するＤＶ事件をいかに扱うかを決めなければならないのであり、さらなる調査の結果が出るまで待ってはいられない。現時点で入手可能な最善の情報を使わなければならない。ミネアポリス実験研究が提供しているのは、科学的に統計統制された、異なる対応方法の再犯抑止効果の比較である。そして、この研究結果のみに基づけば、警察はほとんどの軽罪のＤＶ事件（minor domestic violence）で逮捕という方法を採用すべきであるということになる（Sherman and Berk 1984：6−7）。

ミネアポリス実験報告書では、ＤＶ加害者を逮捕することが、その加害者のその後の暴力を防止するという目的において、有効であるとは結論付けられてはいない。報告書に示された結論とは、ミネアポリス実験では、加害者が逮捕された場合、説得・調停や引き離しという他の方法の場合よりも、暴力の再犯が少なかったということに過ぎない。報告書においてシャーマンらは、サンプル数の少なさなど方法論上の問題点があることや、追跡調査のために被害者にインタビューを行った女性調査担当者の存在が加害者の暴力を抑止する監視効果を生んだ可能性を認めており、ミネアポリス実験の結果を確認するための再現実験が必要であると主張している。

また、シャーマンらは実証的調査研究と政策形成の関係について重要な指摘をしている。報告書の中で、「警察官は日々直面するＤＶ事件をいかに扱うかを決めなければならないのであり、さらなる調査の結果が出るまで待ってはいられない。現時点で入手可能な最善の情報を使わなければならない」と指摘しているように、犯罪学などの実学において、刑事政策形成のための科学的実験が行われる場合、科学者たちが追究するのは科学的真実であるが、政策決定者が求めているのは必ずしも絶対的な真実ではない。政策決定者が切実に必要としているのは、逮捕がその後の暴力を防ぐことができるのかという問いに対する「イエスかノーかの確答」ではなく、今どうすればよいかという指針なのである。シャーマンらは慎重かつ限定的に、「この研究結果のみに基づけば、警察はほとんどの軽罪ＤＶ事件で逮捕という方法を採用すべきであるということになる」と述べるに止め、「州議会が『すべての』軽罪のＤＶ事件において逮捕を命じる法律を可決することは時期尚早」であるとした。したがって、シャーマンらはＤＶへの対応策として積極的逮捕を推奨したが、義務的逮捕が最善の方法であると結論付けたのでは決してない。しかし、シャーマンらの意図とは離れて、ミネアポリス実験研究の影響力は全米の積極的逮捕政策を推進し、義務的逮捕を命じる州法の数を増やした。

シャーマンらはミネアポリス実験の立法上の意義を次のように述べている。

調査結果はこの実験の実施を可能にしたミネソタ州の一九七八年の法改正が適切であったことを裏付けている。他の多くの州では、ＤＶの被害者が被害申立書にサインしなければ、警察官は加害者を逮捕できない。メリーランド州では、令状裁判官が発した令状がなければ警察官は加害者を逮捕できない。この実験研究は、州議会が家庭内単純暴行（domestic simple assault）の事件で警察官に「相当の理由」に基づく逮捕を許可し、その権限を強化することの重要性を示している（Sherman and Berk 1984 : 7）。

ミネアポリスが位置するミネソタ州では一九七八年の法改正によって、ＤＶ事件では軽罪の場合でも「相当の理由」の存在を条件に、警察官は令状なしで加害者を逮捕できるようになっていた。シャーマンらはそのような警察官の逮捕権限の拡大と強化の重要性がミネアポリス実験によって明らかになったと述べている。すなわち、実験によって逮捕が他の方法よりも再犯抑止効果が高いことが判明したのであるから、積極的逮捕は望ましい政策であり、積極的逮捕政策を推進するためには、警察官の逮捕権限の拡大が必要であったというのである。シャーマンによれば、ミネソタ州の一九七八年の法改正は適切な法改正であったということになる。
予想以上の実験の影響については、報告書に以下の記述がある。

実験の結果を受けて、ミネアポリス警察署は一九八四年三月初旬に家庭内暴行に関する政策を変更した（policy on domestic assault. 米国では、警察署は家庭内暴行など特定の問題に関して各署ごとに独自の逮捕方針を決める─訳者註）。新政策では、逮捕することが百パーセント義務的とはされなかった（限定的義務的逮捕政策─訳者註）。しかし、法的には逮捕が可能であるにも関わらず逮捕しなかった場合には、なぜ逮捕しなかったのかの理由を説明する報告書の作成が命じられた。すべてのパトロール警察官に対して、新政策について説明がなされた。新政策によってもたらされた最初の影響は、家庭内暴行による逮捕件数が倍増したことであり、新政策実施前の週末に一三件であった逮捕件数が、実施後の最初の週末には二八件となった。三月中旬のある日、ミネアポリスの拘置所には配偶者に対する暴行の罪で四二人が勾留されていたが、この数はその拘置所の最高記録であった。この実験は明らかにアカデミックな知識への貢献ということ以上の大きな影響を及ぼした。この実験はミネアポリスの警察官の行動に変化をもたらした。同様に他の都市にも影響を及ぼすであろう。この実験結果の一般化が可能となれば、この実験は最も広範な暴力犯罪の一つをついに減少させることになる（Sherman and Berk 1984 : 7）。

この記述では、一九八四年の三月初めにミネアポリス警察署が、積極的逮捕政策の一形態である限定的義務的逮捕を採用すると、DV加害者の逮捕件数はこれまでにない増加を示したとされている。この逮捕件数の急増がDV事件の突然の自然増加によるものでないとすれば、警察官に対して、DVに積極的に取り組むとする政策を明確に示し、積極的逮捕政策の法執行方針を周知させれば、一〇〇%の義務的逮捕を命じないまでも、警察官の行動は大きく変わるということが、ミネアポリスという都市では実証されたことになる。

2　ミネアポリス実験の影響

1　積極的逮捕政策への転換

ミネアポリス実験結果の発表が果たした役割は二つある。第一には、全米の警察署が積極的逮捕政策へ転換する最大の契機となったことである。第二には、DV加害者の積極的逮捕を望んでいた被害者支援運動に、立法活動や政策提言を行うための強力な科学的・実証的根拠を提供したことである。オレゴン州、ペンシルヴェニア州、ミネソタ州、ニュージャージー州、イリノイ州など、女性運動が活発で大きな政治的影響力を持っていた州では、ミネアポリス実験結果の発表を待つまでもなく、逮捕政策の変更は早くから始まっていた。しかし、他の州でも、ミネアポリス実験結果の影響によって、多くの警察が積極的逮捕政策へと転換した。その理由は、被害者側からクラス・アクションや損害賠償請求訴訟によって突きつけられた警察責任の追及と、逮捕の積極化を要求する被害者支援運動の圧力を、警察は無視し続けることができなくなっていたからである。

一九七〇年代半ば以降、訴訟によって警察の責任が追及され、警察組織は被告となり、司法による制裁を受ける立場におかれることになった。このような場合には、警察という権力機構も法的責任を問われる行政組織の一つに過ぎなかった（第3章5節参照）。米国の警察組織の大部分は市町村によって運営される自治体警察であり、全国的な指揮命令系統は存在しないため、各警察署は独自の犯罪対策の方針を打ち出す（Walker 1999 : 47-66）。さらに、警察署のトップは地域住民の選挙によって選出されることが多いため、市民の要望に敏感であると同時に、一つの行政組織の長としての管理能力や責任をも要求される。例えば、コネティカット州では、サーマン対トリントン市事件の判決が出されて二日も経過しないうちに、警察署長協会（the Police Chiefs' Association）の会長が、トリントンの市当局が命じられたような莫大な金額の損害賠償責任を自分たちの自治体が負うことを避けるためには、どのような法改正をも支持するという声明を発表したといわれている（Stark 1996 : 127）。一九八〇年代に全米の多くの警察署が積極的逮捕政策へと転換した理由を、次のようにまとめることができるであろう。第一には警察責任を追及されて裁判に負けた場合の財政的な損失をおそれたこと、第二には逮捕の決定における警察官の裁量の維持を主張したくともその有効性の根拠を示すことができなかったこと、そして第三には警察の中立性や公正さというイメージを損なわないためにも、科学的で実証的な実験の結果に基づいて逮捕政策を変更する方が得策であると考えたことによる。

シャーマンらの報告書でも明らかなように、ミネアポリス実験研究の結論は、逮捕が望ましいというに過ぎず、義務的逮捕が最善の方法であるということではなかった。それにもかかわらず、前記の理由の政治的配慮により、驚くほどの迅速さでもって、州議会は積極的逮捕を命じる法律を可決し、警察は積極的逮捕政策へと転換した。州レベルの立法に関しては、一九九二年までに一五州でＤＶ加害者の義務的逮捕を命じる法律が制定され、一九州で保護命令違反者の義務的逮捕を命じる法律が制定された（Zorza 1992 : 64）。実務においても、多くの警察が逮捕政策を変更し、一九八九年までに都市部の警察署の八四％が積極的逮捕政策を採用し、七六％が義務的逮捕を導入した（Sherman 1992 : 23）。

2　義務的逮捕導入の意義

本章では、ここまでに、ミネアポリス実験の影響によって全米の警察が積極的逮捕政策へと転換した経過を述べた。本節では積極的逮捕政策への転換の方法として、なぜ義務的逮捕が導入されたのかについて、その理由を考える。

一九七七年にはオレゴン州が「虐待防止法」の制定によって、ＤＶ加害者と民事保護命令違反者の義務的逮捕を命じる規定を設け、米国で最初に義務的逮捕を採用する州となった。オレゴン州の「虐待防止法」には、制定された当初は、被害者の希望によって逮捕しないことを認める条項がおかれていたが、同条項が警察官の逮捕回避の口実に利用されることが多かったため一九八一年には削除された（Zorzza 1992 : 63）。この法改正によって、警察官はＤＶが行われたかあるいは保護命令違反があったと信じうる「相当の理由」が認められるときには、被害者が逮捕を望まない場合でも、加害者を逮捕しなければならなくなった。オレゴン州の「虐待防止法」の義務的逮捕を参考にして、各州の被害者支援組織は、逮捕を回避する警察官の裁量を制限するため、州議会で義務的逮捕の立法化を求めるロビー活動を行うようになった。DVを軽視したり無視したりする警察官のジェンダー・バイアスに対抗する手段として、義務的逮捕の立法化は警察官の積極的介入を保証する鍵になると考えられた。

「家庭内暴力模範州法」では積極的逮捕政策を具体化する方法として、義務的逮捕の採用が推奨されている。模範州法によれば、義務的逮捕では、逮捕の決定について警察官の裁量は最小限に抑えられ、犯罪が行われたことについて「相当の理由」が認められれば、警察官は被疑者を必ず逮捕しなければならない。従来、逮捕の決定に際して警察官の裁量が認められてきた理由の一つは、経験豊かな警察官が事件の事情を斟酌して、事件ごとに適切な処理を行うことが好ましいと考えられていたからである。しかし、第2章で見たように、DV加害者の逮捕について警察官の裁量が認められていると、警察官個人の価値観や固定的観念が逮捕の決定を左右することがある。警察官による逮捕の決定に偏りのないことを示すためにも、また警察官の裁量による逮捕・不逮捕の判断を事後に加害者あるいは被害者によって訴えられることを防ぐためにも、警察にとっての最善の方法は、義務的逮捕の導入によって警察官の裁量の範囲をできるだけ狭めることであった。

一九九九年までに、二一の州とワシントンDCでDV犯罪に対する義務的逮捕が法に定められ、三〇の州で民事保護命令違反に対する義務的逮捕が法に定められた。DV犯罪に対する義務的逮捕を定める州よりも、民事保護命令違反に対する義務的逮捕を定める州の方が多い理由は、違反者の逮捕による民事保護命令の執行力の強化が、被害者の安全確保や自立支援のため、さらには再犯抑止のために、不可欠であると考えられているからだと推測される。州法に義務的逮捕が定められていない場合でも、各警察署の法執行規則（administrative rules）として義務的逮捕が警察官に命じられることがある。例えば、カリフォルニア州法は、DV犯罪ならびに民事保護命令違反に対して逮捕が望ましいとするのみで、義務的逮捕を直接には定めていないが、郡や市の自治体警察に義務的逮捕を採用するように命じている(3)。

3　逮捕権限の拡大と義務的逮捕

DV加害者の逮捕を積極化するためには、警察官の逮捕権限の拡大が必要であった。その理由は、伝統的なコモン・ローの法原則による制約にあった。コモン・ローによれば、軽罪犯罪については、犯罪が警察官の面前で行われた場合にのみ、令状なしで被疑者を逮捕する権限が警察官に与えられていた。ところが、警察官が事件の現場に到着したときには、暴力が収まっていることが多く、警察官が加害者を令状なしで逮捕することはできなかった。このため、法改正を求める声が被害者支援組織から高まり、さらに一九八四年の「家庭内暴力調査委員会」の報告書(4)を受けた連邦政府司法長官によって、軽罪のDVの場合にも加害者の逮捕が望ましいという指針が示されたため、多くの州で法改正が行われた。その結果、軽罪のDVが行われた、あるいは保護命令違反が行われたと信じ得る「相当の理由」がある時には、警察官の面前という条件は除かれ、警察官は令状なしで被疑者を逮捕することができるようになったのである（Developments in the Law 1993 : 1537）。

多くの州で、軽罪のDVに対して令状なし逮捕が可能となり、警察官の逮捕権限が拡大されたが、他方では法律で警察官に義務的逮捕を命じることによって、警察官の裁量の範囲は狭められた。警察官の逮捕権限の拡大と並行して義務的逮捕を採用するということは、違法捜査の抑制というデュー・プロセスの趣旨と合致する。すなわち、義務的逮捕の採用には、警察官の裁量を制限することによって、大きくなった警察官の逮捕権限が警察官の恣意的判断によって濫用される危険を抑制する効果も期待されていたと推測できる。今日では、DV犯罪については、すべての州で、警察官の面前という要件は除かれ、「相当の理由」の存在を条件に、令状なし逮捕が可能となっている。保護命令違反についても、アーカンソー州とヴァージニア州を除くすべての州で、「相当の理由」の存在を条件に、令状なし逮捕が許可されている。

4　義務的逮捕導入の効果

ミネアポリス実験の行われたミネソタ州のミネアポリスの警察署では、一九八四年の三月に新しい積極的逮捕政策が採用されるとDV加害者の逮捕件数が急増したと、シャーマンは報告している。実験で、新しい積極的逮捕政策として導入されたのは一〇〇%の義務的逮捕ではなく、逮捕しなかった場合には必ずその理由を報告しなければならないとする限定的義務的逮捕であった。ミネアポリスではこの逮捕政策の導入によって警察官のDV事件への対応は大きく変化したのであるが、その効果については、実験が実施された都市の性格を考慮する必要がある。ミネソタ州は女性運動が最も盛んな州の一つで、州都セントポールには全米で最も早くシェルターがつくられた。ミネアポリスはその州都に隣接する進歩的な町であった。加えて、ミネアポリスの警察署所長は革新的な考え方の持ち主として有名で、犯罪は人種やジェンダーや階級の違いを理由とする抑圧によって引き起こされていると信じていたとされる

(Stark 1996 : 130)。このような事情を考えると、ミネアポリスは全米でもその革新的考え方において特殊な都市であり、当地で得られた調査結果が他の都市にも当てはまるとは必ずしもいえない。そこで、義務的逮捕の導入が警察官に及ぼす影響の調査として、アリゾナ州のフェニックスとマサチューセッツ州で実施された、二つの調査結果を比較する。

フェラーロらの研究によれば、アリゾナ州では一九八〇年にDV防止法が制定され、DV犯罪ならびに民事保護命令違反に対する限定的義務的逮捕が定められた。しかし、フェニックスの警察署が実際に限定的義務的逮捕を導入したのは一九八四年であった。州法によって限定的義務的逮捕が命じられてから、フェニックスの警察署が実際に新しい逮捕政策を採用するまでに、ほぼ四年という年月を要した(Ferraro and Pope 1993 : 110)。フェニックスの警察署で限定的義務的逮捕が導入された後、その効果に関する調査が、フェラーロらによって行われた。調査の結果、対象となったDV事件の内、加害者逮捕に至った事件は一八%に過ぎなかった。逮捕理由は、一件を除いて、凶器の使用または妻以外の第三者の負傷であった。凶器の使用や妻以外の第三者の負傷という理由があれば、DV防止法が制定される以前にも加害者は逮捕されており、フェニックスの警察署では限定的義務的逮捕の導入によって、警察官の実務に大きな変化が生じたとはいえない(第2章1節参照)。

マサチューセッツ州では一九九一年の「虐待防止法」の法改正によって、民事保護命令違反者の義務的逮捕が命じられた。法改正の直後、一九九一年一二月から一九九二年二月までの三ヶ月間に、ミニョンとホームズが調査を実施した。ミニョンらは、八六一件のDV事件について調べ、法改正の後に逮捕件数が劇的に増加したと報告している。DV事件の約三分の一で加害者が逮捕され、特に保護命令が発せられていたDV事件では、そのほぼ半数で加害者が逮捕された（Mignon and Holmes 1995 : 432-434）。

アリゾナ州フェニックスの調査では、警察署で限定的義務的逮捕が導入された後も、警察官による逮捕の決定の傾向はほとんど変化しなかった。これに対して、マサチューセッツ州の調査では、民事保護命令違反者の義務的逮捕を命じる法改正の後に、DV事件での逮捕件数が劇的に増加したとされる。アリゾナ州とマサチューセッツ州の二つの都市での調査結果を単純に比較すると、限定的義務的逮捕よりも義務的逮捕が導入された場合の方が、警察官の現場での対応を変化させる効果は大きいと見えるが、ミネソタ州ミネアポリスの例で指摘したように、調査が実施された都市の性格が逮捕政策の効果を左右している可能性も見逃せない。

3　ミネアポリス実験の再現実験

1　配偶者暴力再現実験(5)

ミネアポリス実験で得られた逮捕の再犯抑止効果を再確認するために、他の都市において同様の実験を実施することが必要であるとシャーマンらは指摘していた。加えて、ミネアポリス実験の方法論上の欠陥を指摘する声があったので、全米司法研究所の後援によって、ミネアポリス実験の再現実験が実施されることになった。配偶者暴力再現実験（the Spouse Assault Replication Program）が、一九八五年から一九九〇年の間に、六つの都市（Omaha, Charlotte, Milwaukee, Metro–Dade, Colorado Springs, Atlanta）で行われ、アトランタを除く五つの都市での実験の結果が公表された。

ミネアポリス実験と同様に、再現実験でも軽罪DVの事件が調査対象とされ、被害者へのインタビューによって得られた回答と、警察官が記録した事件記録によって、逮捕の再犯抑止効果が調べられた。メトロ・デイドとコロラド・スプリングスでの調査では、被害者の回答によれば逮捕は再犯抑止効果が認められたが、警察官の事件記録によると再犯抑止効果は認められなかった。オマハ、シャルロッテ、ミルウォーキーでの調査では、逮捕の再犯抑止効果は認められず、むしろ逮捕は長期的には暴力を増加させるという結果が出た。例えば、ミルウォーキーの調査では、逮捕直後から最初の六ヶ月間は再犯抑止効果が認められたが、その再犯抑止効果も次の六ヶ月間には次第に弱まり、一一ヶ月後から一八ヶ月後の期間には再犯率は高くなった。

五つの再現実験では、調査対象となる事件について、加害者と被害者の同居や保護命令の発令などの条件が統一されていなかったので、五つの再現実験の結果を単純に比較して結論を導き出すことには問題がある。それでも、あえて結論を単純化すると、逮捕は短期的には再犯抑止効果が認められるが、逮捕から一年が経過する頃には再犯抑止効果は消滅するということである。このような結果から、一連の再現実験はミネアポリス実験以上に逮捕政策に大きな変化をもたらす明確な方向性を示すことはできなかった。

逮捕による身柄拘束や留置が、それだけで、加害者の暴力に対する抑止効果を生むのではない。逮捕の後に続く訴追や裁判の過程で、逮捕された者がどのような処遇を受けるかによって、逮捕されることの重大性の捉えられ方は違ってくる。ところが、ミネアポリス実験や再現実験の研究では、逮捕に焦点がおかれ、起訴や裁判の影響力は考察の対象とならなかった。実際、それぞれの実験では、加害者の逮捕後の処遇は大きく異なっていた。シャルロッテの実験では、逮捕された加害者の内、留置された者は一％以下であり、留置時間も平均九・五時間であった。メトロ・デイドの実験では、逮捕後の留置時間は平均一四・六時間であった。ミルウォーキーの実験では、逮捕された者の内、起訴された者の割合は五％、さらにその内、有罪とされた者の割合は一％であった（Zorza 1992 : 71）。加害者が逮捕され、起訴にまで持ち込まれた事件の割合は、ミルウォーキーでは一％、オマハでは六四％と、実験によって大きな差が存在した（Sherman 1992 : 684）。

ミネアポリス実験結果についての シャーマンらの報告書では、「警察によって逮捕された一三六人の内、裁判によって有罪とされたのは三人に過ぎない」と言及されており、刑事司法全体の積極的な取り組みが逮捕の再犯抑止効果と無関係ではないことをシャーマンらは指摘していると理解できる。しかし、ミネアポリス実験や再現実験では、逮捕と再犯抑止の関係が単純な因果関係として調査され、逮捕・起訴・裁判という刑事司法全体による対応の効果は検証されなかった。刑事司法過程の一部分である逮捕だけに注目し、刑事司法全体の連携的対応の重要性が考察されていなかったことが、ミネアポリス実験や再現実験の限界の一つであった。

結局、配偶者暴力再現実験によっても、逮捕に再犯抑止効果があるということを充分に証明することはできなかった。しかし、同時に、逮捕にとって代わり得る、より効果的なＤＶへの対応方法が見つからないという消極的な結果も明らかになった。謙抑的な公権力の行使を主張するデュー・プロセスの観点からは、再犯抑止効果が充分に証明されていない逮捕を、ＤＶへの望ましい対応であるとすることは躊躇された。しかし、女性被害者の保護を主張する側にとっては、逮捕の再犯抑止効果が科学的に実証されなくとも、被害者の安全を守るために加害者の逮捕が少しでも役立つと認められるのであれば、逮捕という方法はないよりはましということになった。

2 ミルウォーキー実験による義務的逮捕批判

逮捕の再犯抑止効果について、再現実験による共通の結論が二つあった。一つは、再犯抑止効果は逮捕から一年ほど経過すると消滅するということである。もう一つは、再犯抑止効果と加害者の雇用状況の相関関係である。すなわち、加害者が雇用されている場合には、逮捕の後に暴力は減少したが、加害者が失業中の場合には、逮捕の後に暴力は増加する傾向が認められた。これを示す例が、以下のミルウォーキー実験結果である。

再現実験の一つとして、一九八七年から一九八九年にかけてシャーマンがウィスコンシン州のミルウォーキーで行った実験では、加害者に対する三つの対応の効果が比較された。逮捕からその翌朝まで平均およそ一一時間加害者を留置する「通常逮捕」、誓約書を書かせて平均およそ三時間加害者を留置した後に釈放する「短時間逮捕」、逮捕せずに「警告だけ」という三つの方法について、再犯抑止効果が調べられた。「警告だけ」という場合に比べて、加害者が「通常逮捕」または「短時間逮捕」された場合には、逮捕後の六ヶ月間は、加害者の暴力は減少し、再犯抑止効果が認められた。しかし、逮捕された者が、失業中の黒人の場合には、逮捕からおよそ一年が経過した一一～一八ヶ月の期間には、暴力をふるう割合が高くなることが判明した。ミルウォーキー実験の結果に基づき、シャーマンは逮捕の再犯抑止効果について、次のように述べている。

逮捕がその後の暴力に影響を持つか否かを問われるならば、この問いへの答えは次のようになる。一般的に、それは逮捕された者にとって「法に従うことがどれほどの利害をもたらすか」(person's stake in conformity)によって決まるということである。再犯を左右する主な要素の中でも、逮捕は大きな影響力を持つが、雇用状況や婚姻状況により逮捕の効果が異なることを示すその後の分析は異なった構図を明らかにした。逮捕されても法に従うことに利害をもたない者は、逮捕されなかった者に比べて犯罪を繰り返す可能性が大きい。換言すれば、結婚していて仕事をもつ者に関しては、逮捕がその後の暴力を抑止する(Sherman 1992 : 686)。

シャーマンによれば、再現実験によって逮捕が再犯抑止に有効であることは証明されたが、それは家庭があり、仕事に就いている加害者にのみ当てはまる結果である。シャーマンは、そのような加害者は法に従うことに利害を有していると考えた。なぜなら、逮捕されることによって社会的信用の失墜や失業に直面し、その結果として家庭の崩壊や結婚生活の破綻などが生じて、失うものが大きいからである。

シャーマンは失業や貧困など社会的・経済的問題を抱えている地域では、義務的逮捕の導入によって再犯率は上昇し、害となる結果がもたらされるとして、義務的逮捕をすぐに廃止するように主張した。

そして、義務的逮捕に代えてシャーマンが提唱したのは、「システム化された警察官裁量基準」(structured police discretion)であった(Stark 1996 : 126 ; Sherman and Schmidt 1996 : 51)。これは、法律によって義務的逮捕を警察官に命じる代わりに、警察署ごとに警察官の対応の選択肢を決め、その選択肢のいずれの対応をとるかは警察官が決める方法である。すなわち、警察官に予め許されている方法や範囲の中で、警察官の裁量を許可する方法である。義務的逮捕は暴力を減少させる場合もあるが、反対に増加させる場合もあるとして、逮捕によって危険が増加すると見られる加害者グループに対しては、逮捕以外の手段を講ずるべきであるとされた。

ミルウォーキー実験研究の結論として示されたシャーマンの考え方には、次の二つの問題がある。第一に、加害者の利害葛藤（stake）が焦点となり、被害者の利害葛藤は考慮の対象となっていない。DVの被害者と加害者は社会的にも経済的にも生活をともにしており、被害者の利害葛藤もこの犯罪の発生や防止と無関係ではない。第二に、シャーマンの考え方に従うと、加害者が白人で、既婚者で、仕事に就いている場合には、加害者を積極的に逮捕すべきであり、加害者が黒人で、失業中、経済的困窮という条件が重複している場合には、加害者の逮捕には消極的であれということになる。そのように加害者の特徴だけに注目し、地域によって対応が区別されると、失業者が多い貧困層の黒人社会では、逮捕によって女性被害者が差し迫った危険から保護される可能性が低くなる。

先に述べたように、逮捕だけに焦点が合わせられ、刑事司法全体の連携的対応の重要性が考察されなかったことは、ミネアポリス実験や再現実験の限界であった。さらに、ここで述べたように、加害者の利害葛藤や特徴だけに注目したことは、犯罪抑止理論に基づくシャーマンらの研究のもう一つの限界であったといえる。ミルウォーキー実験結果に基づいて、シャーマンは義務的逮捕の即刻の廃止を主張した。そのため、ミネアポリス実験でシャーマンによって確認された逮捕の再犯抑止効果は、ミルウォーキー実験で彼自身によって否定されたと、しばしば批判されている。一連の再現実験で逮捕の再犯抑止効果が充分に確かめられなかったことに加えて、シャーマンが自らの主張を覆したとされることによって、ミネアポリス実験についての評価、さらには逮捕の再犯抑止効果についての信頼は、再現実験の結果が公表された後、次第に弱まった。

しかし、シャーマンがミネアポリス実験の結論を、ミルウォーキー実験の結論で覆したと見るのは単純過ぎる。そもそも、シャーマンはミネアポリス実験結果の報告書の中で、DVへの警察の対応において逮捕が常に最良の方法であると結論付けることは時期尚早であるかも知れないと警告していた。シャーマンは、ミネアポリス実験によって逮捕の再犯抑止効果が確認されたというよりはむしろ、家庭内における軽罪の事件でも、「相当の理由」を条件とする令状なし逮捕の権限を警察官に与えることによって、執行力を強化することの重要性が示されたことに、立法上の意義があると述べていた（Sherman and Berk 1984 : 6）。シャーマンの解釈では、ミネアポリス実験は、軽罪の場合でも警察官が令状なしで逮捕することができるようにして、警察官による法の執行力を強化すれば、その後の再犯は減少することを証明したのである。シャーマンのいう「執行力を強化することの重要性」とは、軽罪のDVについても「警察官の面前」という伝統的なコモン・ローの制約を取り除くことによって、警察官はより多くのDV事件で加害者を令状なしで逮捕することが可能になり、その結果、警察官は加害者に対してより大きな強制力と威嚇力をもつことを指す。

ミネアポリス実験とミルウォーキー実験で、逮捕の再犯抑止効果についてシャーマンの完全な宗旨変えがあったというよりは、むしろ変化する時代背景の中で実験結果の使われ方（あるいは、引用のされ方）に変化があったと考える方が適切である。ミネアポリス実験の結果が警察介入の積極化に引き合いに出されたと同様に、再現実験の不首尾は積極的逮捕政策に対する批判に引き合いに出されることもあった。科学的・実証的とされる実験研究に対する評価も、時代によって変化する政治的、社会的文脈からまったく影響を受けないわけではない。近年では、加害者を逮捕すれば再犯を抑止できるかというような単純な設問のアプローチには見切りが付けられている。加えて、ミネアポリス実験や再現実験については、方法論上の欠点が多く指摘されており、一貫性のある結論が導き出されなかったことから、これらの実験研究の結論は今日の逮捕政策に直接的な影響を及ぼしてはいない。しかし、同様の実験がその後実施されることがなかったため、再現実験の結果について近年再び検討が加えられており、実験が実施された地域の特性や政治的背景などに関する考察を加えて、新たな評価がなされる傾向がある(6)。

3　実証的調査研究の中立性と客観性

実証主義的アプローチの犯罪学では、数量調査に基づくデータが科学的根拠として価値が認められている。その理由は、数量データは中立的、客観的であると見なされているからである。しかし、科学的、実証的といわれる調査研究の中立性や客観性にも限界があることが次第に明らかになった。数量調査に基づくデータの限界の要因を、以下に三つ挙げる。

第一に、調査の目的によって調査のデザインが変わることである。逮捕の犯罪抑止効果を調べるための調査研究であっても、連邦政府の司法改革プロジェクトとして、犯罪率の減少や刑事司法の効率性向上を重視して計画される調査と、被害者支援運動を背景に、女性被害者の安全確保を重視して計画される調査では、調査項目などの調査のデザインに違いが生じる。犯罪対策を重視する調査者の関心は「加害者の再犯率」にあり、被害者支援を重視する調査者の関心は「暴力被害の再発生率」にある。

第二に、資料そのものの限界である。研究者たちが限られた期間内に限られた資源を使って実験や調査を行うとき、無制限に多くの数の調査項目を取り入れることはできない。したがって、調査項目の選択に研究者の経験や価値観や学問的関心が反映してしまうことは避けられない。例えば、ミネアポリス実験では犯罪学を専門とするシャーマンらの基本的関心は逮捕の再犯抑止効果であった。ミネアポリス実験は特別にDV撲滅をめざしていたわけではないという指摘もあったように（Fagan 1996 : note3）、逮捕後の再犯率は注目されたが、女性被害者にどのような影響があったかは調査されなかった。ミネアポリス実験報告書では、逮捕によって暴力が減少した原因について、追跡調査のための女性調査員の存在が、加害者の暴力に対する監視効果をもたらした可能性があると言及されていた。しかし、その後の一連の再現実験でも、女性被害者のエンパワーメントに関わる調査項目は追加されておらず、調査の焦点は依然として加害者の再犯率の減少であった。

第三に、データと現実とのつき合わせの問題である。犯罪学は、「科学としての学問」の側面に加えて、現実に社会が直面している問題を解決するための「政策形成に貢献すべき学問」、すなわち実学の側面があり、調査研究の熟成を待って現実問題への対応を先延ばしすることはできない。すなわち、数量データから短絡的に政策を決定することには慎重であるべきだが、同時に早急に政策の方向性を示さなければならない状況に置かれている場合もある。科学としての学問の目的は真実の探究であっても、政策決定者が必要とするのはむしろ今どうすればよいかという指針である（Moore 2002 : 33）。そのような場合には、複数の視点から多面的な分析を行い、結果として得られた知見を交換・融合させて、総合的判断を行うしかない。

4　被害者のエンパワーメントによる再犯抑止効果

1　訴追と被害者

検察官も、被害者も、加害者の暴力をなくすことを望んでいるが、訴追の目的（加害者の処罰か、被害者の救済か）、訴追の成功の意味（被告人が有罪とされることか、被害者の利益が守られることか）については、考えが必ずしも同じではない。検察官の判断と被害者の希望が対立する原因の一つは、それぞれの目的の違いである。刑事司法の目的が「過去」の犯罪に関して「加害者を処罰」することであるのに対して、被害者の最大の目的は「将来」における「暴力を回避」することなのである（Hart 1996 : 101）。

加害者の起訴が社会の治安や秩序を守るという利益に合致するとしても、常に被害者の利益を守ることにはならない。例えば、警察や検察に事件を訴えるだけで加害者の暴力が止めば、被害者にとっては起訴する利益はなくなる。また、加害者が逮捕されて起訴されても、被害者が引き続き加害者の暴力の危険に晒される可能性があるならば、被害者はあえて危険を冒してまで起訴に協力しようとはしないだろう。刑事司法の介入後ＤＶ加害者は暴力をふるわないと考えられがちであるが、調査によれば、加害者は脅迫や暴力によって被害者の供述や証言を止めさせようとしたり、あるいは報復として暴力をふるったりする可能性が、見知らぬ加害者による犯罪の場合より高いとされる（Hart 1996 : 99）。被害者と加害者は同居など物理的に身近な関係でもあるのだから、再被害の可能性が高いことは容易に理解できる。

訴追の過程で被害者の安全が充分に守られないなら、検察に協力するよりも加害者の手が届かない所へ身を隠す方が得策と被害者が考えることもあり得る。

被害者が起訴を望まない場合、検察官には判断が難しい二つの問題が生じる（Epstein 1999b : 134）。第一に、被害者が不起訴を希望していることが被害者自身の意思によるものか、それとも加害者の脅迫や暴力によるものかという判断が困難である。第二に、不起訴の希望が被害者自身の意思に基づく場合であっても、被害者の利益を優先して不起訴にするのか、それとも犯罪者の処罰という社会的利益を優先して起訴するのかという、選択をしなければならない。二番目の問題は、訴追政策の選択の問題である。訴追政策の種類としては、被害者に事件の取り下げを許可する訴追政策（drop-permitted prosecution policy）、被害者に事件の取り下げを許可するか否かは事件ごとに検察官が判断する訴追政策（case-by-case prosecution policy）、被害者に事件の取り下げを許可しないノー・ドロップ訴追政策（no-drop prosecution policy）がある(7)。ノー・ドロップ訴追政策では、義務的逮捕の場合と同様に、被害者が訴追に反対しても、検察官は必要と認めれば加害者を訴追する。

2　義務的逮捕とノー・ドロップ訴追

義務的逮捕の導入によって加害者の逮捕が増加しても、検察官へ送致されたＤＶ事件が起訴される割合が低く、裁判によって有罪となる可能性が少なければ、加害者にとって逮捕は恐れるに足りないものとなる。また、ＤＶの加害者が訴追や処罰を免れることが多ければ、ＤＶの犯罪としての社会的認知度も低いままとなる。さらに、逮捕した加害者が罪を問われないで釈放されるようでは、警察官もＤＶに積極的に取り組む意欲を失う。したがって、警察の積極的逮捕政策を実効性のあるものにするためには、刑事司法全体の連携的対応が必要であり、少なくとも警察の逮捕政策と検察の起訴政策においてDVへの積極的取り組みという方針が貫かれていなければならない。

全米家庭裁判所裁判官諮問委員会の家庭内暴力プロジェクト・チームによって作成された報告書「家庭内暴力――裁判制度を改善するために」では、DV事件における加害者の起訴に関して、項目4と5として、ノー・ドロップ訴追政策の提言がなされている（Family Violence : Improving Court Practice 1990 : 36）。

4、検察官は刑事事件として立件し得るすべての家庭内暴力事案を訴追しなければならない。必要な場合は、被害者の積極的協力が得られなくとも訴追しなければならない。

家庭内暴力の訴追は国の利害に関わる事柄であり、事件の訴追は国の責務である。被害者を事件の訴追あるいは取り下げを決める立場においてはならない。

5、検察は家庭内暴力事案を専門に担当する検察官を選任し、事件の迅速な振り分けと立件の手続を成文化しなければならない。成文化された手続は立件、起訴手続の時間枠、起訴・不起訴決定の原則、捜査・裁判準備の手順などについて基準を明示しなければならない。

事件を起訴するのか否か、重罪と軽罪のいずれで起訴するかの決定で考慮すべき要素は、被害者の負傷の程度、加害者の過去の暴力ならびに他の刑事事件の記録、凶器の使用、状況から推測される生命に関わる危険の程度である。事件の不起訴は証拠の存在のみに基づいて判断されなければならない。

ノー・ドロップ訴追政策の下では、犯罪が行われたことについての「相当の理由」の存在が認められれば、被害者が起訴に反対している場合でも、検察官の判断によって被疑者は起訴される。義務的逮捕と同様に、ノー・ドロップ訴追に対しても批判がある。批判の理由として、起訴の再犯抑止効果を証明する充分な研究結果がない、起訴が常に被害者の利益になるとは限らない、被害者の保護や支援体制が不充分なままで刑事司法の中途半端な強制的介入を推し進めることによって被害者への危険が増すと指摘されている（Hanna 1996 : 1853）。広く普及している義務的逮捕と比べると、ノー・ドロップ訴追政策を宣言している裁判管轄区の数は少なく、一九九五年の時点で九ヶ所に過ぎない（Mills 1999 : 561）。

義務的逮捕とノー・ドロップ訴追の共通の目的は、警察や検察の積極的取り組みを推進し、同時に、逮捕や起訴の決定と被害者の意思を切り離すことによって、加害者の被害者に対する報復を防ぐことである。したがって、警察が義務的逮捕を導入し、検察がノー・ドロップ訴追を採用するということは、法執行機関として一貫性のある政策である。とはいえ、現実的な問題として、義務的逮捕やノー・ドロップ訴追を選択すると、逮捕件数や訴追件数は急増する。もともとDVの加害者は自分がふるう暴力について罪の意識が低いため、起訴認否手続(8)において自ら「有罪」や「不抗争」の答弁（plea）をする可能性は低い。また、被害者も加害者からの報復を恐れて、検察に協力的でない場合が多い。被疑者からも被害者からも証拠を得ることが難しいので、検察官はその他の方法で証拠を確保しなければならず、検察官の仕事量は膨れ上がる。

例えば、デイヴィスとスミスの調査では、ノー・ドロップ訴追政策の影響について、ミルウォーキーの事例が報告されている。ミルウォーキーの検察では、軽罪ＤＶの事件では、加害者の逮捕の翌日に開かれる審問に被害者が出席した場合にのみ、加害者の起訴を検討することになっていた。その方針の下では逮捕された者が起訴される割合は二〇％であった。ところが、一九九五年一月にミルウォーキーの検察がノー・ドロップ訴追政策を採用し、被害者が加害者の逮捕の翌日に開かれる審問に出席しなくとも加害者を訴追することにした。この訴追政策の変更によって、逮捕された者が起訴される割合は、以前の二〇％から大幅に増加して、六〇％となった（Davis and Smith 1995 : 547）。

警察や検察は様々な犯罪に対処する必要があり、警察や検察の資源をＤＶ犯罪への対応のためだけに費やすことはできない。検察がＤＶ事件の訴追件数の増大に対応するためには、人材や財源の追加が必要となり、州の立法府や行政府そして市民に対して、義務的逮捕政策やノー・ドロップ訴追政策が好ましいということについて充分な理由を示さなければならない。義務的逮捕については、警察の危機介入によって被害者の生命・身体の安全が確保されるという効果が認められているが、ノー・ドロップ訴追についても、どのような効果を期待できるのかが問われる。そこで、ノー・ドロップ訴追の効果を調べるために、インディアナポリスＤＶ訴追実験が実施された。

3　インディアナポリスＤＶ訴追実験

インディアナポリスＤＶ訴追実験（the Indianapolis Domestic Violence Prosecution Experiment）は、フォードとレゴリによって、インディアナ州の州都インディアナポリスにおいて実施された。一九八六年六月から一九八七年七月までの期間に、軽罪に相当する妻への暴行を理由に逮捕された男性加害者について、調査が行われた。但し、加害者が、過去に同じ被害者への暴力で起訴されている場合、重罪犯罪の前科がある場合、被害者に危害を加えると脅迫をした場合、そのような加害者は調査の対象から除かれた。ミネアポリス実験の目的が逮捕の再犯抑止効果を調べることであったように、インディアナポリス実験の目的は起訴の再犯抑止効果を調べることであった。この実験ではノー・ドロップ訴追政策が採用され、原則として被害者による事件の取り下げは許可されないことが被害者に知らされていた（Ford and Regoli 1993 : 150）。

調査の対象は、現行犯逮捕（on–scene arrests = OSA）された一九八人の加害者と、被害者の申立（victim complaints = VC）によって逮捕された四八〇人の加害者であった。逮捕された加害者は、「加害者更生プログラムへの参加を命じる非懲罰的処遇」、「更生プログラムの参加を保護観察の条件とする起訴」、「通常の求刑と起訴」という、三つの処遇に振り分けられた。被害者へのインタビューから得られた回答に基づいて、処遇の違いによる加害者の再犯率の違いが調査されたが、いずれの方法にも他に優る再犯抑止効果は認められなかった（Ford and Regoli 1993 : 157）。

起訴の再犯抑止効果について確定的な結論を得ることはできなかったが、フォードらは付随的に得られた重要な発見を報告している。インディアナポリス実験では、被害者が加害者の逮捕を申し立てた事例（ＶＣ事例）に限って、被害者に事件の取り下げが許可される場合があった。調査の付随的発見として、ノー・ドロップ訴追政策に厳格に従って被害者に事件の取り下げを許可しなかった場合よりも、例外的にＶＣ事例の被害者に事件の取り下げを許可した場合の方が、加害者の再犯率は低いということが判明した（Ford and Regoli 1993 : 157）。フォードらは、その原因として、被害者が加害者との関係において「事態を左右する影響力」を手に入れたことによって、暴力のリスクが減少したと考えた（Ford 1993 : 157）。事件の取り下げを許されている女性被害者は、事件の取り下げを加害者との関係を変えるための交渉の手段として使えるようになり、これによって被害者と加害者の間の権力関係に変化がもたらされたと見ることができる。

しかし、この発見から、すべての事例で被害者に事件の取り下げを許可することが、暴力のリスクを減少させるとはいえない。VC事例では、被害者が加害者の逮捕を裁判所へ申し立てるという積極的な行動に出ている。それは、被害者が加害者との関係を変えようとして、強い意思と将来への希望を持ち始めた徴候である。ところが、加害者の暴力や脅迫によって思考や行動を強く支配されている被害者に対して事件の取り下げを許可すると、加害者がさらなる暴力や脅迫によって被害者に事件を取り下げるよう強制するおそれがある。これと同じ旨を、長年被害者支援に携わってきた法律家エプスタインも主張している。エプスタインによれば、被害者が希望すれば自動的に事件の取り下げを許可する'automatic drop policy'は、加害者の被害者に対する支配を強化する（Epstein 1999b : 134）。

インディアナポリス実験の結果からは、次のことが明らかになった。被害者が「事態を左右する影響力」を手に入れることによって被害者と加害者の権力関係に変化が生じ、暴力のリスクが減少する。言い換えれば、被害者が「事態を左右する影響力」を手に入れ、被害者がエンパワーされることが、再犯の抑止に繋がる。但し、DV事件への検察の積極的な取り組みの姿勢が明白であること、検察が被害者に対して充分な情報と支援を提供していること、これらの条件が揃ったうえでなければ、被害者は「事態を左右する影響力」を加害者との交渉の手段に使えない（Ford 1993 : 159）。

5　ジェンダーの視点からみる逮捕政策の変容

全米司法研究所の後援によって一九七〇年代から一九八〇年代に実施された司法改革プロジェクトの流れを見ると、改革の焦点が被害者支援から再犯抑止へと移行したことが明らかである。一九七〇年代のＤＶ被害者支援運動では、刑事司法の消極的対応が民間の被害者支援組織によって批判され、刑事司法の内部からも改革の気運が高まった。ところが、一九八〇年代になって積極的介入政策の必要が認められるようになると、改革の主導権は政府や刑事司法へと移り、改革の焦点は犯罪発生率の抑制や刑事司法機能の効率性向上となった。

刑事司法が積極的姿勢に転換するにともない、逮捕や起訴の有効性について科学的で実証的な根拠が要求されるようになり、ミネアポリス実験が実施された。ミネアポリス実験が行われたミネソタ州はもともと女性運動が盛んであった。また、実験が実施されたミネアポリスの警察署の署長は人種差別や性差別について進歩的な考えを持ち、ＤＶへの取り組みに積極的であったといわれている。当時の他の都市に比べてミネアポリスは進歩的考えをもつ人びとが多く、逮捕の積極化に向けて Domestic Violence Experiment を実施するには好ましい条件が備わっていた。ところが、他方で、ミネアポリス実験はＤＶに関する実験として計画されたが、実質的には犯罪抑止理論の実験であり、ＤＶ問題が主要な関心ではなかったという指摘がある（Fagan 1996 : note3）。他にも、ミネアポリス実験や再現実験に対しては、犯罪抑止理論に依拠するあまり、被害者の加害者に対する経済的依存や暴力のサイクルなどＤＶの特質が考慮されていないこと、警察の対応を司法制度全体の対応から切り離して逮捕の再犯抑止効果だけを証明しようとしたことが批判されてきた。ミネアポリス実験や再現実験には、三つの限界があったといえる。第一に、犯罪抑止理論に基づく研究として、加害者の利害葛藤や特徴だけに注目したこと、第二に、逮捕という刑事司法過程の一部分だけに注目し、刑事司法全体の連携的対応の必要性が重視されていなかったこと、第三に、ジェンダーの視点による分析の欠如である。

ミネアポリス実験や再現実験からは、逮捕の再犯抑止効果について一貫性のある結論は出ず、逮捕の有効性についての議論は決着していない。しかし、そのような現実は、決して一連の実験研究の失敗あるいは成果がなかったことを意味するものではない。ＤＶは加害者の逮捕や処罰だけによって解決できる問題ではなく、被害者や司法制度を取り巻く文化的・社会的要因までも含めて、様々な観点から多面的に取り組むことが必要であり、数量的な調査研究から容易に結論や答えを導き出すことはできない。

この種の調査研究の意義は、立法府や法執行機関に情報の提供や新たな施策の提言を示すことだといえる。逮捕の抑止効果を肯定したミネアポリス実験の結果は、その後の再現実験によって確認されはしなかったが、実験研究から導き出された政策提言はＤＶ加害者の逮捕に関する法律や政策の改革を大きく推し進めた。逮捕の再犯抑止効果は、警察による逮捕だけでなく検察の訴追や裁判所の判決など、複数の機関による対応の相互作用や相乗効果によって決まると、今日では理解されている。また、義務的逮捕の有効性についても、再犯率の低減という基準だけでなく、被害者や社会にとっての利益も考慮に入れて、総合的に評価されるべきだと主張されている（Bowman 1992 : 207）。

第6章

義務的逮捕の有効性

本章では、第1節でデュー・プロセスと逮捕の関係を整理し、第2節と第3節で逮捕決定のための「相当の理由」の判断と警察官のジェンダー・バイアスや裁量との関連を明らかにする。第4節では義務的逮捕について様々な観点からの評価を比較し、第5節で義務的逮捕の有効性を実証的資料に基づいて検討する。

1 デュー・プロセスと逮捕

デュー・プロセスについて、合衆国憲法第一四修正には、「いかなる州も法の適正な過程（due process of law）によらずに、何人からも生命、自由または財産を奪ってはならない。」と規定されている。このデュー・プロセス条項は、法定の手続によらなければ市民に刑罰その他の不利益を科すことはできないということを意味し、公権力を手続的に拘束することによって人権を保障する趣旨である（芦部 一九九三：一八一）。合衆国憲法第一修正乃至第八修正に規定される基本的人権、いわゆる権利の章典（Bill of Rights）は、元来連邦政府に対する関係で設けられたが、ここに規定された諸権利の幾つかは、第一四修正のデュー・プロセス条項の内容に組み入れられることによって、州との関係にも適用され、州の立法に対しても拘束力を及ぼす。これは連邦人権規定の選択的組み込み論と呼ばれ、連邦最高裁判所のとる立場であり、刑事手続上の人権保障としては、第四修正の不合理な捜索・逮捕・押収を受けない権利、第五修正の自己負罪拒否特権、第六修正の迅速な裁判を受ける権利、弁護士依頼権等が、連邦と州の両方の手続に適用される（カーメン 一九九四：一九）。これらの手続的保障は手続的デュー・プロセスと呼ばれ、被疑者・被告人の人権を守る。

次に、逮捕とは、連邦最高裁判所の判例〔Dunaway v. New York, 442 U.S. 200 (1979)〕によれば、刑事訴追または取調べの目的で被疑者をその意思に反して身体的拘束状態におくことである（Dressler 1997 : 147）。逮捕は被疑者にとっては自由の剥奪であり、警察官にとっては警察官が遵守すべき適正手続の開始を意味する。逮捕について、合衆国憲法第四修正は不合理な逮捕を禁止し、逮捕令状は宣誓または確約によって裏付けられた「相当の理由」★に基づいてのみ発せられなければならないと定めている（Dressler 1997 : 69）。この規定を根拠として、連邦最高裁判所の判例〔Henry v. United States, 361 U.S. 98 (1959) ; Dunaway v. New York, 442 U.S. 200 (1979)〕は、「相当の理由」に基づかない逮捕は不合理な逮捕であり、合衆国憲法第四修正に対する違反になるとする（Dressler 1997 : 148）。

「相当の理由」の存在は合衆国憲法第四修正が命じる逮捕の要件であるが、逮捕令状は憲法によって命じられてはいない(1)。伝統的なコモン・ローのもとでは、重罪犯罪の場合と、警察官の面前で行われた軽罪犯罪の場合に限って、令状なし逮捕が許可されるのであるが、二〇世紀に入ると、各州の制定法によって令状なし逮捕の範囲が軽罪犯罪の場合にまで拡張されるようになり、現在では逮捕件数の九割以上が令状なしで行われている(カーメン 一九九四:一五八)。

令状なし逮捕の場合には、警察官が事件の現場で「相当の理由」の存否を判断し、逮捕を決定する。警察官による「相当の理由」の判断は、公判前または公判中に証拠排除の申立を受けた場合には裁判所の審理に服する。そこで「相当の理由」が不存在と判断されると、逮捕は違法なものとなって、違法に採取された証拠は公判廷での証拠能力が認められない(Dressler 1997: 73, 319)。このように、違法な捜査によって得られた証拠は公判廷で証拠能力が認められないとする原則は排除法則と呼ばれる。公判廷で有罪が立証されるためには、警察官が事件の現場で「相当の理由」の存否を適確に見極め、違法な逮捕とならないようにすることが必要である。排除法則の目的は、警察官による違法な捜査を制裁し以ってこれを防止することにある(田宮 一九八一a:一六)。

2 手続の適正さ

デュー・プロセスという憲法的近代刑事原則を逸早く確立した米国で、なぜDV事案では積極的逮捕政策★が推奨されるようになったのかという疑問が生まれる。米国では、しかしながら、義務的逮捕の制度自体についてデュー・プロセス違反の問題は生じていない。その理由は次の通りである。第1節で述べたように、米国では合衆国憲法第四修正によって逮捕がデュー・プロセスに適うとされるためには逮捕の決定が「相当の理由」に基づくものでなければならない。義務的逮捕は、犯罪の嫌疑について「相当の理由」が存在し、警察官に逮捕権限がある場合に、警察官に逮捕を義務づけるものであり、それ以外で通常の逮捕と異なるものではない。義務的逮捕が法に定められ、その法の運用において逮捕の決定が「相当の理由」に基づいている限り、デュー・プロセス違反とはならないのである。

とはいえ、義務的逮捕が広義のデュー・プロセスに適うとされるためには、逮捕決定が「相当の理由」に基づくものであって、その手続が法定されているというだけでは不充分であり、さらにその手続の内容が実質的に適正なものである必要がある。手続の内容が実質的に適正であるとされるためには、逮捕決定の基準が明確であり、その基準に基づいて行われた逮捕決定に一貫性があることが要求されるであろう。なぜなら、逮捕決定の基準が明確でないと、警察官の個人的な価値観や経験によって恣意的判断が介入し、それによって逮捕決定が左右されるという事態が生じるからである。警察官によって逮捕決定がまちまちとなるようでは、公権力の不当な行使を抑制し、個人の人権を保障するための、適正な法の執行とは言えない。

ところが、逮捕決定の判断基準である「相当の理由」は具体的で明確な基準であるとは言い難い。「相当の理由」は、連邦最高裁判所の判例〔Brinegar v. United States, 338 U.S. 160, 175-176 (1949)〕によれば、実際的で非技術的な概念であるとされ、警察官の知る事実と状況が、合理的に信用できる情報に基づいており、合理的注意力の持ち主であれば、犯罪が行われ、逮捕の対象となっている者がその罪を犯したと信じるに充分である時、「相当の理由」が存在するとされている（Dressler 1997 : 124）。「相当の理由」

は「特定の事実関係における確実性の評価に関わる流動的な概念」〔Illinois v. Gates, 462 U.S. 213 (1983)〕であり、また、「実際的で、非技術的概念」であるといわれていることからもわかるように、概念自体は明確で具体的な逮捕決定の判断方法を示していない。それでも、「相当の理由」に基づく判断を、警察官は現場で迅速に行わなければならない(2)。そのため、フェラーロらが指摘するように(第2章参照)、警察官の価値システムの影響を受けて、逮捕の決定が行われていることは否定できない。フェラーロらの研究で指摘された警察官の価値システムとは、ジェンダー・バイアスも含めて、個々の警察官の経験や価値観の総体を意味するが、そのような警察官の価値システムが「相当の理由」の判断に影響を及ぼしている。

3　警察官による逮捕の決定

1　女性被害者に対する警察官の偏見

警察官のジェンダー・バイアスの影響を受けて、DV事件では「相当の理由」についての判断基準が、DV以外の事件の場合よりも「高く」設定される傾向があると、以前から指摘されてきた〔Developments in the Law 1993 : 1553, note8〕。「高く」というのは、加害者逮捕のための「相当の理由」の存在を警察官がなかなか認めないということである。その理由は、一般的に女性は感情的であると思われているので、警察官は女性の証言の信頼性を低く判断するからである。他にも、警察官は、男性被疑者と女性被害者の供述が相反するときには、「相当の理由」の存在を判断できないと考えることや〔Felson and Ackerman

2001 : 670）、男性被疑者が女性被害者の供述が嘘だと主張しているときには、「相当の理由」がないと判断することが多いともいわれている（Lerman 1992 : 237）。警察官の先入観によって、「相当の理由」の存在についての判断基準が実質的に「高く」設定されると、加害者が逮捕される可能性は低くなる。これはとりもなおさず、男性加害者にとっては有利な状況である。暴力をふるっても逮捕される可能性は低いと加害者が認識すれば、暴力を防ぐことは難しい。たとえ義務的逮捕の法律によって逮捕が警察官に命じられても、警察官のジェンダー・バイアスの影響を受けて「相当の理由」の判断基準が実質的に「高く」なり、加害者が逮捕されないと、義務的逮捕の立法化の目的は達成されない。

そこで必要となるのは、「相当の理由」に基づく逮捕の決定を、警察官のジェンダー・バイアスの影響から独立させることである。逮捕の決定と警察官のジェンダー・バイアスとの間に介在するのが、警察官の裁量という問題である。ウォーカの定義によれば、警察官の裁量とは、「何が最も適切な選択であるかについて自分自身の判断に基づいて、警察官がとる処置」である（Walker 1999 : 190）。義務的逮捕では、逮捕の決定における警察官の裁量が制限され、「相当の理由」の存在が認められれば、警察官は被疑者を必ず逮捕しなければならず、警察官自身の判断に基づいて逮捕しないでおくことは許されない。義務的逮捕とは、警察官の裁量を制限することによって、ジェンダー・バイアスの影響を縮小し、DV加害者や保護命令違反者の逮捕が恣意的に回避されることを防ぐための仕組みである。

問題は、義務的逮捕の採用によって警察官の裁量が制限されるとしても、逮捕決定に警察官の裁量がまったく介入しなくなるわけではないということである。それには、次の二つの理由がある。第一に、犯罪の発生現場では、被疑者の逃亡防止や被害者の安全確保のために、警察官は限られた時間内に迅速に逮捕の決定をしなければならない。そのような事態の緊急性や、「相当の理由」という法的判断基準の抽象性ゆえに、逮捕の決定には警察官の裁量が介入する。第二に、各警察署の捜査のための人材や財源は限られている。発生した事件の数が警察署の対応能力を超える場合には、その警察署はその地域社会にとって重大と考えられる事件への対応を優先して解決に力を傾けることになる。例えば、殺人事件や強盗事件では、犯人が犯罪を繰り返す可能性や逃亡する可能性が高く、社会的被害の拡大が見込まれるので、警察官はそのような事件の犯人の逮捕に積極的に取り組もうとする。確かに、警察や警察官の偏った価値観や恣意的な判断によって事件の優先順位付けが行われてはならない。しかし、捜査のための人材や財源に制限がある以上、社会的利益の重大性を配慮して事件の優先順位を付けることを悪いと決め付けることはできないであろう。そして、現実には、通報によって臨場した警察官が事件の重大性を見極め、裁量によって事件の篩い分けを行っていることは否定できない。ウォーカは、真に問題となるのは、警察官の「裁量」ではなく、警察官の偏った価値観やジェンダー・バイアスに影響を受けた「恣意的な裁量」(uncontrolled discretion)であり、この「恣意的な裁量」によって、デュー・プロセスや法の平等保護等、合衆国憲法で保障されている市民的権利が侵害されるおそれがあると指摘する(Walker 1999 : 191)。

以上をまとめると、逮捕の決定における警察官の裁量とジェンダー・バイアスの影響については、次のように考えることができる。第一に、犯罪の発生現場での事態の緊急性のために、「相当の理由」に基づく逮捕の決定から、警察官の裁量を完全に排除することは困難である。第二に、警察官の裁量は、警察官の経験やジェンダー・バイアス等、警察官の価値システムに影響を受け易い。第三に、DV防止法の義務的逮捕の導入によって警察官の裁量を制限する目的は、警察官のジェンダー・バイアスによる恣意的な逮捕の回避を防止して、被害者保護を確かなものとするためである。警察官の裁量をこのように考えると、DV防止法の義務的逮捕の運用において、警察官の裁量を完全に排除する必要はなく、問題は恣意的な逮捕の回避が行われることのないように、警察官のジェンダー・バイアスに影響を受けた「恣意的な裁量」をどのようにコントロールすれば良いかということになる。

2　女性被害者の証言に対する過小評価

一般的な「相当の理由」の判断方法について、連邦最高裁判所の判例〔Aguilar v. Texas, 378 U.S. 108 (1964)〕では、情報の真実性に繋がる「情報提供者の信頼性」(veracity)と、情報が警察への情報提供者自らの知識に基づいているという、「情報の信頼性」(basis of knowledge)という二つの要件について、「相当の理由」が別々にテストされなければならないとされている。しかし、新しい判例〔Illinois v. Gates, 462 U.S. 213 (1983)〕では、二つの要件は全体の状況の中で相関連する要素として扱われるべきであるとされている(Dressler 1997 : 134 ; Massachusetts DV Handbook 1999 : 54)。

DVの事案について考えると、第一要件の「情報提供者の信頼性」については、被害者の証言は「相当の理由」の重要な判断要素であるが、判例によって被害者の証言は信頼性があるとされている。例えば、マサチューセッツ州の判例〔Commonwealth v. Grammo, 8 Mass. App. Ct. 447 (1979)〕では、被害者の証言は信頼性があるとされており、その理由は犯罪の被害者には虚偽の供述をする明白な動機がないということである。判例主義によって、マサチューセッツ州では、この判例(Commonwealth v. Grammo)は

DV事件での被害者の証言の信頼性にも適用される。第二要件の「情報の信頼性」とは、情報提供者である被害者や証言者が直接に事件を目にしており、情報が非伝聞（first hand information）であるということを意味する。これら二つの要件に関して、マサチューセッツ州の警察官のDV事件対応マニュアルには、次のような事例が示されている（Massachusetts DV Handbook 1999 : 57）。

警察はDV事件の通報を受けた。警察官は現場に到着し、被害者であるスミス夫人と出会う。夫人の供述によれば、夫のフレッドと争いがあった。夫人が警察官に語ったところでは、フレッドは彼女のバスローブを掴んで彼女を床に投げ倒した。フレッドは道を隔てた酒場にいると、夫人が述べた。スミス夫人は身元の明らかな被害者（a known victim）であるから、本質的に信頼できる（inherently reliable）。事実についての補強証拠は必要ではない。したがって、「情報提供者の信頼性」の要件は充たされている。二番目の「情報の信頼性」については、フレッドに投げ倒されたと被害者であるスミス夫人が自ら述べている。このことによって、二番目の「情報の信頼性」の要件も充たされている。判例で示された二つの要件が充たされているので、フレッドを逮捕するための「相当の理由」は充分に存在する。

マニュアルで示されているこの参考事例に、前記の連邦最高裁判所の判例（Illinois v. Gates）のルールを適用すると、「相当の理由」についての判断は次のようになる。

(1) 被害者の供述は本質的に信頼できるものとみなされているので、スミス夫人の供述は「情報提供者の信頼性」の要件を充たす。

(2) 被害者であるスミス夫人は自分自身が受けた被害の状況を語ったのであるから、スミス夫人の供述は「非伝聞」であり「情報の信頼性」の要件をも充たす。

(3) この結果、「相当の理由」の存在が認められる。

判例のルールに基づいて「相当の理由」の存在が認められるので、たとえ被疑者である夫が暴力をふるったことを否認しても、夫の否認は「相当の理由」の存在に影響を与えず、警察官は夫を逮捕することができる。ところが、被疑者である夫と被害者である妻の供述が相反する場合には、妻の供述の証拠価値が下がり夫を逮捕できないと、誤った判断をしている警察官が多いのである (Massachusetts DV Handbook 1999 : 57)。警察官がこのような誤った判断をする原因の一つは、警察官のジェンダー・バイアスである。第2章で述べたように、被害者と加害者が夫婦や恋人等の関係にある（または、あった）場合には、警察官は事件を痴話喧嘩として判断したり、あるいは女性被害者の供述に対して不信感を抱いたりすることが多い。そして、その影響で、女性被害者の供述証言の信頼性が過小評価されることになる。被疑者である夫の供述と被害者である妻の供述がくいちがう場合には、それぞれの証拠価値は裁判所によって判断されるべきことであり、警察官が自分の価値観によって決めることではない。警察官に委ねられている逮捕の判断とは、判例で示された「情報提供者の信頼性」と「情報の信頼性」の要件について、「相当の理由」の存否を確認し、それによって逮捕するか否かを決めることなのである。

義務的逮捕が採用されていても、依然として、義務的逮捕の運用上の問題は、女性被害者の証言の信頼性が過小評価され、加害者が逮捕されないことである。義務的逮捕によって警察官の裁量が制限されても、逮捕の決定基準である「相当の理由」という概念は抽象的であり、事件現場では加害者の逃亡防止や被害者の安全確保のためにも、警察官は迅速に逮捕の決定をしなければならず、逮捕の決定にはどうしても警察官の裁量が介入する。したがって、逮捕の決定から警察官の裁量を完全に排除することはできないが、警察官の偏った固定的観念を是正し、被害者の証言の信頼性についての誤った判断を防止する方策は必要である。米国で実施されている方策は、第一に、逮捕についての明確なガイドラインとルールを設け、警察官に対してDV事件への適切な対応を具体的に示すこと、第二に、暴力による支配のダイナミクスや暴力の背景にある社会構造的問題等、警察官にDVについての理解の浸透を図るとともに、警察官のジェンダー・バイアスを是正するための教育や訓練を実施し、警察官が女性被害者に対して抱いている偏見や固定的観念を払拭することである。

4　義務的逮捕のメリットとデメリット

1　フェミニスト的視点からの評価

義務的逮捕の採用によって警察官に逮捕を義務づけることの基本的目的は、恣意的な逮捕の回避を防止することであり、それによって差し迫った暴力の危害から被害者を緊急に保護することである。さらにデイヴィスらによれば、義務的逮捕のもう一つの目的は、被害者から「逮捕を左右する責任」(responsibility for arresting) を取り除くことによって、被害者を安全な立場におくことである (Davis and Smith 1995 : 543)。「逮捕を左右する責任」を被害者が担う限り、加害者は被害者が警察への協力を行わないよう暴力によって強制したり、あるいは脅迫したりする可能性が高い。加害者の逮捕を決定するのは警察官であって、被害者の意思によって逮捕は左右されないということを加害者に知らしめる方が、被害者の安全確保に役立つと考えられている。

とはいえ、被害者から「逮捕を左右する責任」を取り除くということに対しては、フェミニストから、以下のような批判がある。これは、すなわち義務的逮捕への批判でもある。まず、「逮捕を左右する責任」を被害者から取り除くということは、父権主義的であり性差別的であるとの批判がある（Hanna 1996 : 1872）。また、フェミニスト法学者であるロードは、個々の被害者の意思を無視することは、結果的に女性被害者を司法から遠ざけることになると警告する（Rhode 1989 : 243）。さらにミルズは、臨床学的見地から、「逮捕を左右する責任」を被害者から取り除くことによって、被害者は意見や希望を表明することもできなくなり、被害者はさらに無力感を感じるとして、義務的逮捕を批判する（Mills 1999 : 589）。ミルズは、親密関係や家族の私的領域で発生した暴力犯罪がプライバシーを理由として秘匿されてはならないが、女性の被害者としての経験に対して慎重な介入が必要であり、個々の被害者がおかれている具体的状況への配慮や、個々の被害者が負っている精神的トラウマへの適切な対応がなされなければ、義務的逮捕は女性被害者の感情を無視する法的強制になるとする。その結果、被害者は法による抑圧を受けることになり、義務的逮捕は本来フェミニストが解体をめざしている家父長制社会の暴力による支配抑圧のダイナミクスを踏襲することになると批判する（Mills 1999 : 568-569）。

このような義務的逮捕への批判に対して、スタークは「義務的逮捕――その批判への応答」と題した論文の中で、Battered Women's Movement に長らく携わってきた活動家としての立場から、義務的逮捕の有効性を被害者のエンパワーメントという枠組みで判断することを主張している（Stark 1996 : 115）。スタークによれば、義務的逮捕にはメリットとともに様々なデメリットがあるが、総合的に判断すれば、義務的逮捕の採用によって「警察官の恣意的判断を防ぎ、警察の対応について社会的な基準を設け、被害者を緊急に保護することが可能となり、女性の市民的権利の主張を実現し、それによって、女性は新しい『権力資源』（a new "package of resources"）を手に入れることになる」ので、メリットの方が多いとする（Stark 1996 : 133）。スタークは、「被害者の危険や恐怖をなくすることが、刑事司法による介入の重要な目標であるが、そのような目標を達成するためには被害者のエンパワーメントが不可欠であり、様々な介入の有効性は、その介入によって被害者がエンパワーされるか否かによって判断されるべきである」と主張する（Stark 1996 : 123）。

このように、義務的逮捕の問題点は、逮捕の再犯抑止効果に疑念を抱く犯罪学者よりも、むしろ女性被害者の意思が無視されることがあってはならないとするフェミニストによって、数多く指摘されてきた。義務的逮捕の有効性については、フェミニスト的視点の活動家や研究者たちの間でも、意見は分かれている。

2　被害者エンパワーメントによる再犯抑止効果

刑事司法の強制的介入、すなわち被害者の意思に反しても検察が訴追することの有効性について、被害者のエンパワーメントという枠組みで実証的な分析を行ったのは、フォードらによるインディアナポリス訴追実験の研究である（第5章参照）。フォードらの研究では、被害者が訴追段階での事件の取り下げという「事態を左右する影響力」を手に入れ、それを加害者との交渉に使うことによって、加害者の行動に影響を及ぼすことができるようになったと指摘されている。被害者の「事態を左右する影響力」は、被害者がこれをより積極的に利用すれば、「権力のリソース」を手に入れることになる（Ford 1993 : 157）。但し、フォードらの研究では、事件の取り下げを被害者に許可する訴追政策が、常に被害者のエンパワーメントに繋がるわけではないことも指摘されている。事件の取り下げを被害者に許可することによって再犯抑止効果が生じたのは、被害者の告訴に基づいて裁判所が逮捕令状を発令し、その逮捕令状によって加害者が逮捕された事例であった（Ford 1993 : 157）。被害者の告訴には、加害者との関係を断ち切りたいという、被害者の自立への意思がある。

フォードらの研究によって判明したことは、訴追の決定という一点において被害者が「事態を左右する影響力」を持つことが、それだけで、被害者のエンパワーメントに繋がるのではないということである。フォードらは、被害者のエンパワーメントのためには、訴追の決定について被害者の意思や決定権が尊重されるだけでなく、警察や検察によって被害者の安全が守られ、被害者に充分な情報が提供されなければならないとする（Ford 1993 : 159）。そのような警察や検察の被害者に対する支援が、被害者と警察・検察が同盟関係にあることを、加害者に知らしめることになり、暴力の抑止へと繋がる。

刑事司法過程には、様々な種類の重層的な権力関係が存在し、ＤＶの女性被害者がおかれている被抑圧的状況は、加害者との関係だけではない。例えば、情報収集や安全確保について、被害者は刑事司法を頼らなければならず、警察官や検察官や裁判官との関係でも、被害者の力は限られ、劣位におかれてきた。女性被害者のエンパワーメントとは、刑事司法過程のあらゆる場面において、女性被害者が様々な種類の被抑圧的状況から抜け出すための環境をつくり、その手段を提供することであり、義務的逮捕はそのワンステップに過ぎない。だからこそ義務的逮捕に続いて、加害者に対する強力な訴追政策と、加害者に対する裁判所の厳しい判断がなければならない。たとえ義務的逮捕を導入しても、加害者の暴力による殺傷の危険という危機的状況から毎回被害者を救出するということだけでは、被害者をエンパワーすることにはならない。被害者のエンパワーメントのためには、被害者が再び加害者の暴力による被抑圧的状況に陥らないようにすることが必要である。刑事司法過程全体を通しての、さらには刑事司法過程の外にも及ぶ、多面的で継続的な被害者保護と支援の方策が、被害者のエンパワーメントに繋がり、結果として、暴力がふるわれるリスクを減少させることになる。

5　全米における逮捕政策の実証的効果

二〇〇〇年五月に司法省司法統計局が発表した「親密な関係のパートナーによる暴力」の特別報告書によれば、一九九八年におよそ一〇〇万件のＤＶ犯罪が発生し、その八五％、事件数にして八七六、三四〇件の事件の被害者は女性であったとされる。依然としてＤＶ犯罪は米国社会にとっての深刻な問題である。この報告書では、過去四半世紀における著しい変化として、ＤＶ殺人件数の減少が指摘されている。ＤＶ殺人事件は一九七六年に約三〇〇〇件であったが、一九九八年には約一八三〇件となった。ＤＶ殺人事件のうち、夫や恋人によって殺害された女性の数は、一九七六年から一九九三年の間では変化がほとんどなく、一九九三年から一九九七年の間に二三％減少した（但し、一九九八年には前年より増加)。これに対して、妻や恋人によって殺害された男性の数は一九七六年から一九九八年の間に六〇%減少した。夫や恋人に殺害された女性の減少の割合よりも、妻や恋人に殺害された男性の減少の割合が、遥かに大きい。

女性被害者の救済を目標にして推進されてきたDV防止法の改革が、男性が殺害される件数の減少に繋がったことを、皮肉な結果と見る人びともいる。しかし、殺害された男性の数の減少は、女性が自己防衛のための反撃で男性を殺害してしまうというような事例が減少したと考えることができる。すなわち、警察の積極的介入によって被害者が保護され、社会的な被害者支援体制の整備によって被害者の自立のための選択肢が増えたことが、女性が殺人事件の加害者になる可能性を低減させたのであり、それは女性被害者のエンパワーメントの表れと見ることもできる。

DV殺人事件の減少に、DV加害者の逮捕政策がどの程度の影響を及ぼしたのかは明らかではないが、義務的逮捕の導入によってDV事件の逮捕件数が増加したことは、次のような資料から明らかである。第一に、シャーマンは、全米犯罪統計(National Crime Survey)を使った計算に基づいて、一九八四年から一九八九年の五年間にDV事件での逮捕件数が七〇%増加したと報告している(Sherman 1992 : 24)。第二に、マサチューセッツ州では一九九一年に保護命令違反者の義務的逮捕を命じる法改正が行われ、この法改正の後にDV事件の逮捕件数は劇的に増加したことが、調査研究によって報告されている(第5章2節の4参照)。第三に、司法統計局の資料によれば、一九七一年から一九九四年の間に、加重暴行(aggravated assault)の逮捕件数は一四〇%の増加を示したが、同期間におけるレイプの逮捕件数は三三・六%の増加、窃盗の逮捕件数は八・二%の増加、強盗の逮捕件数は二四%の減少であったとされる。

これらの比較によって、ウォーカは、他の犯罪よりも加重暴行の逮捕件数が大幅に増加したことに注目し、義務的逮捕の導入は警察官の対応を変化させた可能性があると指摘している（Walker 1999 : 107）。以上を総合的に判断すれば、義務的逮捕の導入によってＤＶが減少したとまではいえないが、少なくとも、義務的逮捕の導入によってＤＶ事件における警察官の恣意的な逮捕の回避という問題については改善があったといえる。

6　義務的逮捕政策の目的と効果

一九七〇年代の Battered Women's Movement の中で、フェミニストの活動家や研究者たちはＤＶが「男女の権力関係（ジェンダー構造）」のダイナミクスの一部であると考えた。そして、このジェンダー構造のダイナミクスには、「男性加害者対女性被害者」の不均衡な権力関係だけでなく、「刑事司法対女性被害者」の不均衡な権力関係も内蔵されていることが明らかになった。フェミニストたちは、従来の警察の不介入主義を批判し、警察のＤＶへの積極的介入を推し進めるための様々な活動を展開した。各州で設立された民間被害者支援組織による立法府への積極的な働きかけ、警察や市の行政機関を被告として被害者側から提起された一連の訴訟、逮捕のＤＶ抑止効果を肯定したミネアポリス実験結果の発表、これらの影響の積み重ねによって、警察は逮捕政策の転換を余儀なくされ、義務的逮捕が導入されるようになった。

加害者の義務的逮捕については、加害者である夫の逮捕を望まない被害者も存在する。刑事司法の積極的介入を推し進めてきたフェミニストたちの中には、被害者が夫の逮捕を望まない場合でも、加害者に対して厳格に法が執行されるべきであり、そうすることによって、暴力によって維持されているジェンダー構造の変革という大きな目的が達成されるという主張もあった。他方で、ジェンダー構造の変革という大きな目的のためであっても、個々の女性の意思を犠牲にすることはできないとする主張もあった（Mills 1999 : 564）。特に、個別の事件の被害者と直に接する支援者や心理カウンセラーは、フェミニストが推し進めるジェンダー構造の変革と個々の女性被害者の目的が必ずしも一致しないことを指摘した。

被害者の意思に反しても行われる刑事司法の介入には、フェミニスト的視点からの賛否両論があるが、暴力によって維持されているジェンダー構造の変革のための最も基本的な手段は、刑事司法の積極的介入そのものではなく、スタークやフォードらが指摘したように、刑事司法の積極的介入による被害者のエンパワーメントである。義務的逮捕は、警察官のジェンダー・バイアスの影響を受けた恣意的な逮捕の回避をなくすることを意図するものであり、個々の被害者の意思を無視することを意図するものではない。義務的逮捕の基本的目的は被害者保護であり、被害者の生命・身体の安全確保こそが被害者のエンパワーメントのスタートであることに間違いはない。

今日、米国の多くの州では、ＤＶ加害者と民事保護命令違反者の義務的逮捕が法に定められている。義務的逮捕を法に定めることは、ＤＶや民事保護命令違反は犯罪であり、決して許されないというメッセージを社会に発信する。また、警察の厳しい対応が明確になることによって、大部分の加害者は暴力を控え、短期的であっても民事保護命令に暴力抑止効果があることが調査によって確かめられている

（第1章5節の3参照）。義務的逮捕は警察官の積極的な法の執行を保証することになり、被害者の安全や安心感を増大させる。警察の積極的介入による被害者の安全や安心感の増大が、加害者との不均衡な権力関係におかれていた被害者をエンパワーし、被害者が加害者と離別し、自立に向かう環境づくりをめざすようになり、結果的に将来のＤＶの発生を予防することになる。義務的逮捕の導入による被害者のエンパワーメントは、被害者保護をＤＶ犯罪の抑止に繋げる鍵である。

終　章

被害者保護とデュー・プロセスの調和

1　米国のDV防止法における加害者逮捕政策

1　逮捕の積極化とデュー・プロセス

米国刑事司法のDVへの積極的取り組みが始まって三〇年に充たないが、DV加害者の逮捕に関する法の変化は著しく、警察の積極的逮捕政策への転換は急速に進んだ。法は、社会の変化と社会の要求に敏感に対応して、変化を遂げる。同時に、法や政策の変化の根底には変わることのない理念が存在している。米国のDV防止法の歴史を通して、DVに関する法と政策の急速な変化にもかかわらず、その根底には、合衆国憲法第一四修正が保障するデュー・プロセスと法の平等保護の理念がある。

犯罪の抑止は刑事司法の最も基本的な目的であるが、法執行機関による人権侵害があってはならない。法執行機関による人権侵害は、人種、性別、社会的階級等を理由とする差別、すなわち社会におけるマイノリティ・グループに対する不平等によって起きる可能性がある。特定のグループに対する不平等や不利益をなくすためには、刑事司法過程における権力関係の中で、構造的に劣位におかれている人びとを、制度的に保護する必要がある。刑事司法過程におけるデュー・プロセスの重要性が、一九六〇年代に黒人差別と被疑者・被告人の人権蹂躙が明らかにされて飛躍的な展開を見せたと同じように、七〇年代に始まるDV防止法の発展にも女性に対する差別と人権軽視が浮かび上がってきた。そして、八〇年代には、これら二つの法制度の発展にともなって、DV被害者の保護というジェンダーの文脈とデュー・プロセスという刑事法の文脈が交錯するところで、調整が必要となる場面が現れるようになった。

とりわけDV加害者の逮捕をめぐっては、デュー・プロセスは謙抑的で慎重な逮捕を要請し、DV防止法は加害者の積極的逮捕を推奨するため、デュー・プロセスとDV防止法は相互対立的と見られることがあった。刑事手続においては犯罪抑止とデュー・プロセスという二つの目的が拮抗しており、これにDV事案という事情が加わると被害者の安全とデュー・プロセスが拮抗することになる。刑事司法が実現をめざす目的は一つではない。米国の刑事司法の政策は、犯罪の抑止、デュー・プロセス、被害者の安全という三つの目的の均衡と調整によって形成されてきた。そして、デュー・プロセスは他の二つの目的との関連で中心的な位置にある。これら三つの目的はどのように調整されるのか。そのヒントは、デュー・プロセス概念の性質を再確認することにあった。

第4章で取り上げたミズーリ州最高裁判所のウィリアムズ事件は、一方的緊急保護命令発令の合憲性が問われた事件である。一方的緊急保護命令の発令は民事上の措置であり、その手続のデュー・プロセス適合性は刑事手続のデュー・プロセスの問題ではないが、被害者保護とデュー・プロセスが対峙する重大な場面である。この事件の裁判では合衆国憲法第一四修正の保障するデュー・プロセスの意義が改めて確認された。ウィリアムズ事件の判決で引用された連邦最高裁判例では、デュー・プロセスは「柔軟な概念」であり、デュー・プロセスに適う手続とは、命令発令によって制限を受ける個人の利益の重大さ、命令発令によって促進される社会的利益、命令発令の後に用意されている手続的保障、これら三つの要素の衡量によって、その具体的方法が決まるものであるとされていた。

連邦最高裁によって示されたこのデュー・プロセスの「比較衡量の法理」の適用によって、ミズーリ州最高裁判所のウィリアムズ事件判決では、被害者の保護は市民の健康・福祉・安全という州政府の重大な利益であり、被害者が暴力の差し迫った危険に晒されている時には、被害者の生命・身体の安全を守るために、加害者とされる被告の利益、例えば行動の自由や所有権等を、暫定的に制限することは、デュー・プロセスに違反しないと判断された。被害者の人権と被告の人権が衝突するとき、相対立している利益の重大さの衡量と、それぞれの利益を守ることによって推進される社会的利益を考慮して、デュー・プロセスへの適合性が判断された。前述の、犯罪抑止とデュー・プロセスと被害者の安全という三つの目的の調整にも、この比較衡量のアプローチが採用されているといえる。

ここで翻って、米国におけるDV加害者に対する逮捕政策の変遷を顧みると、一九七〇年代以降、不介入主義から積極的介入主義への転換、軽罪のDVに対する令状なし逮捕の許可、義務的逮捕へと推移した。米国のDV防止法における逮捕政策の積極化とは、「相当の理由」による令状なし逮捕の適用範囲を拡大するという警察官の逮捕権限の強化であり、同時に、「相当の理由」を狭く解釈して逮捕を回避する傾向のあった警察官の裁量を制限し、警察官のジェンダー・バイアスが働く余地を少なくさせることであった。政策変化をこのように解釈すると、警察は積極的介入による被害者の安全確保が、ＤＶへの対応における基本的な警察責任であると考えるようになったといえる。

フェミニスト的視点からは、被害者が加害者の逮捕を望まない場合に、被害者の希望を無視して逮捕することは被害者のエンパワーメントに繋がらないという批判がある。確かに、フェミニストたちが主張するように、刑事司法手続の中で女性被害者の意思や権利が軽視されたり、無視されたりする状況を放置することは、構造的な性差別の存続を容認することになる。但し、忘れてはならないことは、加害者の逮捕の前には個々の被害者から警察に介入要請があったという事実である。被害者が警察へ通報した時点では、被害者は実際に暴力をふるわれていた、あるいは差し迫った暴力の危険に晒されていた。たとえ警察官の臨場によって加害者の暴力が止んだとしても、それは一時的なものであることが多い。このために、被害者が様々な理由から加害者である夫を逮捕しないように希望しても、被害者の生命・身体の安全確保という観点からは、警察官は加害者を逮捕すべきであるというのが、義務的逮捕の趣旨である。

被害者の生存に関わる生命・身体の安全が何よりも優先されるべき法益である。義務的逮捕は、警察官のジェンダー・バイアスによる恣意的な逮捕の回避を防ぐことを意図するものであり、個々の被害者の意思を無視することを意図するものではない。女性被害者の意思や決定権は、被害者の生命・身体の安全が確保された後に、訴追や裁判の過程で充分に尊重されるべきであろう。そして、もう一つ忘れてはならないこととして、警察が加害者を逮捕できるのは「相当の理由」がある場合だけである。女性運動を基盤とする被害者支援活動によって、警察の積極的介入が要請された第一の目的は女性被害者の安全確保であり、義務的逮捕の立法化を推進することによって、警察官が事件への介入や加害者の逮捕を恣意的に回避しないよう公正な介入の基準を求めたのである。女性被害者の生命・身体の安全確保こそが、女性被害者のエンパワーメントの出発点である。

2　逮捕の積極化と被害者保護

被害者のための法制度の不備という問題から、女性運動の影響によるDV防止法の立法化、加害者の人権保障との衝突、保護命令の執行力の問題に至るまで、米国のDV防止法の制定過程で起きたすべてのことがらが、日本の配偶者暴力防止法の制定過程でも繰り返された。これは、米国でも、日本でも、それまでの法制度において女性被害者の安全と利益に対する配慮が不充分であったということを意味する。

従来、法の理論や実務の担い手の大部分は男性であり、立法や法の解釈・運用のほとんどすべてにおいて、男性の経験と価値観が反映されてきた。二〇世紀中葉以降、女性の社会進出が飛躍的に進むと、それまでは無視または軽視されていた女性の経験や価値観にも目が向けられるようになり、女というカテゴリーに属するがゆえにその安全と利益が等閑にされている領域が明らかになった。それは、法の保護から取り残されていた者が、法の保護を主張する、新たな社会問題の提起となった。

一九六〇年代の人権運動の中で女性の人権が主張されるようになり、七〇年代にはDV被害者の支援活動の中で、女性たちは語り合い、経験を言葉にすることによって、自分たちが被抑圧的立場におかれた一つの社会集団であることを自覚し、法の中に女性を差別する偏向があることに気づいた。すなわち、女性の人権の重視というフェミニズムの潮流の中で、妻への暴力が個人的な問題ではなく、女性に対する差別という社会構造的な問題であり、法制度にもその性差別が組み込まれているという、法の中のジェンダー・バイアスに気づいたのである。これがDV防止法の出発点であった。

人びとの意識、社会関係や社会構造が著しく変化するとき、既存の法システムやその中で形成された厳格で固定的な法理だけによっては対応できない新しいタイプの問題が出現する。英米法の歴史を遡ってみると、複数の民族の統合や複数の階級の統治において、複数の異なるグループの利益や安全を、調和をもって実現することが必要とされた。そして、その方法として、コモン・ローとエクイティという判例法の二つの体系が発展した。厳格な法の体系であるコモン・ロー（普通法）とは別に、個別具体的事件に柔軟に適合し、被害者の実質的救済を図るため、救済法の体系であるエクイティ（衡平法）が形成され、運用されてきた。エクイティの法は、具体的な被害者の救済から出発して、新しい権利概念を導き出す可能性を持っている（佐藤 一九九〇：二七三）。米国の女性運動がエクイティに注目し、インジャンクションの伝統から新たな保護命令制度をつくり上げたこと、また、エクイティにおいて伝統的な「不利益の比較衡量」のアプローチからデュー・プロセスの「比較衡量の法理」が導かれたことも、エクイティの法が具体的妥当性と実質的救済を目的とするがゆえのことである。

法の支配による社会秩序の維持と、救済による社会的安寧の実現は不可分である。特にDV犯罪の根本的解決のためには、被害者が暴力による支配から逃れて、加害者と被害者の支配従属関係が解消されなければならない。保護命令は基本的には、この支配従属関係解消のために、加害者に被害者への暴力や接近・接触を禁じる命令であるが、命令違反に対する刑事司法の積極的な関与がなければ、命令は加害行為や違反行為に対する抑止力を持たない。保護命令の実効性は、警察が加害者や違反者に対していかに厳格に法を適用するかにかかっている。だからこそ、米国のＤＶ防止法では加害者逮捕の積極化に力が注がれた。

3　米国の刑事司法政策とジェンダー

本書におけるジェンダーとは、権力関係を分析する概念である。ここで、もう一度、スコットによる定義の二つの命題を思い出してみたい。第一に、ジェンダーとは、認知された両性の違いに基づいて構築された、社会関係の一つの構成要素である。第二に、ジェンダーとは、権力の関係を意味づける根本的な方法である。米国刑事司法の政策形成にジェンダー概念が導入されたのは、ジェンダーが性別の権力関係の意味を明らかにし、さらに、これを基本とするミクロ・マクロの権力関係の分析軸となりうるからである。ジェンダーによって問題とされるのは単に性別の不均衡な権力関係だけではない。性別の権力関係を出発点として、様々な権力関係が問われることになる。

暴力は様々な理由で支配的立場にある者がその権力関係を利用して従属的立場の者にふるうことが多く、権力関係の表出でもある。また、新たな関係を形成しようとしても、既存の不均衡な権力関係が考慮されないと、元々優位な側にさらに権力が偏ることになる。社会的法益対個人的法益、公権力対個人、公的領域の活動対私的領域の活動、男性対女性、これら様々な二分法の対立概念において、前者が優位に置かれ、歴史的に多くの資源を獲得し、ときに有形・無形の暴力を生む不均衡な権力関係をつくってきた。そして、公的領域活動の多くを占め、公権力を行使する立場にあり、社会的な利益とは何かを定義してきたのは、男性である。ジェンダーの分析概念としての意義は、男女という性差に付与された価値の不均衡が「自然や生物学的運命」ではなく政治性をもって「社会的に構築されたもの」であることを出発点として、他の二項対立概念に付与された価値の不均衡と権力関係をも見直すことである。

米国の刑事司法において、性暴力、セクシュアル・ハラスメント、DV等、男女の関係における不平等を基盤とする犯罪をなくすための積極的な法制度改革が推進されてきたのは、複数価値の共存を尊重する政治の多元主義（pluralism）の伝統や、救済を重視するエクイティの法の伝統によって、公私二元論に基づく近代市民法の硬直性を緩和することができたからであると考えられる。被害者の救済のために民事法と刑事法の手続上の壁が部分的に取り払われ、被害者の実質的救済のために司法制度は柔軟に対応している。

連邦最高裁判例〔Brinegar v. United States, 338 U.S. 160, 176 (1949)〕によれば、逮捕の要件である「相当の理由」は、一方でプライバシーに対する無分別で非合理的な介入や根拠のない犯罪の訴追から市民を守り、他方で社会の治安維持を目的とする法執行機関の公正な活動の自由を与えるという、相対する利益の均衡を図る最善の妥協点を提供するものであるとされる。「相当の理由」という概念が、警察権の行使による治安の維持、加害者へのデュー・プロセスの保障、被害者の保護という、複数の目的の調整を図る手段となる。そこでも「加害者対被害者」、「司法対被害者」、「司法対被疑者」のそれぞれの関係における前者の後者に対する支配性が常に考慮されなければならない。

ジェンダーに基づく偏向、「司法対市民」の力の不均衡、司法制度内部の裁判所、検察、警察の権力関係というように、権力関係は多様で重層的である。あらゆる場面において権力関係に対する配慮が必要であり、権力関係の不均衡是正の主張は単に女性に対する暴力の撤廃や女性の解放にとどまらない。近年の法制度改革において被害者と女性の救済が重視される傾向は、従来この二者が制度的に劣位にあるいは制度の外におかれてきたことに対するアファーマティヴ・アクションである。

2　日本法への示唆

1　日本におけるデュー・プロセスの展開

日本では、第二次世界大戦後の国連軍の占領下、アメリカ法の影響を大きく受けて、一九四六年に日本国憲法が、一九四八年に新たな刑事訴訟法が制定された。戦前の日本の刑事司法は、大陸法とりわけドイツ法の影響を受けて実体的真実主義を基調とする職権主義訴訟構造を特徴としていたが、戦後、実務の実態は別としても理論的には、英米法の特徴であるデュー・プロセス主義を基調とする当事者主義訴訟構造へと移行した。

戦後の日本国憲法では三一条の法定手続保障を核として、三三条・三五条の令状主義、三七条三項の弁護人選任権等、四〇条までに刑事手続の詳細な人権規定がおかれた。これによって捜査段階における被疑者・被告人の法的地位は格段に向上した。被疑者・被告人の法的地位の向上は、戦後の新憲法で宣言された基本的人権保障の一環であるが、その背景には、戦前の捜査官憲による人権蹂躙についての反省があった。とはいえ、戦前の刑事司法のすべてが否定されたわけではない。日本では、実体的真実主義の観念がドイツ法学から伝えられ、職権主義訴訟構造の下で、「明治以来、専門職のみによって統一的に運営される刑事手続ないし司法制度が、高度の完成をとげていた」（松尾 一九七九：一五）のであり、そこでは、強大な捜査機構によって充実した捜査が行われ、捜査の結果は詳細にまとめられて公判に引き継がれ、大体は正確な刑事裁判が実現されていたのである。

戦後もこの捜査体制の特徴は維持され、今日でも、徹底した証拠収集と拘禁中の被疑者の取調べが行われることによって、公訴提起の時点では、犯罪の動機・手段方法・結果、犯罪後の情況、被告人の性格・経歴・境遇まで調べ尽されている。そのような丁寧な取調べは、犯罪者の反省と更生を促すことがある一方で、自白の強要に繋がる可能性もある。警察による綿密な捜査と、検察による精密な起訴によって、日本では驚異的な有罪率が達成され、この状況は「精密司法」（松尾 一九七九：一六）(1)と呼ばれて、戦後のほぼ半世紀は、世界に冠たる日本社会の治安の良さの一つの理由とされていた。

新旧の相対する理念は、衝突を繰り返し、歴史の中で時間をかけて中庸の位置に落ち着く。戦後の新しい憲法と刑事訴訟法の制定によって、実体的真実主義からデュー・プロセス主義への転換があり、一九六〇年代には研究者や法曹にデュー・プロセスの理念が広く受容されるようになったが、歴史の出来事は容易にその流れの緩急に影響を及ぼす(2)。例えば、一九六〇年代末から一九七〇年代にかけて反安保闘争による多数の学生事件を抱えていた大都市裁判所においては、警察官の派遣と強権的な訴訟指揮が一般化し、これが公判審理の形骸化・調書裁判の強化を進める重要な契機となったのは間違いないとの指摘もある（石松 一九九三：七）。そして、現在、日本では裁判員制度の導入を間近に控えている。裁判員制度が実施されれば、公判での主張や立証がものをいうようになり、これまでの調書裁判の実態は変わらざるを得ないであろう。司法判断に市民感覚が反映されることが、日本の刑事司法全体の傾向に影響を及ぼし、その結果として警察の逮捕政策や検察の起訴方針等に変化が起きないとも限らない。そういう意味では、日本の刑事司法のありようは、今まさに変化しようとしている。

日米における逮捕の法的性格の違いを序章で述べたが、刑事訴訟構造についても大きな違いが存在し、逮捕実務への影響は見逃せない。第一に、当事者主義を貫徹して、捜査と公判は非連続の米国の刑事訴訟構造と、当事者主義をとりながらも「精密司法」を特徴として、捜査と公判が連続の関係にある日本の刑事訴訟構造との違いが存在する。日米の刑事手続の大きな違いは、捜査の当事者主義化(3)の程度である。米国では、警察は、逮捕された被疑者を不必要な遅滞なく裁判所へ引致して、被疑事実を告げ、各種権利を告知しなければならない。通常、逮捕から二四時間以内に最初の起訴の決定が行われ、警察の取調べはそれまでの間に完了し、取調べには弁護士の立ち会いが認められている(ジョンソン 二〇〇四：一五)。他方、日本では、米国のように、逮捕後被疑者を裁判所へすぐ引致するという制度がなく、被疑者が裁判所で被疑事実を告げられ、陳述の機会を与えられるのは、逮捕の次の段階に入る勾留質問のときである。日本の捜査機関は、裁判所へ勾留を請求する前に、被疑者を逮捕後四八時間ないし七二時間留置することが可能で、弁護人との接見交通には日時等の指定権をもち、代用監獄の制度もあって、逮捕を取調べに利用することができる。米国と比較すると、日本では捜査機関による被疑者の取調べに対する規制がかなり緩やかである。

第二に、デュー・プロセスのありようは、前記の、日米の異なる刑事訴訟構造の中で、それぞれに適した変容を遂げた。英米法には、正しい事実認定と手続の適正のために、証拠調べの手続や証拠能力に関する法則が集積されている。その一つが、違法収集証拠の排除法則である。違法収集証拠の排除とは、証拠の収集手続が違法であった場合に、その証拠能力を否定し、事実認定の資料から排除する法則である。このように、公権力を手続的に拘束し、人権を手続的に保障していこうとする思想は英米法の特徴とされる（芦部 一九九二：一八〇）。戦後の日本では、捜査の規制方法として、この、違法収集証拠の排除という英米法的なアプローチが採用されるようになった。

米国では、幾つかの例外ルールがあるものの、違法な捜査に対しては、公判の段階で判例によって確立した排除法則が厳格に適用される。すなわち、犯罪者の有罪を立証するための証拠が違法な捜査によって獲得されたことが公判で判明すると、その証拠は使えず、犯罪者を処罰することができなくなることもある。捜査機関は自分たちが危険を冒して証拠を手に入れた努力が無になるという厳しい制裁を受けることになる。このような証拠の排除法則には、現場の警察官に対して適正な手続とは何たるかを周知させる教育効果、違法な捜査をさせない抑制効果を期待できるが、事案が公判に持ち込まれない限り、排除法則による制裁は機能しない。そのため、違法な捜査はなくならないというのも現実である。他方、日本では、最高裁判例（最判昭和五三年九月七日、刑集三二巻六号、一六七二頁）が「違法の重大性」という排除の基準を示しており、これによって公判の段階では「違法収集証拠排除法則」は、「相当に限定的に」（田宮 一九九二：三九八）認められ、米国に比べれば緩やかな適用がなされているといえる。ところが、捜査の段階では、違法捜査の抑止や被疑者・被告人の人権保護を理由に、デュー・プロセスは理念上厳格に捉えられ、被害者保護のために加害者の人権保障を柔軟に解釈するというようなことには批判が多い。

デュー・プロセスのありようは日米において異なるが、田宮裕は、デュー・プロセスを、「あるところまでの権利だとか特定の制度だとかいうように具体的な内容をもったものではなく、問題解決の方法論のようなもの」（田宮 一九八一：一八）と理解して初めて、日米の比較のためにも、日本における問題展開のためにも、デュー・プロセスが真に有用な概念となると提案した。第4章で見たように、連邦最高裁判例では、デュー・プロセスとは柔軟な概念であり、デュー・プロセスに適う手続とは画一的な過程を踏めばよいというものではないとされている。日本においても、法執行機関の不当な権力行使を防ぐというデュー・プロセスの本来の趣旨を守る限り、デュー・プロセス論は問題解決の方法論として、もう少し柔軟に展開可能なものであると考えられる。

2 日本のDV加害者逮捕政策の課題

日本では二〇〇四年に配偶者暴力防止法が改正され、接近禁止命令による保護の対象に未成年の子どもが含まれるようになり、退去命令の期間が二週間から二ヶ月間に拡大された。また、八条の二に、警察本部長等は、「被害者からの暴力による被害を自ら防止するための援助を受けたい申出があり、その申出を相当と認めるときは」、被害の発生を防止するために必要な援助を行うものとすると、新たに規定された。これは警察庁の被害者援助の施策であり、警察の行政的役割の一環である。このように、法改正によって、保護命令制度の拡充と被害者支援について若干の改善が見られたが、警察の加害者への刑事的対応については新たな規定は加えられていない。

わが国の現状において懸念されるのは、被害者の意思の尊重を理由に、警察が介入を手控えることによって、被害者がさらなる暴力をふるわれる危険である。警察庁の通達では今日でも、一九九九年の

「女性・子どもを守る施策実施要綱」で示された、「刑罰法令に抵触する事案については、被害者の意思を踏まえ、検挙その他の適切な措置を講ずる」という基本方針が維持されている。義務的逮捕を全米で初めて導入したオレゴン州の「虐待防止法」は、一九七七年の制定の当初は、被害者の反対があれば、警察官の裁量によって加害者を逮捕しなくてもよいとする条項が設けられていたが、被害者の利益の優先という法の趣旨に反して、この条項が警察官の逮捕回避の口実に使われることがあったため、一九八一年には削除された（Zorza 1992 : 63）。このオレゴン州の例からもわかるように、「被害者の意思を踏まえ」という警察庁の方針は、逮捕を回避するための警察官の口実となるおそれもあり、被害者が加害者に脅迫や暴力を受けて被害の申立や告訴を拒んでいる場合には、犯罪が潜在化し、被害者の救済が困難になる可能性がある。ＤＶ事件では、加害者の暴力や脅迫に晒されてきた被害者が、その加害者の前で警察官に本当の意思を告げることは困難であるから、加害者への警察の対応を、被害者の意思に委ねるべきではない。

加害者逮捕の積極化については、前節で述べたように、日本において捜査の当事者主義化がさらに進まない限り、逮捕という処分によって被疑者にもたらされる不利益や権利侵害のおそれが、米国の場合より大きい。したがって、日本に米国の義務的逮捕と同様の方法を直ちに導入することは難しいが、米国の義務的逮捕が現実に果たしている様々な機能を評価し、それを日本の逮捕政策に活かすような取り組みは可能である。米国の義務的逮捕の機能については、すでに第6章で詳述したが、ここで改めて日本法への示唆をまとめると、次のようになる。

第一に、義務的逮捕は、警察官のジェンダー・バイアスによる恣意的な逮捕回避を防止する。

アメリカ法では、逮捕とは刑事訴追または取調べの目的で被疑者の身柄を拘束することであり、逮捕によって刑事司法作用が起動するというのが一般的な考え方である。したがって、義務的逮捕とは、捜査の初期段階で、警察官のジェンダー・バイアスによって、DV事件が特別扱いされて、篩い分けられ、刑事手続から外されてしまうことを防ぐための仕組みである。日本法の場合には、身柄拘束の強制処分はできるだけ控えるべきとされ、逮捕は捜査によって犯罪の嫌疑が固まった段階で行われる。そのため、DV事件が、恣意的な判断によって捜査の初期段階で篩い分けられ、刑事手続から外されてしまうことを防ぐためには、警察官に捜査の端緒であるDV事件の通報への積極的な対応を命じ、DV犯罪が認知された場合には、他の暴力犯罪と同じ基準でしっかりとした捜査を行うことを義務づける規定を配偶者暴力防止法に設けることが必要である。

第二に、義務的逮捕は、警察官の積極的介入と加害者の身柄拘束によって、暴力の危害から被害者の生命・身体を緊急に保護するに役立っている。

米国では、DV防止法にDV犯罪についての令状なし逮捕が規定されているが、日本では、令状による逮捕が原則であり、令状なし逮捕が許可されるのは現行犯逮捕または緊急逮捕の場合だけである。現行犯の場合は、警察官は躊躇なく加害者を逮捕すべきである。緊急逮捕は、死刑または無期若しくは長期三年以上の懲役もしくは禁固に当たる罪について認められているので、法定刑が二年以下の暴行罪や脅迫罪には適用できない。令状なし逮捕が限定的な場合にしか認められていない日本では、緊急に被害者の安全を確保するためには、裁判所によって迅速に逮捕令状が発付される必要がある。逮捕令状の請求を受けた裁判官は、「逮捕の理由」と「逮捕の必要」を審査することになるが、DV事案では妻が警察に通報したことに対して夫が報復的暴力をふるう可能性が高いという事情があり、このため、「逮捕の必要」については、逃亡・証拠隠滅の防止だけでなく、将来の加害行為の危険が充分に勘案されなければならない。

第三に、保護命令違反に対する義務的逮捕は、保護命令の実効性の強化に役立っている。保護命令違反に対する刑事司法の厳しい対応がなければ、違反者にとって保護命令はおそれるに足りないものになる。現行の配偶者暴力防止法では、警察は接近禁止命令や退去命令の違反に対して迅速に対処することを要請されているが、加害者の逮捕についての規定はなく、保護命令違反者の身柄が拘束されるとは限らない。日本の保護命令を実効性のあるものにするためには、保護命令違反は犯罪であり、保護命令の違反者は必ず逮捕されて処罰されるということを、明確に配偶者暴力防止法に示す必要がある。

以上から、DVへの法的対応におけるわが国の課題として、第一に、配偶者暴力防止法にDV加害者や保護命令違反者の逮捕について、警察官の責務と権限を具体的に規定すること、第二に、警察庁がDV事案に関する明確な逮捕政策を呈示して、現場の警察官に事件への具体的な対応方法の周知を図ることが必要であると考える。

3　デュー・プロセスのジェンダー化

本書では、ジェンダーを権力関係を分析する概念として用い、ジェンダーの視点を通して、米国におけるDV防止法の発展とDV加害者の逮捕政策の変遷を見た。米国において、DV被害者の保護とデュー・プロセスの相克関係は主要な論点であった。米国のDV防止法とデュー・プロセスの歴史を通して見えてきたのは、これら二つの制度はマイノリティの人権の保護という共通の目的に向けて発展してきたことである。この研究を通して、ジェンダー理論とデュー・プロセス理論には、権力と資源の配分をめぐって繰り広げられる「政治＝利害葛藤（politics）」と、権力と資源の配分を平等にするための「政策＝利害調整（policy）」という、共通の要素があることがわかった。ジェンダー理論もデュー・プロセス理論も、歴史的に見れば、差別を否定し、公平の実現をめざして誕生した理論であるから、これは当然に行き着くところであったともいえよう。

最後に、この研究で得られた知見がわが国の配偶者暴力防止法の法改正に新たな議論の素材を提供することを願って、本研究の試みとその意義をまとめておきたい。本研究は、第一に、米国におけるDV加害者の逮捕政策の変遷には、社会構築された性別の権力関係を基軸として、様々な権力関係が影響しあうダイナミクスが働いていたことを明らかにした。そして、性別の権力関係を出発点として、刑事司法過程に潜在する重層的な権力関係を問題化し、刑事手続の公理であるデュー・プロセスの性質を捉えなおすことを試みた。これは、デュー・プロセス論にジェンダーを取り込む、デュー・プロセスの「ジェンダー化（engendering）」の試みである。社会制度は、男女の性別に振り分けられた「らしさ」や「役割」についての定型的な考え方によって、固定化され、秩序化されている。「ジェンダー化」とは、既存の社会制度の中に規定されている性別の関係について、性別の関係は社会構築されたものという視点に立ち、不均衡な権力関係を顕在化し問題化すること、さらには不均衡な権力関係の是正をめざして、社会制度の基盤にある学問の「『知』の組み換え」（舘　一九九八：八四）を行うことである。ジェンダーと階級の用法の類似性が指摘されるように（舘　一九九八：八五）、性別の権力関係を分析する概念としてのジェンダーの用法は、様々な序列階級構造の権力関係をも問い直す契機となる。デュー・プロセスの「ジェンダー化」は、単にDVの女性被害者を加害者の暴力から救出することだけを目的として論じたものではない。様々な種類の構造的な権力の不均衡が是正されて初めて、「女性」や「被害者」にとっての真の救済が実現する。

第二に、本研究は、米国を事例として、DV事案における被害者保護の重要性と警察の積極的介入の必要性を明らかにした。米国における義務的逮捕の普及は、被害者が加害者の暴力の支配から抜け出すチャンスを増やし、刑事司法を味方につけた被害者のエンパワーメントは、被害者と加害者の権力関係を変容させて、暴力による支配というDV犯罪の基盤を減少させることに繋がった。米国の場合、デュー・プロセスと被害者保護の相克を解決するための調整の鍵となったのは、「女性被害者の保護によってDV犯罪をなくすることは社会的利益である」という司法判断と世論の合意であり、裁判所の司法判断と世論が、法を執行する警察の政策や警察官の行動を最も左右する影響力をもったといえる。従来、オーソドックスな刑事手続の構造モデルでは、犯罪抑止とデュー・プロセスが対置され、刑事手続はこれら二つの社会的利益のバランスとして議論されてきたが、本研究はそこに被害者保護という新たな社会的利益を持ち込み、被害者保護の重要性を明らかにした。被疑者・被告人の人権論をより説得性のあるものにするためにも、被害者の人権に関する議論の展開は今後必須となるであろう。

註

はじめに

1　名古屋地判平成七年七月一一日判時一五三九号、一四三頁。

序章　ジェンダーの視点からみる日本のDV防止法

1　一九九三年国連第四八回総会「女性に対する暴力の撤廃に関する宣言」。

2　国連特別総会「女性二〇〇〇年会議」の成果文書。

3　二〇〇〇年四月には参議院共生調査会の中に、超党派の議員によって構成される「女性に対する暴力に関するプロジェクトチーム」が設置された。プロジェクトチームは民間の被害者支援組織や有識者から聞き取り調査を行うとともに、三〇回にわたる集中的な討議を重ね、「配偶者からの暴力の防止及び被害者の保護に関する法律」の法案を二〇〇一年四月二日に共生調査会を提案者とする議員立法として参議院に提出した。

4　刑事司法手続における被害者の権利保障や被害者保護のための警察権限拡大には、憲法学者だけでなく刑事法学者からも反対意見が多い。刑事司法手続における被害者の権利拡大について、太田達也（二〇〇〇：六）

は、「これまで長い歳月を経て確立されてきた犯罪者の権利を損なうことがあってはならない」とし、「刑事手続き上、被害者に一定の関与を認める制度は、犯罪者の正当な権利行使と抵触したり、刑事手続の適正・円滑な運営を妨げる危険性をはらんでいるから、制度化や運用にあたっては慎重な対応が必要である」とする。また、警察権の家庭内への介入や警察権限の拡大に対しては、村井敏邦（一九九六：一二六）は、「権力によって自らを保護してもらおうという市民の側の安易な考え方の背景には、権威への従属志向があり、オートノミー（自立的決定権）の確保という意識が欠如している」と批判する。これらの見解の共通点は警察権力に対する不信であり、想定されているのは公権力対被疑者・被告人という構図である。

5　戒能民江『ドメスティック・バイオレンス』不磨書房、二〇〇二年、小島妙子『ドメスティック・バイオレンスの法――アメリカ法と日本法の挑戦』信山社、二〇〇二年など。

6　命令の名宛人の人権を大きく制限することになる強力な命令を、私人である被害者の申立と立証にだけ基づいて発することには、慎重な検討を要するとして、立証の方法や疎明の程度が大きな問題となった。そこで、配偶者暴力防止法では、被害者による保護命令の申立書には、配偶者暴力相談支援支援センターの職員または警察職員との相談または援助・保護の内容を記載することが求められ、これがない場合は、被害者である申立人の供述を書面にして公証人の認証を受けることが求められている（一二条）。

7　日本の保護命令制度の限界の一つは、保護命令の種類が、被害者の身辺のつきまといや徘徊を禁じる接近禁止命令（一〇条一号）と、被害者と共に生活の本拠としている住居からの退去を命じる退去命令（一〇条二号）の二種類に限定されたことである。諸外国では、保護命令は被害者とその家族が安全な生活を送ることを可能にするためのものと考えられているので、退去や接近・接触禁止の命令の他に、子どもの監護権についての取り決め、扶養費の支払いなど、様々な種類の命令を裁判所が出すことができる。

8　警察庁は一九九九年一二月一三日付けで「女性・子どもを守る施策実施要綱の制定について」の通達を各都道府県警察へ発出したが、「つきまとい事案及び夫から妻への暴力事案に対する取り組み」として、「刑罰法令に抵触する事案については、被害女性の意思を踏まえ、検挙その他の適切な措置を講ずる」こと、そして刑罰法令に抵触しない事案についても、必要と認められる場合には、相手方に指導警告するなどして、被害女性への支援を行うとしている。

一般の事件の場合ならば傷害罪が適用される程度の傷害が認められても、妻に対する暴力の場合は告訴がなければ警察が刑事的介入をしないということは、家庭内での暴力を民事とみなしたうえでの、民事不介入主義の表れである。その根拠としては、警察法第二条一項で規定される警察責務については、犯罪被疑者の逮捕などの「刑事作用」と公共の安全と秩序の維持である「警察作用」とが講学上区別され、同条二項によって警察作用は抑制的であることが求められている（田上　一九八三：六七―六九）。民事不介入主義が警察権力の抑制に焦点が当てられていることに対して、「法は家庭に入らず」という法格言は、「権力的介入を排して親子・夫婦の情愛に任せ適宜に処置させる方が、より親族間内部の秩序維持には望ましい」（守山　一九八五：九八）という考え方であり、家庭内部の秩序維持機能に焦点が当てられている。

9　但し、被害者への視点という新たな傾向として、近年、ストーカー行為等に関する法律（二〇〇〇年一一月二四日施行）など、処罰規定をともなう被害者保護法が相次いで制定され、被害者の保護や国民の規範意識の強化を目的とする刑法的介入の早期化・多用化が進行している。被害者の利益を守るための刑事法的手段の積極的活用については、いまなお慎重な意見が多数を占める（石塚　二〇〇二：三八、新屋　二〇〇三：三二）。これに対して、酒井安行は、刑法的介入の早期化・多用化の傾向は、⑴刑事制裁の最終手段性、謙抑性を希薄化・相対化し、重罰化や国家刑罰権を拡大強化するという、ネガティブな方向と、⑵警察の積極的対応や民事不介入原則の緩和を通じて、従来は放置されてきた個々の市民的な要望への対応という、ポジティブな方向の、二つの可能性を認めることができると指摘する（酒井 二〇〇三：六）。

10　フェミニスト法理論は、主な三つの学派に分類することができる。リベラル・フェミニズムは、女性は男性と同じように理性的であり、合理的判断が可能であるとして、公的な場面において女性は男性と同じ法的権利や平等な機会を保障されるべきであるとした。文化的フェミニズムは、男性が抽象的な権利や原理・原則の価値を重視するのに対して、女性は物事の具体的状況や、人間関係、問題解決のための調停などの価値を重視するとして、そのような女性特有の感性や倫理観を高く評価した。心理学者 Carol Gilligan の影響を受けた文化的フェミニズムは、女性固有の倫理観にも価値を認め、法に反映させるべきであるとした。ラディカル・フェミニズムは、ジェンダーは権力関係であり、人種や階級と同じように支配・被支配の関係を形成する class であるとする。

11　例えば、Weinberger v. Wiesenfeld, 420 U.S. 636 (1975) ; Califano v. Goldfarb, 430 U.S. 199 (1977) ; Califano v. Westcott, 443 U.S. 76 (1979)。これらの事案の争点は、男性は一家の稼ぎ手であり、女性は家庭の仕事をするという性役割分担が当然のことと考えられて、社会保障法において男性には保障されている付加給付が女性には保障されていないことであった（Schneider and Taub 1993 [1982] : 11）。

12　批判的法学研究の萌芽は一九六〇年代の市民的権利運動やベトナム反戦運動などにあった。これらの社会的運動に関わっていた若者たちが、その後ロー・スクールへ入学して、政治学、社会学、文学、経済学など多方面の理論を法学研究に導入すると同時に、ポストモダン哲学の影響をも受けて、法理論の新局面を開いた。批判的法学研究の形成に中心的役割を果たしたのは、David Trubek と Duncan Kennedy であり、彼らの企画によって開催された一九七七年 the University of Wisconsin-Madison での研究集会が、批判的法学研究の公式な始まりとされている（松井 一九八六a：一二一―一二三）。

13 MacKinnon (1982) "Feminism, Marxism, Method, and the State: An Agenda for Theory," Schneider and Taub (1982) "Perspectives on Women's Subordination and the Role of Law," Polan (1982) "Toward a Theory of Law and Patriarchy."

14 フェミニズム理論からジェンダー理論への学問的継続性の問題についてここで言及しておくと、英語圏での女性学誌のバックナンバーを調査した舘かおるの論文によれば、研究誌の論文名にジェンダーが登場するのは一九八〇年以降であり、ジェンダー分析の成果が数多く掲載されるようになるのは一九九〇年代である。舘は、ジェンダー概念の導入はフェミニズム理論からジェンダー理論への転換を意味するのではなく、フェミニズム理論とジェンダー理論には継承性と同一目的性が存在すると指摘し、ジェンダーを権力作用を分析するものと捉える観点は、性支配解明のジェンダーの系譜を引き継ぐ、ジェンダー概念の根幹であるとする（舘 一九九八：九二―九八）。

瀬治山角（一九九四：二三六―二三七）は、フェミニズム理論とジェンダー理論の関係について、フェミニズムの掲げてきた両性の対等な関係を志向する理念的方向性は、事実上ジェンダー理論にも受け継がれているが、それでもフェミニズムは、より女性解放や運動との連接のうえで語られ、ジェンダーに比べてそうした理念・価値が評価の基準になるという差異があることを指摘している。

15 原書（Scott 1988 : 42）では、"gender is a constitutive element of social relationships based on perceived differences between the sexes, and gender is a primary way of signifying relationships of power."

16 日本では「肉体的差異に意味を付与する知」という荻野美穂の訳によって流布している。

17 浅倉むつ子は、ジェンダー法学を「ジェンダーの視座から法的な現象を分析する法律学」（浅倉 二〇〇三：

三）と定義し、ジェンダー法学の真価は、「既存の法律学をこれまでにない視座から批判することにある」（浅倉 二〇〇三：五）とする。しかし、「手法はいまだ未完成」（浅倉 二〇〇三：七）であると述べ、方法論については今後の発展への期待を表明している。

18 言語学的には、mandate（裁判所の命令、職務執行令状、委任状）から派生した言葉として、mandatory と mandatary がある。mandatory の意味は、「命令的な、作為を命じる、絶対的な、裁量の余地のない、強制的な、義務的な、必須の、必要的な」（=obligatory）であり、mandatary の意味は、「受任者」（=a person to whom a legal mandate is given）である。mandatory arrestを前者の意味として義務的逮捕と訳した。

19 W. LaFave, J. Israel, N. King, *Criminal Procedure 3rd ed.* の§3.5 (a) によれば、arrestの伝統的な定義は、「法的権限によって人から自由を剥奪すること」（To deprive a person of his liberty by legal authority.）とされる。そして、軽微な交通違反事案を除き、通常、逮捕によって刑事司法作用が機動するというのが、多くの法管轄区で長年にわたり広く採用されてきた考え方であるとする（LaFave et al. 2000 : 182）。これらの記述によれば、arrest は日本における逮捕と検挙のいずれとも直ちに同じとはいえない。

1章 米国の民事保護命令と義務的逮捕

1 ここでいう「逮捕に関する伝統的なコモン・ローの法原則」とは、伝統的な英米法の法原則という意味である。'common law' という用語は、何と対比して分類されているかによって、段階的に異なる意味をもつ。第一のレベルは法圏分類として、大陸法（civil law, Continental law）に対する英米法（common law, Anglo-American law）、第二のレベルは成文体系化の分類として、制定法（statutes）に対する判例法（common law）、第三のレベルは英米法内部の分類として、衡平法と訳されるエクイティ（equity）に対して、普通法と訳されるコモン・ロー（common law）である。第三のレベルのエクイティ（equity）とコモン・ロー（common law）はいずれも、裁判所の下した判決から形成されるものであるから、第二のレベルの判例法（common law）に含まれる。このように、'common law' は、文脈によって、いずれの意味に使われているかを判断する必要がある。

2　各州の州法（state law）は、制定法（statutes）と判例法（common law）とからなる。連邦法（federal law）は、連邦としての統一的な統合に必要なかぎりにおいて形成され、連邦制定法（federal statutes）と連邦コモン・ロー（federal common law）とからなる（望月　一九九七：四三、四四）。

司法制度についても、連邦の司法制度と州の司法制度が並立して存在し、州裁判所の体系は州ごとに異なる。州裁判所の判決はその裁判所の法域内において拘束力をもち、先例（precedents）となる。但し、合衆国連邦最高裁判所の憲法問題に対する判決は、国全体がその管轄下にあるから、全米の裁判所にとっても先例となる（カーメン　一九九四：六）。警察権についても、連邦法に関する事件については司法省の連邦捜査局（Federal Bureau of Investigation）、州の事件については保安官（sheriff）、自治権を有する市町村については警察署（police department）が管轄する。

3　模範州法の第2章（Chapter 2-Criminal Penalties and Procedures）では、積極的逮捕政策を具体化する方法として、mandatory arrest と presumptive arrest という二種類の逮捕が示されている。本研究では、mandatory arrest を義務的逮捕、presumptive arrest を限定的義務的逮捕と訳している。模範州法の§205 (A) presumptive arrest については、「当該人物がドメスティック・バイオレンスまたはファミリー・バイオレンスにかかわる犯罪を行ったと信じるに充分な『相当の理由』の存在が認められるならば、その犯罪が重罪か軽罪かにかかわらず、また警察官の面前で行われたか否かにかかわらず、警察官はこの者を逮捕して、罪に問うことが適切な対応であると推定しなければならない」と規定されている。この規定について、コメンタリーでは、「但し、逮捕しないことについて、明白で、かつ、そうせざるを得ないような事情（clear and compelling reason not to arrest）がない限り、警察官は加害者とされる被疑者を逮捕しなければならない」と説明されており、状況的に、そのような「事情」（reason）があれば、逮捕しないでおく裁量が警察官に許されている。

4　中世以来、英国においては、コモン・ローとエクイティはコモン・ロー裁判所とエクイティ裁判所によって別々に形成・運用されてきた。米国の場合、ほとんどの州においては、建国当初からコモン・ロー裁判所とエクイティ裁判所の区別は廃止されていたが、手続法上の区別は継続され、連邦地方裁判所では、コモン・ローの事件に関してはその裁判所の所在する州の民事訴訟法規が、エクイティの事件に関しては連邦の訴訟法規が用いられていた。しかし、一九三八年に合衆国最高裁判所によって連邦裁判所民事訴訟規則（Federal Rules of Civil Procedure）が定められると、手続法上の区別も廃止された。今日では、州法レベルでもこれにならった規則が制定されており、この連邦民事訴訟規則が、裁判官が救済権限を行使するための根拠となっている。

5　「合理的な疑いを越える」という概念や、「証拠の優越」という概念は、証明ありとされるために必要な証明力の程度を表す概念である。「相当の理由」も証明力の程度を表す概念であり、「相当の理由」と「証拠の優越」は、確実性の程度という意味でいえば、いずれも五〇％を越えていること、すなわち、ある事実についての証拠の証明力が、相手方の証明力よりも優越していることを意味する（カーメン　一九九四：一一四）。民事事件では、確実性の程度が五〇％を越えれば、当該事実の存在ないし不存在を認定してよいということになり、刑事事件では、確実性の程度が五〇％を越えれば「相当の理由」の存在が認められ、逮捕が可能となる。これに対して、刑事事件で犯罪事実があったと認定されるためには、すなわち有罪が宣告されるためには、「相当の理由」や「証拠の優越」よりは遥かに確実性の程度の高い「合理的な疑いを越える」証明が求められる。

6　被疑者がとりあえず身柄拘束される割合が高いことはＤＶ事件に限ったことではない。米国では逮捕とは実務上「尋問のために被疑者を警察署に留置すること」に過ぎず（Dressler 1997 : 147）、すべての逮捕件数の約九五％が令状なしで行われている（カーメン　一九九四：一五八）。

7　保護命令制度に関する調査研究としては、一九九〇年に Peter Finn と Sarah Colson による報告書 "Civil Protection Orders : Legislation, Current Court Practice, and Enforcement" が全米司法研究所から発表された。この報告書はその後、保護命令申立の二四時間受付制度、申立手続の改善、命令発令状況のコンピューター管理、保護命令違反に刑罰を科す法改正など、各州における法制度改革に多くのアイデアを提供した。本章で取り上げる Harrell と Smith による調査研究の他に、Susan Keilitz らが、政府機関の補助金を受けて実施した調査研究の結果を発表した（"The Effectiveness of Civil Protection Orders," 1997）。これらの調査研究によって、保護命令は被害者を暴力の危険から保護するとともに、被害者が自尊心を回復する手助けとなるなど重要な役割を果たしているが、被害者のための安全対策や支援体制が整っていない場合や、加害者が暴力犯罪や薬物使用を繰り返している場合には、保護命令に暴力抑止効果はないということが判明した。

2章　逮捕の決定と警察官のジェンダー・バイアス

1　逮捕するためには、「罪を犯したと疑うに足りる相当な理由」（probable cause that a person has committed a crime）、すなわち犯罪の嫌疑がなくてはならない。第1章で述べた「家庭内暴力模範州法」では、積極的逮捕政策を具体化する方法として、義務的逮捕（mandatory arrest）と限定的義務的逮捕（presumptive arrest）という二つの種類が示されている。義務的逮捕の場合は、「相当な理由」があれば、必ず被疑者を逮捕しなければならないが、限定的義務的逮捕の場合は、不逮捕を正当化するに充分な事情（reason）があれば、必ずしも逮捕しなくてもよい。基本的な違いは、逮捕しないでおく限定的な裁量が警察官に許されているか否かなのである。

2　フェダーの分析の対象となった通報の具体的な時期について、Crime & Delinquency (1998) Vol.44, No.2 に掲載の論稿に記載がない。フェダーによれば、一九九二年一月にフロリダ州法七四一・二九が可決され、警察は通報のあったすべてのDV事件の報告と、逮捕しなかった理由の記録を残すことを義務付けられたとされる。この論稿では時期が特定されていないが、フェダーの分析はこの法改正の影響を調べるものであり、法改正後某年某月の一七日間の通報記録をもとに行われたと考えられる。

3　米国司法省司法統計局（U.S. Department of Justice, the Bureau of Justice Statistics）が発表した特別報告書、"Intimate Partner Violence," Bureau of Justice Statistics Special Report by C. M. Rennison and S. Welchans, (May2000, NCJ178247)。

3章　被害者保護とデュー・プロセス展開の社会的要因

1　英国の法律家・法学者であったウィリアム・ブラックストン（1723-80）は、ローマ法・大陸法の講義だけが行われていた当時の大学で初めてイギリス法の講義を行った。彼が著したイギリス法の概説書 *Commentaries on the Laws of England* は、米国においても基本的な法律書として広く参照され、コモン・ローの理解について大きな影響力を及ぼした（田中英夫編『英米法辞典』）。

2　一九世紀における妻に対する暴力についての判例の動向については、The Massachusetts Prosecutors' Manual : Domestic Violence & Sexual Assault（The Massachusetts District Attorneys Association, 1997）の中の A Brief History of Domestic Violence Law を参考にした。

3　一九四〇年にはすべての労働者のうち女性労働者が占める割合は二五・四％であったが、一九六〇年には三三・三％へと増加し、女性の労働参加は一九四〇年以降に劇的に増大した（マッキノン　一九九九：第2章註1）。しかし、様々な法律や社会制度によって、女性は男性と同様の職業選択の機会や同一賃金を獲得することが困難であったとされる。例えば、男性は一家の稼ぎ手であり、女性は家庭の仕事をするという性役割分担が当然のことと考えられて、社会保障法において男性には保障されている付加給付が女性には保障されていなかった（Schneider 1993 : 11）。

4　ベティ・フリーダンは、女性が家庭の中の仕事や女らしさを強いられ、その結果、経済力を奪われ従属的立場におかれている閉塞感を、白人・中産階級・高学歴の専業主婦の「名前のない問題」と名付け、女性の意識改革や社会参加を説いた。

5　シュラミス・ファイアストンの履歴については、『フェミニズムの名著五〇』（江原由美子・金井淑子編、二〇〇二年）を参照した。

6　市民的権利運動に関しては、田中英夫編『英米法辞典』によれば civil rights は公民権と訳される場合があるが、日本語で公民権とは、元来、地方公共団体の公務に参与する資格ないし参政権を意味するため、市民的権利が適切であるとされており、本書ではこれに従った。

7　草の根運動の "grass roots" とは、*Webster's Third New International Dictionary* によれば、主に地方都市や農村部において、基本的な政治経済集団として独立した考え方や主張を形成し、それに基づいて行動している人びとを指す。一九七〇年代の地方都市や農村部における共同体の活動や意思形成の場の中心は教会であった。

8　連邦最高裁判所は、「例えばレイプは雇用における差別を構成しうる」と認めた〔Meritor Sav. Bank, FSB v. Vinson, 477 U.S. 57 (1986)〕。

9　警察による拷問を意味する third degree という通称は、秘密結社フリー・メイスンで第3級会員への昇格のために、通過儀礼として肉体的苦痛が課されたことに由来する。

10　アール・ウォーレンは、五年間ほど弁護士実務を経験した後に公職に転じ、検事補代理や地区検事を経て、カリフォルニア州の法務長官 Attorney General へと登りつめ、さらには同州の知事となって年金や社会保障など進歩的改革を推進した。一九五二年の大統領選挙で共和党候補の指名争いに加わった後、一九五三年に共和党のアイゼンハワー大統領によって連邦最高裁判所の首席裁判官に任命された。米国では裁判官は弁護士などを長年経験した成熟した法律家の中から登用されるという法曹一元の制度が採用されているが、その理由は、市民生活との接触から得た豊かな経験をもつ成熟した法律家こそが裁判官に相応しいと考えられているからであり、同時に、裁判が一般市民感覚と乖離しないことが期待されているからである（伊藤・木下 一九八四：二一一）。

11　大恐慌によって打撃を受けた米国社会を立て直すため、一九三三年に就任したルーズベルト大統領の政権によってニュー・ディール政策が実施された。リベラルな人びとは、国の自由競争政策によって生まれた社会的・経済的弱者に対しては、国が積極的に介入して救済し、再び国民の中に統合すべきであると考え、ニュー・ディールの施策は何よりも労働者、黒人、貧困者に向けられるべきであると主張した。ウォーレン・コートを構成していた裁判官の中でも、かつて大学教育に携わっていた Felix Frankfurter (1882-1965) をはじめとするリベラルな裁判官たちの存在が、ウォーレン・コートの革新的性格の形成に少なからず影響したと指摘されている（田宮 二〇〇〇：三四一）。

12　被告側のニューヨーク市警察署は、警察の機能は公共一般のためにあり、特定の個人のものではないという「公共の義務」理論（public duty doctrine）を根拠に、家庭内の暴行事件については、警察は被害者を保護する特別の義務を負っていないと主張した。しかし、「公共の義務」理論では「特別の関係」による例外が認められており、民事保護命令の発令によってこの「特別の関係」が生じると判断される可能性が高い（カーメン一九九四：五〇八、五一〇―五一一）。そのような場合、警察には被害者を保護しなければならない義務があり、その義務を怠ることは実体的デュー・プロセス違反に問われることがありうる。これについては、さらに、本章の註17を参照されたい。

13　ゲルスタイン対パフ事件〔Gerstein v. Pugh, 420U.S. 103, 95S. Ct.854 (1975)〕では、逮捕されたパフおよびヘンダーソンが、合衆国憲法のデュー・プロセス条項で保障されているところの聴聞の機会を与えられず身柄拘束されていることを不服として、フロリダ州デイド郡の官憲を相手に、連邦地方裁判所にクラス・アクションを提起した。ゲルスタイン対パフ事件（一九七五年）とは、次の通りである。パフは一九七一年三月三日に逮捕され、三月一六日に強盗罪と他の罪で略式起訴され、ヘンダーソンは三月二日に逮捕され、三月一九日に暴行罪と他の罪で略式起訴された。フロリダ州の訴訟手続によれば、死刑にあたる犯罪の訴追を除いて、検察官はすべての犯罪を事前の予備審問を経ることなく、また裁判所の許可を受けずに、略式起訴の方法によって起訴することが許可されていた。すなわち、両名のように、令状によらないで逮捕され、略式起訴の方法で起訴された者は、「相当な理由」の決定の機会を与えられずに、公判を待つ間、収監または他の制限に服させられてよいことになっていた。パフは、このようなフロリダ州の訴訟手続は、合衆国憲法第一四修正の内容となっている第四修正に違反すると主張した（内田　一九七七：二八八）。

14　ダイヴァージョン・プログラムとは、刑罰法令違反者を画一的に通常の刑事手続または処遇方法で扱うのではなく、適切と思われるときには、より非懲罰的で、対象者の社会復帰上の阻害要因となる前科者などの汚点が生じることを回避する、処遇方法の総称である。

15　「ドゥルースDV介入プロジェクト」や「サンフランシスコ家庭内暴力プロジェクト」など、地方プロジェクトに関しては、主にDobash and Dobashの*Women, Violence and Social Change* (1992)を参考にした。

16　宣言的救済（declaratory relief）あるいは宣言的判決（declaratory judgment）とは、大陸法の確認判決にあたるものであり、権利関係や法的地位を宣明することによる法的救済の方法である。具体的事件発生前に裁判所は司法判断を示すべきではないという自己抑制的法理は、宣言的判決や集合代表訴訟によって、その実質が希薄化される傾向があることは否定できないとされる（伊藤・木下 一九八四：一四八）。

17　合衆国法典四二篇一九八三条（42U.S.C. sec.1983）は、合衆国憲法および連邦法によって保障された権利が、「州法のカラーの下（under color of state law）」に行動する人、すなわち警察官を含む政府職員によって侵害された場合には、連邦裁判所に民事上の救済を求めることができると規定する。この一九八三条に基づいて、DVの被害者が警察等を訴える場合、侵害された人権として、主に実体的デュー・プロセス違反と平等保護違反が主張された。ソリチェッティ事件では、個人と州が「特別な関係（special relationship）」にある場合には、その人を保護しなければならない義務があり、それを怠ったことは実体的デュー・プロセス違反になると主張された。ソリチェッティ事件では、この「特別な関係」の存在を説明するために、「信頼理論（reliance theory）」が採用された。すなわち、保護命令を得た被害者は通報すれば警察が命令を執行してくれると信じ、他の方策を講じないでいるのに、警察が保護命令を執行しなければ、被害者は無防備な状況で危険に晒されることになり、執行されない保護命令と被害者女性の危険の増加との間には因果関係が肯定され、州は被害者女性が被った危害に責任を負わなければならないということになる（福岡久美子「ドメスティック・バイオレンスと合衆国憲法」(一)、(二)、阪大法学第四九巻、第五号、第六号、二〇〇〇年）。

1　判例 State *ex rel.* Williams v. Marsh, 626 S.W.2d 223 (Mo.1982) の読み方は、次の通りである。判例表記の一般的原則は、当事者、判例集、掲載頁、（管轄、裁判所、判決年）の順である。*ex rel* (ex relatione) は……に関する（事件）を意味する。ex rel はイタリックにする必要がある（Blue Book 10.2.1(b)）。自分自身では当事者適格をもたない私人が公的な性格をもつ問題について、例えば Attorney General など資格ある者の注意を喚起し、Attorney General がそれを容れて、州の名において訴訟を起こす際に用いられる（『英米法辞典』）。

この事件は、原告 Williams に関する事件として、ミズーリ州の名において訴訟が起こされた。被告 Marsh は第一審の 16th Circuit Court の判事であり、保護命令に違憲判決を下した。S.W.2d は south western reporter, 2nd series を意味する。州の最高裁判所の判決であるため、括弧内に裁判所の記載は不要となり（Blue Book 10.4 (b)）、Mo.という表記によってミズーリ州最高裁判所判決を意味する。

2　職務執行令状とは、法律上ある公的職務を行う義務を負っている者がその職務を行わないときに、その履行を命じる令状であり、上級裁判所から下級裁判所に対しても、管轄権の行使を命じるなどの目的で発令されるものである（『英米法辞典』）。Denise Williams はミズーリ州最高裁判所に上訴することによって、上級裁判所であるミズーリ州最高裁判所が、下級裁判所であるジャクソン・カウンティ第一審裁判所に保護命令を発令するよう命じることを求めたのである。

3　民事保護命令の請求に必要な証拠の程度は、他の州でも同様に緩やかであり、ほとんどの州は身体的傷害のおそれがあるだけで、保護命令発付の十分な理由であると認め、現に傷害が発生していなくても民事保護命令の発付を許可している。

4 "Two Models of the Criminal Process" *University of Pennsylvania Law Review 1* (1964) に初出。

5 合衆国憲法第三条二節の一では、司法権は、合衆国憲法、合衆国の法律および合衆国の権限に基づいて締結されまた将来締結される条約の下で発生するコモン・ロー上およびエクイティ上のすべての事件に及ぶとされ、これがアメリカ法には、実体法と手続法に加えて、エクイティ（救済法）という独自の領域があるといわれる所以である。エクイティは正義と衡平の見地から具体的事件に妥当な救済を与えることを目的とするものであり（藤倉一九九五：三三二）、米国の保護命令制度はエクイティ上の救済方法であるインジャンクションの伝統のもとで発展してきた。

5章　義務的逮捕の再犯抑止効果

1 The Police Foundation は、一九七〇年に Ford 財団によって設立された非営利法人（NPO）であり、警察の刷新や改善に向けての協力を目的としている。

2 random sampling の意味。標本調査を行うに際して、標本を母集団から選出するのに、ある部分に偏しないよう、ばらばらに抜き出す方法。

3 カリフォルニア州刑法典は、「DV事件において犯罪が行われたということについて『相当の理由』がある場合には加害者を積極的に逮捕するという政策を、すべての法執行機関は採用し、これを文章によって明らかにしなければならない」と定めている（CAL. PENAL CODE 836, California Revised Statutes §13701 : all law enforcement agencies must adopt written policies that "encourage the arrest of domestic violence offenders if there is probable cause that an offense has been committed."）。

4 ミネアポリス実験結果の発表から四ヶ月後には、連邦政府司法長官が任命した「家庭内暴力調査委員会」の報告書が提出された。この報告書では、法執行機関に対しては、警察官の責務を明確に示す執行手続規則を作成・公表し、DVを刑法上の犯罪として扱うこと、重大な傷害、凶器の使用、凶器を使った脅し、保護命令違反、その他の危険が被害者に差し迫っていると考えられる状況では、逮捕のための法的要件が充たされていれば、逮捕が適切であるということを明確に示すことが推奨されていた（Attorney General's Task Force 1984 : 17）。

5 「配偶者暴力再現実験」の結果については、Arlene Weisz, 1996, "Spousal Assault Replication Program : Studies of effects of Arrest on Domestic Violence" 等を参考にした（www.vaw.umn.edu）。

6 ミネアポリス実験や再現実験を再考する例としては、Maxwell 他、二〇〇二年、"The Preventive Effects of Arrest on Intimate Partner Violence : Research, Policy and Theory"（*Criminology & Public Policy*, vol.2 no.1）。

7 比較法上は、訴追の必要性という評価に基づいて、事件を起訴するか否かの裁量権を検察官にゆだねる制度を起訴便宜主義といい、これに対して犯罪の嫌疑があり、訴訟条件が備わっていれば必ず起訴しなければならないとして、検察官の訴追裁量を認めない制度を起訴法定主義という。米国においてそれぞれの裁判管轄区が採用するDV訴追政策（drop-permitted prosecution policy, case-by-case prosecution policy, no-drop prosecution policy）の区別は、被害者の訴追希望（=事件の取り下げ）を考慮するか否かの違いであり、制度の性格としてはいずれも検察官が訴追裁量を有する起訴便宜主義である。

8 公判前の手続としては、被疑者が逮捕されると、治安判事が「相当の理由」について逮捕の適法性を判断し、逮捕が違法であれば被疑者は釈放され、適法であれば勾留の継続あるいは保釈が決まる。重罪に関する場合は、被疑者は予備審問（preliminary hearing）にかけられ、被疑者を勾留しておく理由があるか、そして、公判に付するだけの証拠があるかについて、審査が行われる。検察官は直接に略式起訴状を提出するか、あるいは、重大犯罪に対しては検察官が大陪審に証拠を示して正式起訴状を得てから、一二名からなる小陪審の正式事実審理に持ち込む。検察官による起訴に続いて、起訴認否手続が行われ、被告人は公判廷で有罪か無罪か不抗争かについて、答弁を行う。被告人の答弁が無罪である場合は（すなわち、被告人が無罪を主張する場合は）、正式事実審理が必要になるが、被告人の答弁が有罪または不抗争である場合は、犯罪事実についての審理は行われず、刑が決定される。（カーメン　一九九四：二九―五〇）

6章　義務的逮捕の有効性

1　合衆国対ワトソン事件〔United States v. Watson, 423 U.S. 411,423 (1976)〕などの判決では、連邦最高裁は令状による逮捕を推奨しており（カーメン　一九九四：一五三）、基本的には令状による逮捕が好ましいとするが、逮捕のための令状は合衆国憲法の要請ではないので、米国ではすべての逮捕件数の約九五％が令状によらないで行われている（カーメン　一九九四：一五二、一五八）。軽罪ＤＶ事件の場合には、ＤＶ防止法の規定によって令状なし逮捕が許可されている。

2　警察官の実務上の指針としては、ノース・カロライナ州の積極的逮捕政策のためのプロジェクトの報告書で、「相当の理由」の判断について、次のような説明がなされている。「『相当の理由』が存在するといえるのは、事実と状況の全体からして、犯罪が行われ、被疑者がその犯罪を行ったであろうということについて、確信に至らずとも、かなりの可能性があると判断し得るときである。逮捕のための『相当の理由』は、逮捕の時には補強証拠がなくとも、信用できる被害者が述べた情報のみに基づいて判断してもよい。警察官は事件に関して、被害者の供述を補強する手段として、その他の証拠ならびに証人を探さなければならない。子どもは証人となり得る。物的証拠は『相当の理由』の判断に重要な要素となる。可能な場合には、逮捕の前に被疑者に対して犯罪が行われたか否かについて尋問すべきである。法を犯したことを部分的あるいは全体的に被疑者が認めた供述は、逮捕の要件である『相当の理由』の重要な証拠であり、また、裁判における証拠となる。逮捕を望む・望まないという被害者の意向、あるいは被害者が裁判所へ出頭する意思の存否は、『相当の理由』の判断要素ではない」("Process Evaluation of the Durham Arrest Policies Project, Durham, North Carolina 1999," case study written by Cheron DuPree for the Evaluation for the Grants to Encourage Arrest Policies Project. P.6)。

終章　被害者保護とデュー・プロセスの調和

1　精密司法とは、捜査機関による職権主義的な事案の解明、検察の慎重な起訴判断、捜査で作成された書面の多用による公判の審理という、日本の刑事訴訟システム運用の特徴を表す言葉である。このような運用の現状に対して、田宮裕は、訴追の役割が決定的で、裁判が独立的意義を希薄化すると、訴追者が裁判所の機能をのみこむことになり、処罰に値する者だけが起訴され、有罪となり、むだをはぶいた効率のよいものとの評価がなされる一方で、ともすると適正手続の配慮を欠く危険があると、警告する(田宮　一九九二：一二)。

2　本家の米国では、米国社会が第二次世界大戦後の豊かさを誇った五〇年代・六〇年代から、犯罪増加に苦しんだ七〇年代・八〇年代に移ると、革新的なウォーレン・コートで確立された「排除法則」の理論的隆盛も弱まって、冬の時代へ入ったといわれている(田宮　一九九二：三九四)。そのようなアメリカ刑事司法の保守化の中にあって、八〇年代にはＤＶ防止法に義務的逮捕を取り入れる州の数は増加したのであるが、全米でＤＶ加害者逮捕の積極化が進んだ理由は、それがジェンダー・マイノリティの保護という革新的法制度改革であったと同時に、'law and order' すなわち法による犯罪抑制と治安維持に重きを置く保守化政策の一環であったからだ、と考えることもできる。

3　当事者主義化とは、捜査は捜査機関が公判に向けての行う準備活動であり、被疑者も同様の準備を行いうるとする考え方に基づいて、被疑者に充分な防御の権利と機会を保障すること。訴追する側の検察官と訴追される側の被告人では攻撃・防御力に著しい格差があるので、公平な裁判官の前での訴追者と被告人の実質的対等を実現するため、弁護人の援助を受ける権利や黙秘権の保障、証拠開示など、被告人の訴訟上の地位と権利の充実が図られるのであり、その進展を指す。

▼**女性に対する暴力**〈violence against women〉　夫や恋人からの女性に対する暴力は、私的領域での出来事として、長い間、一般的な暴力とは区別されて違法なものとは認められず、女性被害者は法による保護や救済を受けることができなかった。一九九〇年代にようやく、女性に対する暴力は人権問題として国連やその他の国際的議論の場での重要議題に加えられるようになり、一九九三年に「女性に対する暴力撤廃に関する宣言」が国連総会で採択された。同宣言第一条で、「女性に対する暴力とは、ジェンダーに基づく暴力行為（gender based violence）であって、公的生活で起こるか私的生活で起こるかを問わず、女性に対する身体的、性的もしくは心理的危害または苦痛（係る行為の威嚇も含む）、強制または恣意的な自由の剥奪となる、または、なるおそれのあるもの」と定義された。従来の暴力概念は、一般的には他者に対する身体的危害という性中立的概念であったが、女性に対する暴力は、男性が社会的地位、経済力、体力などの優位的立場を利用して、女性に恐怖感や不安感を与え、女性の言動や思考を萎縮させ、女性の身体の安全や尊厳を脅かすことも暴力であるとする、新たな暴力概念である。

▼**民事保護命令**〈civil protection order〉　民事保護命令は、被害者の請求があれば家庭裁判所（family court）

や刑事裁判所（criminal court）等によって発付される。加害者に対して、パートナーへの脅迫、嫌がらせ、身体的虐待を直ちに止めることを命令する。保護の内容は州により異なるが、ほとんどの州は身体的傷害のおそれがあるだけで、保護命令発付の「十分な理由」があると承認し、現に傷害が発生していなくても保護命令の発付を許可する。虐待禁止命令の他に、被害者の住居や雇用の場所に近づくことを禁ずる接近禁止命令（no contact order）、子どもの監護権（custody）の取り決めや養育費の支払命令（support order）などがある。

▼ジェンダー〈gender〉　一般的に、ジェンダー（gender）は、文化的・社会的に構築された性別を意味するとされ、生物学的性別を意味するセックス（sex）と区別されてきた。しかし、法学の分野ではこの区別は明確でない。さらに、近年では、生物学という科学的学問の知の構築過程にも性の政治が関わっているということ、したがって、セックスもまた社会的に構築されたジェンダーの一部であるとして、セックスとジェンダーの違いや関係についての議論は、より複雑化している（Rhode 1989 : 5）。

▼ドメスティック・バイオレンス〈domestic violence〉　一九七〇年代の Battered Women's Movement の女性たちの語り合いの中で、親密で個人的な関係の男性からふるわれる暴力が、女性に共通の経験として社会的問題であること、そして、社会全体の男女の不平等な力関係が、親密で個人的な関係の暴力を許容し、ふたたび不平等な力関係を再生産するという構造的問題であることを指摘するために、親密な関係においてふるわれる暴力という意味で「ドメスティック・バイオレンス」という言葉が使われるようになった。Battered Women's Movement の中で使用されたドメスティック・バイオレンスの概念には、身体的暴力だけでなく精神的暴力や性的暴力、さらに経済的支配や社会的隔離など、加害者が被害者の行動と思考を支配するためのあらゆる形態の虐待が含まれた。しかし、刑事法では、ドメスティック・バイオレンスは、性中立的概念として成人虐待（adult abuse）あるいは親密な関係の暴力（intimate partner violence）と表現され、対象となる暴力の範囲は、身体的暴力と性的暴

力、ならびに各州の制定法や判例で刑罰の対象となっている範囲での精神的暴力（例えば、ストーキングやPTSDを引き起こすような精神的虐待）に限定されている場合が多い。

▼**加害者の逮捕の積極化**　欧文文献では「加害者の逮捕の積極化」という表現（概念）は使われていない。本書では、民事保護命令違反の犯罪化（ペンシルヴェニア州、一九七六年）や義務的逮捕の導入（オレゴン州、一九七七年）によって始まり、ドゥルース・プロジェクト（ミネソタ州、一九八〇年）やミネアポリス実験（ミネソタ州、一九八一―一九八二年）によって進展した、ドメスティック・バイオレンス加害者への刑事的対応の強化の歴史を、「逮捕の積極化」と表現している。本書は、警察の消極的対応から積極的逮捕に至る歴史を検証し、その変容の過程および結果に意味を見出すものであり、変容のプロセスを表現する「積極化」は本研究の根幹をなすキー・ワードである。

▼**義務的逮捕**〈mandatory arrest〉　義務的逮捕は、加害者逮捕の積極化のために、ドメスティック・バイオレンス防止法に導入された逮捕の仕組みである。法律の条文では、an officer shall arrest と表現され、警察官は逮捕する義務があり、警察官の裁量で逮捕をしないでおくことは許されないということを意味する。

▼**逮捕**〈arrest〉　逮捕とは、連邦最高裁判例〔Dunaway v. New York, 442 U.S. 200 (1979)〕によれば、刑事訴追または取り調べの目的で、被疑者をその意思に反して身体的拘束状態におくことである（Dressler 1997 : 147）。

▼**相当の理由**〈probable cause〉　理性のある人をしてある事実が存在すると信じさせるに足りるような事情や情報である。合衆国憲法第四修正に基づき、刑事手続において被疑者を逮捕するためには、その被疑者が一定の犯罪を行ったことについて「相当の理由」があることが必要とされる。連邦最高裁判例〔Brinegar v. United States, 338 U.S. 160, 175-176 (1949)〕によれば、警察官の知る事実と状況が、合理的に信用できる情報に基づいており、合理的注意力の持ち主であれば、犯罪が行われ、逮捕の対象となっている者がその犯罪を行ったと信じ

るに充分である時、「相当の理由」が存在する（Dressler 1997：124）。

▼積極的逮捕政策〈pro-arrest policy〉　一九八四年のミネアポリス実験では、加害者の逮捕は加害者と被害者の引き離しや調停よりも、再犯抑止効果が高いという結果が示された。この実験結果を根拠として、ドメスティック・バイオレンスへの対応として逮捕が望ましいとする政策 pro-arrest policy が主張されるようになった。このような文脈で使用される場合は、「逮捕奨励政策」と訳されている（小島 二〇〇二：一三八）。因みに、ミネアポリス実験以前にも、警察の加害者に対する刑事的対応の強化を意味する pro-arrest policy が、地域レベルのドメスティック・バイオレンス介入プロジェクトに組み込まれていた。例えば、一九八〇年に始まった Duluth Domestic Abuse Intervention Project では、警察官は加害者を逮捕しなかった場合、その理由を報告することを義務付けられていた（Dobash and Dobash 1992：180-181）。このような文脈での pro-arrest policy は加害者逮捕に向けての警察の早期介入や積極的介入を意味する。本書では、pro-arrest policy を、「逮捕が望ましい」という意味だけでなく、警察の早期介入・積極的介入も含意するものとして使用し、「積極的逮捕政策」と訳している。

▼デュー・プロセス〈due process〉　合衆国憲法第一四修正は、「いかなる州も法の適正な過程（due process of law）によらずに、何人からも生命、自由または財産を奪ってはならない。」と定める。法定の手続によらなければ、公権力は人身の自由や財産権を奪うことができないことを意味し、刑事訴訟においては法定の手続によらなければ人を処罰することはできないことを意味する。デュー・プロセスの内容としてとりわけ重要であるとされるのが、「告知と聴聞」（notice and hearing）の保障である。公権力が市民に対して刑罰その他の不利益を科す場合には、当事者にあらかじめその内容を告知し、当事者に弁解と防御の機会を与えなければならない。留置中の被疑者に対して犯罪事実の要旨の告知、黙秘権や弁護人選任権、弁解の機会が保障されるのは、被疑者に最も基本的な「告知と聴聞」の権利を保障しようとするためである（田宮 一九九二：八一）。

関連年表——米国におけるDVの被害者保護とデュー・プロセス

（＊印はデュー・プロセス関連、＊＊印は人種差別関連、＊＊＊印はDV関連を表す）

一七八八年　合衆国憲法制定。
一七九一年「権利の章典」（第一—一〇修正）。合衆国憲法第四修正による不合理な逮捕の禁止。
一八六一—六五年　南北戦争。
一八六八年　第一四修正による黒人の市民権承認。デュー・プロセスと法の平等保護条項。
一八七〇年　第一五修正による黒人の選挙権承認。
一八九六年　**Plessy v. Ferguson.** ＊＊「分離しても平等に」の原則。
一九一四—一八年　第一次世界大戦。
一九二〇年　第一九修正による女性の選挙権承認。
一九三六年　**Brown v. Mississippi.** 黒人被疑者に対する警察官の暴行事件。暴力による自白の強要を第一四修正のデュー・プロセス条項違反とした。＊　＊＊
一九三九—四五年　第二次世界大戦。
一九五三—六九年　アール・ウォーレンが連邦最高裁の首席裁判官を務める（ウォーレン・コート）。

一九五四年　Brown v. Board of Education.＊＊　連邦最高裁は、公立学校における人種別学を定めるカンザス州法を第一四修正の平等保護条項違反とした。
一九五五年　キング牧師のバス・ボイコット闘争。
一九六一年　Mapp v. Ohio.＊　第四修正の禁止する不合理な捜索・押収によって得られた証拠は、デュー・プロセス違反となり排除される。
ケネディのニュー・フロンティア政策。
一九六三年　非暴力を唱える二〇万人のワシントン大行進。
The Equal Pay Act 制定。
ベティ・フリーダン『フェミニン・ミスティーク』
一九六四年　Civil Rights Act 制定。＊＊　Title VII は人種、国籍、宗教、性別による差別を禁止。
一九六五年　米国のベトナム戦争への本格的介入。全米に反戦運動広がる。
一九六六年　Miranda v. Arizona.＊　尋問に先立って黙秘権・弁護人依頼権など、被疑者の権利が告知されなければならない。これに反して得た供述は公判において証拠とすることができない。
初の黒人閣僚誕生。
National Organization for Women（NOW）発足。
一九六八年　キング牧師暗殺。全米で黒人暴動。
一九七一年　ニューヨーク州アッティカ刑務所で囚人暴動が起きる。
一九七二年　The Equal Employment Opportunities Act 制定。
一九七三年　ニュージャージ州、ミネソタ州、カリフォルニア州、コロラド州、ニューヨーク州などの都市にD

Ｖの女性被害者のためのシェルター建設。＊＊＊
一九七六年　Pennsylvania Coalition Against Domestic Violence設立（全米初のＤＶ被害者支援組織）。＊＊＊
Pennsylvania Protection from Abuse Act 制定（全米初の民事保護命令制度）。＊＊＊
Mathews v. Eldridge.＊　デュー・プロセスの「比較衡量の法理」。
Scott v. Hart.＊＊＊　ＤＶ被害者がカリフォルニア州オークランド警察署長を被告としてクラス・アクション提起。
一九七七年　オレゴン州法 The Abuse Prevention Act の制定（全米初の義務的逮捕の規定）。＊＊＊
The Domestic Violence Prevention and Treatment Act.＊＊＊
Bruno v. Codd.＊＊＊　ＤＶ被害者が、ニューヨーク市警察署ならびにニューヨーク家庭裁判所を被告としてクラス・アクション提起。
一九七八年　The National Coalition Against Domestic Violence 設立（ＤＶ被害者支援活動の全米組織）。＊＊＊
一九八〇年　ミネソタ州ドゥルースにて The Domestic Abuse Intervention Project 開始。＊＊＊
カリフォルニア州にて The San Francisco Family Violence Project 開始。＊＊＊
ミズーリ州のＤＶ防止法 Adult Abuse Act 制定＊＊＊。
一九八一―八二年　ミネソタ州にて The Minneapolis Domestic Violence Experiment 実施。＊＊＊
一九八二年　State *ex rel.* Williams v. Marshミズーリ州ＤＶ防止法の合憲判決。＊　＊＊＊
ミネアポリス実験結果の公表。＊＊＊
Attorney General Task Force on Family Violence 報告書の提出。＊＊＊
一九八四年　Thurman v. City of Torrington.＊＊＊　裁判所はコネティカット州トリントンの市当局に対して、警察が保護を怠ったために負傷したＤＶ被害者トレイシー・サーマンに二三〇万ドルの損害賠償金を支払うよう命じた。

一九八五年　Sorichetti v. City of New York. ***
一九八五―九〇年　The Spouse Assault Replication Program. ***
一九八六―八七年　The Indianapolis Domestic Violence Prosecution Experiment. ***
一九八七―八九年　ミルウォーキー実験。***
一九八九年　ミズーリ州ＤＶ防止法 Adult Abuse Act に義務的逮捕が定められた。***
一九九四年　The Violence Against Women Act 制定。***

引用・参考文献

日本語文献

碧海純一　一九八九『法哲学概論』弘文堂。

青山彩子　一九九九「米国におけるドメスティック・バイオレンスへの対応」『警察政策研究』三：一一五―一三八、警察大学校警察政策研究センター。

浅香吉幹　一九九九『現代アメリカの司法』東京大学出版会。

浅倉むつ子（監修）二〇〇三『ジェンダー法学』不磨書房。

浅倉むつ子・戒能民江・若尾典子（共著）二〇〇四『フェミニズム法学――生活と法の新しい関係』明石書店。

新屋達之　二〇〇三「刑事規制の変容と刑事法学の課題――立法を素材として（訴訟法の立場から）――」『刑法雑誌』四三（一）：二七―五六。

石塚伸一　二〇〇二「世紀末の刑事立法と刑罰理論」『法の科学』三二：三六―四九。

石松竹雄　一九九三『刑事裁判の空洞化――改革への道標――』勁草書房。

伊藤正巳・木下毅　一九八四『新版アメリカ法入門』日本評論社。
岩井宜子　一九九九ａ「フェミニスト犯罪学と刑事法規制」『刑法雑誌』三八（三）：一一九―一二八。
――――　一九九九ｂ『刑事政策』尚学社。
――――　二〇〇一「配偶者からの暴力の防止及び被害者の保護に関する法律」『法学教室』二五一：七六―八〇。
上野雅和　一九八一「イギリス婚姻思想史――市民的夫婦一体観の成立をめぐって――」『家族　政策と法　四　欧米資本主義国』四五―七九、東京大学出版会。
内田一郎　一九七七「最近の判例」『アメリカ法』一九九七―二：二八七―二九四。
内田博文　一九九六「強姦罪はどうあるべきか」『法学セミナー』五〇二：三〇―三三。
――――　二〇〇三「刑事政策とＮＰＯ」『法の科学』三三：七四―八七。
内田力蔵　一九四七「英米家族法の概要（一）――民法改正案への比較法的資料として――」『法律時報』一九（八）：一四―一九。
――――　一九五一『イギリス家族法の基本原理』日本評論社。
エストリッチ、スーザン　一九九〇（中岡典子訳）『リアルレイプ』ＪＩＣＣ出版（Estrich, Susan, 1987, *Real Rape : How the legal system victimizes women who say no*, Harvard University Press.）。
江原由美子・金井淑子（編）二〇〇二『フェミニズムの名著五〇』平凡社。
大木雅夫　一九九二『比較法講義』東京大学出版会。
太田達也　二〇〇〇「犯罪被害者支援の国際的動向と我が国の展望」『法律のひろば』二〇〇〇―二：四―一九。
大西祥世　二〇〇一『ドメスティック・バイオレンスと裁判――日米の実践――』現代人文社。
岡田久美子　一九九七「日常的被虐待者による殺人と正当防衛」『一橋論叢』一一八（一）：一七七―一九三。

小田中聡樹　二〇〇一「刑事法制の変動と憲法」『法律時報』七三（六）：四三―四八。

「夫（恋人）からの暴力」調査研究会　一九九八『ドメスティック・バイオレンス』有斐閣。

オルセン、フランシス・エリザベス　一九九七a（寺尾美子訳）「アメリカ法の変容（一九五五―一九九五年）におけるフェミニズム法学の役割――日本のポストモダニズム的理解に向けて――」（上）『ジュリスト』一一一八：七八―八四。

――　一九九七b（寺尾美子訳）「アメリカ法の変容（一九五五―一九九五年）におけるフェミニズム法学の役割――日本のポストモダニズム的理解に向けて――」（下）『ジュリスト』一一一九：一一三―一二〇。

戒能民江　一九九七「法律学とジェンダー論」『労働法律旬報』一三九九・一四〇〇：三三―三八。

――　二〇〇〇「警察の介入姿勢の変化と『法は家庭に入らず』の維持」『法学セミナー』五五〇：五六―五七。

――　二〇〇二『ドメスティック・バイオレンス』不磨書房。

――　二〇〇三「ドメスティック・バイオレンス」『ジュリスト』一二三七：一四七―一五五。

戒能通厚（編）二〇〇三『現代イギリス法辞典』新世社。

紙谷雅子　一九九五「裁判所侮辱における刑事侮辱と民事侮辱との区別」『ジュリスト』一〇七七：一三九―一四三。

――　一九九六「日本国憲法とフェミニズム」『ジュリスト』一〇八九：八二―八八。

――　一九九七「ジェンダーとフェミニスト法理論」『現代の法――ジェンダーと法――』三七―六九、岩波書店。

――　一九九九「『セックス』と『ジェンダー』――果てしない言葉の争い――」井上達夫他編『法の臨界

法的思考の再定位』五三―七三、東京大学出版会。
カーメン、ロランド 一九九四（佐伯千仭監修訳）『アメリカ刑事手続法概説：捜査・裁判における憲法支配の貫徹』第一法規出版（Carmen, Roland V. del, 1991, *Criminal Procedure : law and practice*, Brooks/Cole Publishing Co.）。
菅野雅之 二〇〇一「保護命令手続のイメージについて――配偶者暴力に関する保護命令手続規則の解説を中心に――」『判例タイムズ』一〇六七：四―一三。
関東弁護士連合会 二〇〇〇『犯罪被害者支援と弁護士・弁護士会の役割――現状と今後の課題――』関東弁護士連合会。
木下毅 一九八〇「アメリカ刑事法序説――客観主義と目的刑論の交差――」田中英夫編『英米法の諸相』二四九―二九九、東京大学出版会。
木村尚三郎 一九六八『歴史の発見――新しい世界史像の提唱――』中央公論社。
金城清子 一九八一「刑法と男女平等の原理――二重基準の性モラルと性差別――」『ジュリスト』七三六：八七―九四。
―― 一九八三『法女性学のすすめ』有斐閣。
―― 一九九六『法女性学――その構築と課題――』日本評論社。
―― 二〇〇二『ジェンダーの法律学』有斐閣。
―― 二〇〇四「ジェンダー法学の歴史と課題」『ジェンダーと法』一：一―一四、ジェンダー法学会。
ケイディッシュ、サンフォード・H 一九八〇（井上正仁訳）「アメリカ刑事司法の動向」『刑法雑誌』二四：一―二七。

小石侑子 一九八二「アメリカ近代における妻の財産上の地位」『家族史研究 五 特集 ヨーロッパ近代の家族』一二七―一四八、大月書店。
小島妙子 二〇〇二『ドメスティック・バイオレンスの法――アメリカ法と日本法の挑戦――』信山社。
後藤弘子 二〇〇一「配偶者暴力防止法の成立とその問題点――私的な領域における暴力と刑事規制――」『現代刑事法』三二：七六―八四。
―――― 二〇〇三「ジェンダーと刑事法の邂逅――刑事法の再構築の可能性――」『現代刑事法』四七：五―一二。
ゴードン、ロバート・W 一九九一（深尾祐造訳）「法理論の新たな発展動向」（松浦好治・松井茂記編訳）『政治としての法――批判的法学研究入門』二三八―二六〇、風行社（Gordon, Robert W., 1982, "New Development in Legal Theory," D. Kairys (ed.) *The Politics of Law : A Progressive Critique*, Pantheon Books.）。
小林寿一 一九八九「夫婦間暴力に対する警察の対応（二）――アメリカ合衆国における動向について――」『警察研究』六〇（九）：二〇―二七。
コンネル、ロバート・W 一九九三（森重雄他訳）『ジェンダーと権力――セクシュアリティの社会学』三公社。
酒井安行 二〇〇三「刑事規制の変容と刑事法学の課題――最近の刑事立法を素材として――」『刑法雑誌』四三（一）：一―一〇。
酒巻匡 二〇〇〇「米国のDV対策法制――比較法制度の視点から――」『警察学論集』五三（七）：五五―六二立花書房。
佐藤幸治 一九九〇『現代法律学講座五 憲法〔新版〕』青林書院。
ジョンソン、デイビッド・T 二〇〇四（大久保光也訳）『アメリカ人のみた日本の検察制度 日米の比較考察』シュプリンガー・フェアラーク東京株式会社（Johnson, David T., 2002, *The Japanese Way of Justice : Prosecuting Crime in Japan*, Oxford University Press, Inc.）。

スコット、ジョーン・W　一九九二（荻野美穂訳）『ジェンダーと歴史学』平凡社。

――　一九九九（荻野美穂訳）「ジェンダー再考（"Gender Revisited"）」『思想』五―三四、岩波書店。

瀬治山角　一九九五「ジェンダー研究の現状と課題」『ジェンダーの社会学』二二七―二四三、岩波書店。

田上譲治　一九八三『警察法』有斐閣。

舘かおる　一九九六「女性学とジェンダー」『お茶の水女子大学女性文化研究センター年報』九・一〇：八七―一〇六。

――　一九九九「歴史認識とジェンダー」『歴史評論』五八八：四四―五二。

――　一九九八「ジェンダー概念の検討」『ジェンダー研究』一：八一―九五。

田中和夫　一九八一『英米法概説』有斐閣。

田中英夫　一九八〇『英米法総論』東京大学出版会。

――　一九八二「英米家族法における子どもの幸福と親の権利」『法曹時報』三四（二）：一―三六。

田中英夫（編）一九七四『外国法の調べ方――法令集・判例集を中心に――』東京大学出版会。

――　一九九一『英米法辞典』東京大学出版会。

田宮裕　一九七四「刑事訴訟法の展開と英米法の影響」『ジュリスト』五五一：一五五―一六一。

――　一九八〇「刑事訴訟法の日本的特色」『別冊判例タイムズ』七：八―一一。

――　一九八一ａ「刑事訴訟におけるデュー・プロセスについて」『法学セミナー』二五（二）：一〇―二七。

――　一九八一ｂ「刑事訴訟におけるデュー・プロセスについて――続――」『法学セミナー』二五（三）：

二〇―二五。
―――一九九二『刑事訴訟法』有斐閣。
―――一九九四「刑事訴訟におけるモデル論」松尾浩也・芝原邦爾編『刑事法学の現代的状況』三五五―三八一、有斐閣。
―――二〇〇〇a『変革の中の刑事法』有斐閣。
―――二〇〇〇b『刑事法の理論と現実』岩波書店。
団藤重光（編）一九六五『注釈刑法』第四巻、有斐閣。
辻村みよ子 一九九七「性支配の法的構造と歴史的展開」『現代の法――ジェンダーと法――』三―三六、岩波書店。
二〇〇四「ジェンダー法学教育の構想」『ジェンダーと法』一：六〇―七二、ジェンダー法学会。
土屋裕子 二〇〇二「米国におけるドメスティック・バイオレンス（DV）の保護命令の実情及びわが国への示唆について」『家庭裁判月報』五四（六）：一―六二。
寺尾美子 二〇〇三「ジェンダー法学が切り拓く地平」『ジュリスト』一二三七：一一―二二。
堂薗幹一郎 二〇〇一「『配偶者からの暴力の防止及び被害者の保護に関する法律』における保護命令制度の解説」『法曹時報』五三（一〇）：一〇五―一三九。
常盤紀之 二〇〇四「配偶者からの暴力の防止及び被害者の保護に関する法律における保護命令制度の問題点」『判例タイムズ』一一四六：五九―六六。
所一彦 一九九四『刑事政策の基礎理論』大成出版社。
中島宏 二〇〇〇「各国の刑事手続と被害者（三）アメリカの場合」『刑事弁護』二二：一二四―一二七。

中森喜彦　一九八八「夫につき妻に対する強姦罪の成立を認めた事例」『判例時報』一二五六：二一六―二一八（判例評論三四八：七〇―七二）。
南野知恵子・他（監修）二〇〇一『詳解ＤＶ防止法』ぎょうせい。
萩原滋　二〇〇一「罪刑法定主義と実体的デュー・プロセス」『現代刑事法』三二：四〇―四三。
長谷川京子　二〇〇一「ＤＶ防止法の課題と活用」『アディクションと家族』一八：三〇五―三一四。
林陽子　二〇〇一「成立したドメスティック・バイオレンス防止法」『女性と労働二一』一〇：六―一二。
――　二〇〇二「ドメスティック・バイオレンスが離婚原因となった事例」『判例タイムズ』一一〇〇：二九―三〇。
樋口陽一・吉田善明（編）一九九一『解説　世界憲法集』三省堂。
ファイアストン、シュラミス　一九七二（林弘子訳）『性の弁証法』評論社（Firestone, Shulamith, 1970, *The Dialectic of Sex, The Case for Feminist Revolution*, William Morrow & Company, Inc.）。
深味敏正、森崎英二、後藤眞知子　二〇〇二「ＤＶ防止法の適正な運用を目指して」『判例タイムズ』一〇八六：四一―五七。
福岡久美子　二〇〇〇ａ「ドメスティック・バイオレンスと合衆国憲法（一）」『阪大法学』四九（五）：三九―七四。
――　二〇〇〇ｂ「ドメスティック・バイオレンスと合衆国憲法（二）」『阪大法学』四九（六）：五三―八九。
藤倉皓一郎　一九九五「アメリカにおける裁判所の現代型訴訟への対応――法のなかのエクイティなるもの――」石井紫郎・樋口範雄編『外から見た日本法』三三七―三七〇、東京大学出版会。
ホーン川嶋瑤子　一九九七『女性学ブックガイドⅡ』三修社。

前田雅英　一九八八『刑法総論講義』東京大学出版会。
松井茂記　一九八六ａ「批判的法学研究の意義と課題──アメリカ憲法学の新しい潮流──」『法律時報』五八（九）：一二─二二。
──　一九八六ｂ「批判的法学研究の意義と課題──アメリカ憲法学の新しい潮流──」『法律時報』五八（一〇）：七八─九〇。
松尾浩也　一九六五「パウンドとアメリカ刑事司法」『法律時報』三七：七四─七八。
──　一九七九『刑事訴訟法（法律学講座双書）上』弘文堂。
マッキノン、キャサリン・Ａ　一九九三（奥田暁子他訳）『フェミニズムと表現の自由』明石書店（MacKinnon, Catharine A., 1987, *Feminism Unmodified : Discourses on Life and Law*, Harvard University Press.）。
──　一九九九（志田昇他訳）『セクシャル・ハラスメント　オブ　ワーキング・ウィメン』こうち書房（MacKinnon, Catharine A., 1979, *Sexual Harassment of Working Women : A Case of Sex Discrimination*, Yale University Press.）。
松田章　一九八五「アメリカ合衆国における殺傷事犯の捜査・公判の実情」『判例タイムズ』五六〇：三二─五八。
ミレット、ケイト　一九七三（藤枝澪子他訳）『性の政治学』自由国民社（Millet, Kate, 1970, *Sexual Politics*, Doubleday.）。
村井敏邦　一九九六「刑事法の現在と未来」『法学セミナー』五〇二：二四─二七。
──　二〇〇〇『罪と罰のクロスロード』大蔵省印刷局。
望月礼二郎　一九九七『現代法律学全集　英米法（新版）』青林書店。
守山正　一九八五「家族の犯罪・非行とその法的対応──刑事法的観点を中心とした試論──」『犯罪社会学研

究』一〇：九六―一一〇。

ローン、スーザン 二〇〇〇（青山彩子・國本惣子訳）「ドメスティック・バイオレンス事件と検察及び警察の職責」『警察学論集』五三（七）：四〇―五四。

渡辺和子 一九九七「第二波フェミニズム運動の軌跡と理論」渡辺和子編『アメリカ研究とジェンダー』二三―四六、世界思想社。

和田仁孝 一九九九「モダン法思考の限界と法の再文脈化――法ディスコースとプラクティスをめぐって――」井上達夫他編『法の臨界　法的思考の再定位』二七―五二、東京大学出版会。

吉川真美子 二〇〇一「アメリカ刑事司法におけるDV加害者逮捕政策――ジェンダーに基づく暴力への対応として――」『法社会学』五五：一五九―一七四、有斐閣。

―――― 二〇〇二a「刑事司法制度とドメスティック・バイオレンス被害者への支援――米国における被害者支援活動アドヴォカシー――」『お茶の水女子大学人文科学紀要』五五：三四九―三六〇。

―――― 二〇〇二b「ドメスティック・バイオレンス加害者の逮捕の決定――米国の逮捕に関する調査研究の考察――」『犯罪社会学研究』二七：八八―一〇一、現代人文社。

―――― 二〇〇三『事例で学ぶ　司法におけるジェンダー・バイアス』第二東京弁護士会司法改革推進二弁本部ジェンダー部会・司法におけるジェンダー諮問会議、共同執筆、明石書店。

―――― 二〇〇四「ドメスティック・バイオレンス保護命令制度と法のジェンダー化」『女性学』一一：一二三―一三九、新水社。

―――― 二〇〇五「アメリカ刑事司法におけるDV加害者逮捕政策――ジェンダーに基づく暴力への対応として――」『ジェンダー研究が拓く地平』原ひろ子監修、三三七―三五〇、文化書房博文社。

——— 二〇〇六「DV被害者の保護とデュー・プロセスの接点」『ジェンダーと法』三：一六〇―一七六、日本加除出版。

欧文文献

Attorney General's Task Force on Family Violence 1984 *Final Report*, Washington DC : U.S. Government Printing Office. [Documented in P. G. Barnes (1998a : 22-57).]

Barnes, Patricia G. (ed.) 1998a *Domestic Violence from a Private Matter to a Federal Offense, Volume 2, The Crimes of Domestic Violence*, Garland Publishing, Inc.

——— 1998b *Domestic Violence from a Private Matter to a Federal Offense, Volume 3, The Civil Justice System's Response to Domestic Violence*, Garland Publishing, Inc.

Bowman, Cynthia G. 1992 "The Arrest Experiments : A Feminist Critique," *The Journal of Criminal Law & Criminology*, 83 (1) : 201-208.

Brownmiller, Susan 1975 *Against Our Will : Men, Women and Rape*, Simon & Schuster.

Buzawa, Eve S., Thomas L. Austin and Carl G. Buzawa 1994 "Responding to Crimes of Violence Against Women : Gender Differences Versus Organizational Imperatives," *Crime and Delinquency*, 41 (4) : 443-466.

Chamallas, Martha 1999 *Introduction to Feminist Legal Theory*, Aspen Law & Business.

Chesney-Lind, Meda 2002 "Criminalizing Victimization : The Unintended Consequences of Pro-Arrest Policies for Girls and Women," *Criminology & Public Policy*, 2 (1) : 81-90.

Connell, Robert W. 1987 *Gender and Power : Society, the Person, and Sexual Politics*, Polity Press.（森重雄他訳『ジェンダーと権力——セクシュアリティの社会学』三公社、一九九三年）

Cornell, Drucilla 1991 *Beyond Accommodation : Ethical Feminism, Deconstruction, and the Law*, Routledge.（仲正昌樹監訳『脱構築と法——適応の彼方へ』御茶の水書房、二〇〇三年）

Courts and Communities : Confronting Violence in the Family 1993 National Council of Juvenile and Family Court Judges (Publisher).

Dalton, Clare 1995 "Where We Stand : Observations on the Situation of Feminist Legal Thought," F. E. Olsen (ed.) *Feminist Legal Theory I : Foundations and Outlooks*, New York University Press, 1-15.

Davis, Robert C. and Barbara Smith 1995 "Domestic Violence Reforms : Empty Promises or Fulfilled Expectations?," *Crime & Delinquency*, 41 (4) : 541-552.

"Developments in the Law : Legal Responses to Domestic Violence." 1993 *Harvard Law Review*, 106 : 1498-1620.

Dobash, R. Emerson and Russell P. Dobash 1979 *Violence Against Wives : A Case Against the Patriarchy*, Free Press.

——— 1992 *Women, Violence and Social Change*, Routledge.

——— 2000 "Evaluating Criminal Justice Interventions for Domestic Violence," *Crime & Delinquency*, 46 (2) : 252-270.

Dressler, Joshua 1997 *Understanding Criminal Procedure*, Matthew Bender.

Dugan, Laura, Daniel S. Nagin, and Richard Rosenfeld 2003 "Exposure Reduction or Retaliation? The Effects of Domestic Violence Resources on Intimate-Partner Homicide?," *Law & Society Review*, 37 (1) : 169-198.

Epstein, Deborah 1999a "Effective Intervention in Domestic Violence Cases : Rethinking the Roles of Prosecutors, Judges, and the Court System," *Yale Journal of Law and Feminism*, 11 (1) : 3-50.

——— 1999b "Redefining the State's Response to Domestic Violence : Past Victories And Future Challenges," *The Georgetown Journal of Gender and the Law*, 1 : 127-143.

Evans, Judith 1995 *Feminist Theory Today : An Introduction to Second-Wave Feminism*, Sage Publications.

Fagan, Jeffrey A., Christopher D. Maxwell and Joel H. Garner 2002 "The Preventive Effects of Arrest on Intimate Partner Violence : Research, Policy and Theory," *Criminology & Public Policy*, 2 (1) : 51-79.

Family Violence : A Model State Code. 1994 National Council of Juvenile and Family Court Judges (Publisher).

Family Violence : Improving Court Practice. 1990 National Council of Juvenile and Family Court Judges (Publisher).

Feder, Lynette 1998 "Police Handling of Domestic and Nondomestic Assault Calls : Is There a Case for Discrimination?." *Crime and Delinquency*, 44 (2) : 335-349.

Felson, Richard B. and Jeff Ackerman 2001 "Arrest for Domestic and Other Assaults," *Criminology*, 39 (3) : 655-675.

Ferraro, Kathleen. J. and Lucille Pope 1993 "Irreconcilable Differences : Battered Women, Police and the Law," N. Z. Hilton (ed.) *Legal Responses to Wife Assault : Current Trends and Evaluation*, Sage Publications, 97-123.

Ferree, Myra Marx and Beth B. Hess 1987 "Introduction," B. B. Hess and M. M. Ferree (eds.) *Analyzing Gender A Handbook of Social Science Research*, Sage Publications, 9-30.

Finley, Lucinda M. 1993 [1989] "Breaking Women's Silence in Law : The Dilemma of the Gendered Nature of Legal Reasoning," D. K. Weisberg (ed.) *Feminist Legal Theory : Foundations,* Temple University Press, 571-581. [reprinted from *The Notre Dame Law Review*, Vol.64, Issue 5.]

Ford, David A. and Mary J. Regoli 1993 "The Criminal Prosecution of Wife Assaulters : Process, Problems, and Effects,"

N. Z. Hilton (ed.) *Legal Responses to Wife Assault : Current trends and evaluation*, Sage Publications, 127-164.

Ford, David. A., R. Reichard, S. Goldsmith, and M. J. Regoli 1996 "Future Directions for Criminal Justice Policy on Domestic Violence," E. S. Buzawa, and C. G. Buzawa (eds.) *Do Arrests and Restraining Orders Work?* , Sage Publications, 243-265.

Fyfe, James J., David A. Klinger and Jeanne M. Flavin 1997 "Differential Police Treatment of Male-on-female Spousal Violence," *Criminology*, 35 (3) : 455-473.

Gelles, Richard J. 1996 "Constraints Against Family Violence," E. S. Buzawa and C. G. Buzawa (eds.) *Do Arrests and Restraining Orders Work?* , Sage Publications, 30-42.

Gelb, Joyce 2003 *Gender Policies in Japan and the United States*, Palgrave Macmillan.

Hanmer, Jalna and Mary Maynard (eds.) 1987 *Women, Violence and Social Control*, Macmillan.

Hanna, Cheryl 1996 "No Right to Choose : Mandated Victim Participation in Domestic Violence Prosecutions," *Harvard Law Review*, 109 : 1849-1910.

Harrell, Adele and Barbara E. Smith 1996 "Effects of Restraining Orders on Domestic Violence Victims," E. S. Buzawa and C. G. Buzawa (eds.) *Do Arrests and Restraining Orders Work?* , Sage Publications, 214-242.

Hart, Barbara J. 1992 "State Codes on Domestic Violence : Analysis, Commentary and Recommendations," *Juvenile & Family Court Journal*, 43 (4), National Council of Juvenile and Family Court Judges.

——— 1996 "Battered Women and the Criminal Justice System," E. S. Buzawa and C. G. Buzawa (eds.) *Do Arrests and Restraining Orders Work?* , Sage Publications, 98-114.

Harvey, Toni L. 1994 "Batterers Beware : West Virginia Responds to Domestic Violence with the Probable Cause Warrantless Arrest Statute," *West Virginia Law Review*, 97 : 181-214.

Harway, M. and J. M. O'Neil (eds.) 1999 *What Causes Men's Violence Against Women?*, Sage Publications.

Hickman, Laura J. and Sally S. Simpson 2003 "Fair Treatment or Preferred Outcome? The Impact of Police Behavior on Victim Reports of Domestic Violence Incidents," *Law & Society Review*, 37 (3) : 607-633.

Hilton, N. Zoe (ed.) 1993 *Legal Responses to Wife Assault : Current Trends and Evaluation*, Sage Publications.

Humphries, Drew 2002 "No Easy Answers : Public Policy, Criminal Justice, and Domestic Violence," *Criminology & Public Policy*, 2 (1) : 91-96.

Iovanni, L. and S. Miller. 2001 "Criminal Justice System Responses to Domestic Violence : Law Enforcement and the Courts," C. M. Renzetti (ed.) *Sourcebook on Violence Against Women*, Sage Publications, 303-327.

Jaffe, Peter G., E. Hastings, D. Reitzel and G. Austin 1993 "The Impact of Police Laying Charges," N.Z. Hilton (ed.) *Legal Responses to Wife Assault : Current Trends and Evaluation*, Sage Publications, 62-95.

Jsinski, Jana L. 1991 "Theoretical Explanations for Violence Against Women," C. M. Renzetti, J. L. Edleson and R. K. Bergen (eds.) *Sourcebook on Violence Against Women*, Sage Publications, 5-21.

LaFave, Wayne R., Jerold H. Israel and Nancy J. King 2000 *Criminal Procedure 3rd ed.*, West Group.

Lerman, Lisa G. 1992 "The Decontextualization of Domestic Violence," *The Journal of Criminal Law & Criminology*, 83 (1) : 217-240.

Loue, Sana 2001 *Intimate Partner Violence : Societal, Medical, Legal, and Individual Responses*, Kluwer Academic/Plenum Publishers.

MacKinnon, Catharine A. 1990 "Legal Perspectives on Sexual Difference," D. Rhode (ed.) *Theoretical Perspectives on*

Sexual Difference, Yale University Press, 213-301.

——— 1993a [1982] "Feminism, Marxism, Method, and the State : An Agenda for Theory," D. K. Weisberg (ed.) *Feminist Legal Theory : Foundations*, Temple University Press, 427-436. [reprinted from *Journal of Women in Culture and Society*, Vol.7, No.3.]

——— 1993b [1983] "Feminism, Marxism, Method, and the State : Toward Feminist Jurisprudence," D. K. Weisberg (ed.) *Feminist Legal Theory : Foundations*, Temple University Press, 437-453. [reprinted from *Journal of Women in Culture and Society*, Vol.8, No.4.]

——— 1993c [1987] "Difference and Dominance : On Sex Discrimination," D. K. Weisberg (ed.) *Feminist Legal Theory : Foundations*, Temple University Press, 276-287. [reprinted from *Feminism Unmodified*, Harvard University Press.]

Mahoney, Marth R. 1995 [1991] "Legal Images of Battered Women : Redefining the Issue of Separation," D. K. Weisberg (ed.) *Applications of Feminist Legal Theory to Women's Lives : Sex, Violence, Work, and Reproduction*, Temple University Press, 341-362. [reprinted from 90 Mich. L. Rev. 1.]

Massachusetts Domestic Violence Handbook-3rd. 1999 Massachusetts, Commonwealth Police Service, Inc.

Massachusetts Prosecutors' Manual : Domestic Violence & Sexual Assault. 1997 Massachusetts District Attorneys Association.

Maxwell, Christopher D. and Joel H. Garner and Jeffrey A. Fagan 2002 "The Preventive Effects of Arrest on Intimate Partner Violence : Research, Policy and Theory," *Criminology & Public Policy*, 2 (1) : 51-80.

Mignon, Sylvia I. and William M. Holmes 1995 "Police Response to Mandatory Arrest Laws," *Crime & Delinquency*, 41

(4) : 430-442.

Miller, C. J. 2000 *Contempt of Court*, Oxford University Press.

Mills, Linda G. 1999 "Killing Her Softly : Intimate Abuse and the Violence of State Intervention," *Harvard Law Review*, 113 : 550-613.

Moffit, Terrie E., Robert F. Krueger, Avshalom Caspi and Jeff Fagan 2000 "Partner Abuse and General Crime : How Are They the Same? How Are They Different?," *Criminology*, 38 (1) : 199-232.

Moore, Mark H. 2002 "The Limits of Social Science in Guiding Policy," *Criminology & Public Policy*, 2 (1) : 33-42.

Morrison, Wayne. (ed.) 2001 *Blackstone's Commentaries on the Laws of England*, Volume I, Cavendish Publishing Limited.

Olsen, Frances E. 1983 "The Family and the Market : A Study of Ideology and Legal Reform," *Harvard Law Review*, 96 (7) : 1497-1527.

——— 1993 [1984] "Statutory Rape : A Feminist Critique of Rights Analysis," D. K. Weisberg (ed.) *Feminist Legal Theory : Foundations*, Temple University Press, 485-495. [reprinted from 63 Texas L. Rev. 387.]

——— 1995a "Introduction," F. E. Olsen (ed.) *Feminist Legal Theory I : Foundations and Outlooks*, New York University Press, xv-xvi.

——— 1995b [1985] "The Myth of State Intervention in the Family," F. E. Olsen (ed.) *Feminist Legal Theory II : Positioning Feminist Theory with the Law*, New York University Press, 185-214. [reprinted from Journal of Law Reform, Vol.18 : 835-864.]

——— 1995c [1990] "Feminism and Critical Legal Theory : An American Perspective," F. E. Olsen (ed.) *Feminist*

Legal Theory I : Foundations and Outlooks, New York University Press, 473-489. [reprinted from *International Journal of the Sociology of Law*, 18 : 199-215.]

Oppenlander, Nan 1982 "Coping or Copping Out," *Criminology*, 20 (3&4) : 449-465.

Pence, Ellen 2001 "Advocacy on Behalf of Battered Women," C. M. Renzetti (ed.) *Sourcebook on Violence Against Women*, Sage Publications, 329-343.

Polan, Diane 1993 [1982] "Toward a Theory of Law and Patriarchy," D. K. Weisberg (ed.) *Feminist Legal Theory : Foundation*, Temple University Press, 419-426. [reprinted from *The Politics of Law* edited by David Kairys.]（高井裕之訳「法と家父長制の理論に向けて」松浦好治・松井茂記編訳『政治としての法——批判的法学入門——』風行社、一九九一年）

Rhode, Deborah L. 1989 *Justice and Gender : Sex Discrimination and the Law*, Harvard University Press.

Robinson, Amanda L. and Meghan S. Chandek 2000 "The Domestic Violence Arrest Decision : Examining Demographic, Attitudinal, and Situational Variables," *Crime and Delinquency*, 46 (1) : 18-37.

Schneider, Elizabeth M. 1993 [1986] "The Dialectic of Rights and Politics : Perspectives from the Women's Movement," D. K. Weisberg (ed.) *Feminist Legal Theory : Foundation*, Temple University Press, 507-511. [reprinted from N.Y.U. L. Rev. 589.]

——— 1996 [1991] "The Violence of Privacy," D. K. Weisberg (ed.) *Applications of Feminist Legal Theory to Women's Lives : Sex, Violence, Work, and Reproduction,* Temple University Press, 388-401. [reprinted from 23 Conn. L. Rev. 973.]

Schneider, Elizabeth M. and Nadine Taub 1993 [1982] "Women's Subordination and the Role of Law," D. K. Weisberg (ed.) *Feminist Legal Theory : Foundation*, Temple University Press, 9-21. [reprinted from *The Politics of Law* edited by David Kairys.]

Scott, Joan W. 1988 *Gender and Politics of History*, Columbia University Press.（荻野美穂訳『ジェンダーと歴史学』平凡社、一九九二年）

Sherman, Lawrence W. 1992 "The Influence of Criminology on Criminal Law : Evaluating Arrest for Misdemeanor Domestic Violence," *Journal of Criminal Law and Criminology*, 83 (1) : 1-45.

Sherman, Lawrence W. and Douglas Smith 1992 "Crime, Punishment, and Stake in Conformity : Legal and Informal Control of Domestic Violence," *American Sociological Review*, 57 : 680-690.

Sherman, Lawrence W. and Janell D. Schmidt 1996 "Does Arrest Deter Domestic Violence?," E. S. Buzawa and C. G. Buzawa (eds.) *Do Arrests and Restraining Orders Work?*, Sage Publications, 43-53.

Sherman, Lawrence W. and Richard A. Berk 1984 "Minneapolis Domestic Violence Experiment," *Police Foundation Reports*, 1 : 1-8. (Documented in P. G. Barnes (1998a : 93-101))

Sparks, Ann 1997 "Feminists Negotiate the Executive Branch : The Policing of Male Violence," C. R. Daniels (ed.) *Feminists Negotiate the State : The Politics of Domestic Violence*, University Press of America, 35-52.

"Special Issue : Civil and Marital Tort Cases Concerning Domestic Violence" 1993 *Juvenile and Family Law Digest*, 25 (1) B : 75-406, National Council of Juvenile and Family Court Judges.

Stark, Evan 1996 [1993] "Mandatory Arrest of Batterers : A Reply to Its Critics," E. S. Buzawa and C. G. Buzawa (eds.) *Do Arrests and Restraining Orders Work?*, Sage Publications, 115-149. [reprinted from *American Behavioral Scientist*, 36 (5) : 651-680.]

Straus, Murray A. 1996 "Identifying Offenders in Criminal Justice Research on Domestic Assault," E. S. Buzawa and C. G. Buzawa (eds.) *Do Arrests and Restraining Orders Work?*, Sage Publications, 14-29.

Stuehling, Jane E. and Barbara J. Hart 1997 *Domestic Violence Legal Advocacy Practice Participant Manual*, Pennsylvania Coalition Against Domestic Violence.

Sullivan, C. M., C. Sutherland and N. Allen 1998 *Advocate Training Manual*, Michigan State University.

Sullivan, C. M. and D. I. Bybee 1999 "Reducing Violence Using Community-Based Advocacy for Women With Abusive Partners," *Journal of Consulting and Clinical Psychology*, 67 (1) : 43-53.

The Massachusetts Prosecutors' Manual : Domestic Violence & Sexual Assault. 1997 The Massachusetts District Attorneys Association.

Walker, Lenore E. A. 1993 "Battered Women as Defendants," N. Z. Hilton (ed.) *Legal Responses to Wife Assault : Current Trends and Evaluation*, Sage Publications, 233-257.

——— 2001 "Battering in Adult Relations," Encyclopedia of Women and Gender, Volume One, Academic Press, 169-188.

Walker, Samuel 1999 *The Police in America*, McGraw-Hill College.

Weisberg, D. Kelly (ed.) 1993 *Feminist Legal Theory : Foundations*, Temple University Press.

——— 1996 *Applications of Feminist Legal Theory to Women's Lives : Sex, Violence, Work, and Reproduction*, Temple University Press.

Wishik, Heather Ruth 1993 [1985] "To Question Everything : The Inquiries of Feminist Jurisprudence," *Feminist Legal Theory : Foundation*, Temple University Press, 22-36.

Zorza, Joan 1992 "The Criminal Law of Misdemeanor Domestic Violence, 1970-1990," *Journal of Criminal Law and Criminology*, 83 (1) : 46-72.

電子メディア資料

Fagan, Jeffrey A. 1996 "The Criminalization of Domestic Violence : Promises and Limits." 〈http : //ojp.usdoj.gov/vawo/statistics.htm〉より二〇〇〇年一二月八日取得。

Fulcher, Juley, and Allison Randall 2001 "Written Comments of the National Coalition Against Domestic Violence Before the Senate Committee on Appropriations on Fiscal Year 2002 Appropriations for Violence Against Women Act Programs." 〈http : //www.nacadv.org/publicpolicy/writtencomments.htm〉より二〇〇三年四月一三日取得。

Hart, Barbara J. 1991 "The Legal Road to Freedom." 〈http : //www.mincava.umn.edu/hart/legalro.htm〉より二〇〇一年三月一日取得。

———— 1995 "Legal Advocacy Against Domestic Violence." 〈http : //www.mincava.umn.edu/hart/jrsapap.htm〉より二〇〇一年三月一日取得。

Maxwell, Cristopher D., Joel H. Garner, and Jeffrey A. Fagan 2001 "The Effects of Arrest on Intimate Partner Violence : New Evidence From the Spouse Assault Replication Program." 〈http : //www.ncjrs.org/pdffiles1/nij/188199.pdf〉より二〇〇四年五月一三日取得。

Miller, Neal 1997 "Domestic Violence Legislation Affecting Police and Prosecutor Responsibilities in the United States : Inferences from a 50-State Review of State Statutory Codes." 〈http : //www.ilj.org/dv/index.htm〉より二〇〇一年二

月一日取得。
——— 2000 "Domestic Violence : A Review of State Legislation Defining Police and Prosecution Duties and Powers." 〈http : //www.ilj.org/dvvaw/ html〉より二〇〇二年六月一八日取得。
Moore, Ann 2001 "Advocates Serve a Distinct and Different Role Than Paralegal Prosecution Staff." 〈http : //www.mincava.umn.edu/advocate.htm〉より二〇〇一年三月一日取得。
Rennison, C. Marie and Sarah Welchans 2000 "Intimate Partner Violence." Bureau of Justice Statistics Special Report (May 2000, NCJ 178247) 〈http : //www.ojp.usdoj.gov/bjs〉より二〇〇〇年一一月二四日取得。
Sherman, Lawrence W. and Richard A. Berk 1984 "The Minneapolis Domestic Violence Experiment." 〈http : //www.policefoundation.org/pdf/minneapolisdve.pdf〉より二〇〇四年五月二三日取得。
Sullivan, Cris M. and Mary Keefe 2001 "Evaluation of Advocacy Efforts to End Intimate Male Violence Against Women." 〈http : //www.vaw.umn.edu/vawnet/advocacy.htm〉より二〇〇一年三月一日取得。
Thelen, Rose 2001 "Advocacy in a Coordinated Community Response : Overview and Highlights of Three Programs." 〈http : //www.vaw.umn.edu/bwjp/community v.htm〉より二〇〇一年一月三〇日取得。
Weisz, Arlene 1996 "Spouse Assault Replication Program : Studies of Effects of Arrest on Domestic Violence." 〈http : //www.vaw.umn.edu〉より二〇〇〇年一一月六日取得。

あとがき

本書は、二〇〇四年の秋にお茶の水女子大学大学院人間文化研究科に提出した博士学位論文「米国のドメスティック・バイオレンス防止法における義務的逮捕の研究」がもとになっている。ドメスティック・バイオレンスに関する私の研究の始まりは、一九九九年八月に人権擁護の社団法人である自由人権協会（ＪＣＬＵ）でスタートした「ドメスティック・バイオレンス禁止法案」提言のためのプロジェクトに参加したことであった。私は、一九八九年に立教大学法学部に社会人入学し、恩師田宮裕教授のもとで刑事訴訟法を専攻した経歴から、プロジェクトでは加害者への対応についてアメリカ法を調べることになった。

この時期に、私にはもう一つジェンダー論という新たな学問との出会いがあった。田宮裕教授が残念にも一九九九年一月に逝去され、勉学の拠り所を失っていたところ、お茶の水女子大学の研究会に参加させて頂く機会があり、二〇〇〇年春には博士後期課程に入学することになった。そこで舘かおる教授

（現ジェンダー研究センター長）にご指導頂いたのであるが、先生のジェンダー論のゼミでは、視点を変えれば世の中がこうも異なって見えるものかと、「眼から鱗が落ちる」毎日であった。さらに幸いなことに、ドメスティック・バイオレンス研究の先駆者である戒能民江教授がお茶の水女子大学に着任され、私は戒能研究室へ移り、ジェンダー論と刑事法の学際的研究として、大学でもドメスティック・バイオレンス加害者の逮捕について研究することになった。

ドメスティック・バイオレンスについての研究は、女性被害者の保護に焦点を合わせて論じられていることが多い。ドメスティック・バイオレンス被害者の圧倒的多数は女性であるのに、従来刑事司法過程において女性や被害者というカテゴリーは主体的存在を認められてこなかったから、この傾向は致し方ない。しかし、刑事法学的には白黒が判明するまでは加害者とされる者の人権も守られなければならない。相手方の人権を守りつつ被害者保護を推し進めるために、被害者と加害者とされる者の両方へ偏りなく目配りする、これが私の研究の立場であるが、とても難しい。最近、ドメスティック・バイオレンスの加害者とされたことを冤罪と訴えている事件を知らされた。様々な事象に対して、固定的観念にとらわれず、常に複合的な視角をもって臨むしかない。

私は二八年前より透析治療を必要とするハンディを負っているものの、顧みれば、私にはいつもよき指導者との出会いが用意されていて、前向きに生きる限り、人には必ず不運をカバーする運が与えられているのだと思う。博士論文の審査に際しては、戒能、舘の両先生の他に、所一彦、小谷眞男、伊藤るりの各先生方に多くの貴重な指摘や助言を頂いた。亡くなった田宮先生の代わりにと、ずっと見守り続けて下さった所一彦先生（元立教大学教授）には、どれほどの言葉を尽くしても、充分に感謝することができない。そして、健康面では、虎ノ門病院の原茂子先生と香取秀幸先生の助けがなければ、論文を完成することはできなかった。皆様に心より感謝したい。

二〇〇七年　春

吉川真美子

索　引

この索引は人名、事項、判例、DV防止法関連年表で構成しています。

【人名索引】

ウォーカ（Samuel Walker）　88
ウォーレン（Earl Warren）　96，100
オルセン（Francis Olsen）　14，23
ケイディッシュ、サンフォード・H　98
コンネル（Robert Connell）　18
佐藤幸治　147
シャーマン（Lawrence W. Sherman）　150，167
シュナイダー（Elizabeth Schneider）　15-17
スコット（Joan Scott）　22-23，209
スターク（Evan Stark）　194-195，200
田宮裕　142，214
ドレスラー（Joshua Dressler）　93
パッカー（Herbert Packer）　142
ファイアストン（Shulamith Firestone）　86
フェラーロ（Kathleen Ferraro）　61，163
フォード（David Ford）　195，200
ブラックストン（William Blackstone）　81
フリーダン（Betty Friedan）　85
ポラン（Diane Polan）　15-16
松尾浩也　94
マッキノン（Catharine MacKinnon）　15，17
ロード（Deborah L. Rhode）　80，194

【事項索引】

ア行

アドヴォカシー（advocacy）　38，90
アドヴォケイト（advocate）　90，105
一方的緊急保護命令（ex parte order of protection）　124，128
違法収集証拠排除法則　214
インジャンクション（injunction）　46-50，147
インディアナポリスDV訴追実験（Indianapolis Domestic Violence Prosecution Experiment）　177-179
ウォーレン・コート（Warren Court）　96，98
エクイティ（equity）　34，45-47，147，208
エンパワーメント（empowerment）

195–197，200，206
オレゴン州「虐待防止法」(Abuse Prevention Act)　41，159

カ行

家庭内暴力調査委員会（Attorney General's Task Force on Family Violence）107，151，161
家庭内暴力模範州法（Model Code on Domestic and Family Violence）36，160
カテゴリー理論（Categorical Theory）20–21，25
寛大さの仮説（leniency thesis）　62–63，72
義務的逮捕（mandatory arrest）　126，159–160，185–186，198，200，216–218
── の定義　28，36–37，227，229
── への批判　194–195
軽罪（misdemeanor）　35
検挙　11
限定的義務的逮捕（presumptive arrest）60–61，156
構造的改革訴訟　99，110
合理的な疑いの余地なく（beyond a reasonable doubt）　51
告知と聴聞（notice and hearing）8，136
コモン・ロー（common law）　17，34–35，40，45–47，80–84，208
婚姻例外（marital exemption）　83

サ行

裁判所侮辱罪（contempt）　39，48–50
裁量（discretion）　28，160，168，188–190
サンフランシスコ・プロジェクト(San Francisco Family Violence Project) 106
執行力　9，39
市民的権利運動（Civil Rights Movement）　87–88，110
市民的権利に関する法律（Civil Rights Act）　88
集合代表訴訟（class action）　99–100，112
重罪（felony）　34
シェルター（shelter）　38，90，103
ジェンダー（gender）　13，18，25，142
── 化（engendering）　23，219
── の定義　22–23，209
── バイアス　27, 76, 187–190
── 法学　23
証拠の優越（preponderance of evidence）　51，125
女性・子どもを守る施策実施要綱 10，216，223
女性に対する暴力(violence against women)　3，16
── 防止法（連邦法）(Violence Against Women Act)　42
親密な関係（intimate relation）　72–75
── の暴力（intimate partner violence）　197
精密司法　212–213，239
性役割理論（Sex Role Theory）　18–20
積極的逮捕政策（pro-arrest policy）105，118，157–159

専任検察官訴追体制（vertical prosecution） 106
全米司法研究所（National Institute of Justice） 105，150
全米DV防止連合（National Coalition Against DV） 104，111
全米犯罪被害調査（National Crime Victimization Survey） 74
相当の理由（probable cause） 29，184–185

タ行

逮捕（arrest） 29–30，184，213
デュー・プロセス（due process） 93，136–137，183，219
当事者主義（adversary system） 143，213
ドゥルース・プロジェクト（Duluth Domestic Abuse Intervention Project） 105–106
ドメスティック・バイオレンス（domestic violence） 20，89

ナ行

ノー・ドロップ訴追（no-drop prosecution） 175–176

ハ行

配偶者暴力再現実験（Spouse Assault Replication Program） 164–165
排除法則（Exclusionary Rule） 97，146，185，214
バタード・ウィメンズ・ムーヴメント（Battered Women's Movement） 74，89
パワーとコントロールの車輪（Power And Control Wheel） 106
判例主義 34
比較衡量の法理（balancing formula） 133，138
批判的法学研究（critical legal studies） 14–15
夫婦一体観 80–81
フェミニスト法理論（feminist legal theory） 14–15
フェミニズム（feminism） 14，85
分離しても平等に（separate but equal） 87
ペンシルヴェニア州「虐待からの保護法」（Protection from Abuse Act） 38
ペンシルヴェニア州DV防止連合（Pennsylvania Coalition Against DV） 90

マ行

マサチューセッツ州「虐待防止法」（Abuse Prevention Act） 41，163
ミズーリ州「成人虐待防止法」（Adult Abuse Act） 123–127
ミネアポリス実験（Minneapolis Domestic Violence Experiment） 150–151
ミランダ準則（Miranda rule） 97
ミルウォーキー実験（Milwaukee Experiment） 167–168
民事保護命令（civil protection order） 37，38–39

ラ行

利害葛藤（conflict of interests） 20，219
令状なし逮捕（warrantless arrest） 161，185，217

【判例索引】

ウィークス事件（Weeks v. United States）　97
ウィリアムズ事件第二審（State *ex rel.* Williams v. Marsh）　129
サーマン対トリントン市（Thurman v. City of Torrington）　117，158
スコット対ハート（Scott v. Hart）　113
ソリチェッティ対ニューヨーク市（Sorichetti v. City of New York）　117
ブラウン対教育委員会（Brown v. Board of Education）　87，96
ブラウン対ミシシッピ（Brown v. Mississippi）　95
ブルーノ対コッド（Bruno v. Codd）　114
プレシ対ファーガスン（Plessy v. Ferguson）　87
マシュー対エルドリッジ（Mathews v. Eldridge）　132-133，137
マップ対オハイオ（Mapp v. Ohio）　97
ミランダ対アリゾナ（Miranda v. Arizona）　97

【DV防止法関連年表索引】

1976年　ペンシルヴェニア州「虐待からの保護法」　38
1977年　オレゴン州「虐待防止法」　41，159
1978年　マサチューセッツ州「虐待防止法」　41，163
1980年　ミズーリ州「成人虐待防止法」　123-127
1993年　国連第48回総会「女性に対する暴力の撤廃に関する宣言」　241
1994年　合衆国連邦法「女性に対する暴力防止法」の制定　42
――　全米家庭裁判所裁判官諮問委員会による「家庭内暴力模範州法」　36，160
1995年　第四回世界女性会議「北京宣言及び行動綱領」　4
1999年　「男女共同参画社会基本法」の制定
――　警察庁通達「女性・子どもを守る施策実施要綱」　10，216，223
2000年　合衆国連邦法「女性に対する暴力防止法」の改正
――　共生社会調査会に「女性に対する暴力に関するプロジェクト・チーム」設置　ｉ，221
――　国連特別総会「女性2000年会議」成果文書　4
2001年　配偶者暴力防止法の制定　ｉ，4
――　警察庁通達「配偶者暴力防止法の施行を踏まえた配偶者からの暴力事案への対応について」　10
2004年　配偶者暴力防止法の第一回改正　215

〈著者紹介〉
吉川真美子（よしかわ・まみこ）
1949年生まれ。1972年、米国 College of Idaho 政治学部卒業。1996年、立教大学大学院法学研究科（刑事法専攻）修了。2005年、お茶の水女子大学大学院人間文化研究科（ジェンダー論専攻）修了。社会科学博士（Ph.D. Gender and Law）。現在、お茶の水女子大学人間文化研究所研究員、跡見学園女子大学非常勤講師。

ドメスティック・バイオレンスとジェンダー

2007年7月7日　第1刷発行©

著　者　吉川真美子
発行者　伊藤晶宣
発行所　(株)世織書房
印刷所　(株)マチダ印刷
製本所　協栄製本(株)

〒220-0042 神奈川県横浜市西区戸部町7丁目240番地 文教堂ビル
電話045(317)3176　振替00250-2-18694

落丁本・乱丁本はお取替いたします　Printed in Japan
ISBN978-4-902163-32-2